青少年网络安全
与
网德教育教师读本

主　编　宋灵青　孙洋洋

天津教育出版社

内容简介

本书综合了国内外关于青少年网络问题的新研究,节录了许多行业专家和青少年的真实口述,并以通俗的语言、经典的案例从网络社交、网络游戏、网络犯罪等方面,向中小学教师阐述了青少年学生在网络世界中出现的种种问题,以便教师更好地加强对中小学生的网络道德教育、网络法制教育和绿色网络建设,引导青少年学生正确对待网络世界、抵制网络不良信息的侵害,为学生在网络世界里筑起一道坚固防线,促进学生健康成长。

图书在版编目(CIP)数据

青少年网络安全与网德教育教师读本 / 宋灵青,孙

洋洋主编. —天津:天津教育出版社,2010.5

ISBN 978 - 7 - 5309 - 6062 - 2

Ⅰ.①青…   Ⅱ.①宋…②孙…   Ⅲ.①因特网—影响

—青少年—研究   Ⅳ.①C913.5

中国版本图书馆 CIP 数据核字(2010)第 074832 号

青少年网络安全与网德教育教师读本

出 版 人	胡振泰	
主 编	宋灵青 孙洋洋	
责任编辑	贾永来	
出版发行	天津教育出版社	
	天津市和平区西康路 35 号	
	邮政编码 300051	
经 销	全国新华书店	
印 刷	北京市燕鑫印刷有限公司	
版 次	2010 年 5 月第 1 版	
印 次	2013 年 5 月第 3 次印刷	
规 格	16 开 (787×1092 毫米)	
字 数	295 千字	
印 张	12.5	
定 价	21.00 元	

序

　　近年来，随着科学技术的发展，互联网、手机等新兴媒体的广泛应用，给中小学生学习和娱乐开辟了新途径。同时，腐朽落后的思想文化和有害信息借机传播，对广大青少年学生的健康成长产生了一定的负面影响。此外，截至 2009 年 12 月，我国网民规模达 3.84亿，增长率为 28.9％。而使用互联网的人群中青少年的比例最高，不满 19 岁的网民约占上网人群的 33％。

　　互联网极大地改变了我们原来的生活方式。特别对于青少年而言，互联网给他们带来了新的娱乐方式、新的信息资源以及新的交往空间，给青少年打开了一扇通向知识海洋的窗户。然而，由于青少年的人生观、价值观、道德观等尚未成熟，网络生活突破空间界限所带来解放与自由的同时，也带有暴力和色情等不良内容，诱发青少年犯罪或使其成为受害者，正是这种虚拟世界与现实生活的不一致性，使青少年的道德成长面临着新的困境与挑战。据调查，我国青少年上网的主要目的是游戏、娱乐、聊天。因此，引导青少年正确上网是当今社会的迫切需要，学校和教育者应该更加重视青少年的网络安全与网络道德的教育。

　　党中央对于目前青少年学生上网的情况给予了高度重视，在 2009 年 11 月底召开的全国未成年人思想道德建设经验交流会上再次强调了抵制网络不良信息的重要性和紧迫性，并指出应进行以下相关工作：一、加强网络道德教育。加强对中小学网络道德教育的指导，结合不同年龄段学生实际和课程教学内容，有针对性地开展相关教育活动。二、加强网络法制教育，指导中小学贯彻落实《中小学法制教育指导纲要》，重点培养学生依法使用网络的意识和行为，教育学生拒绝使用侮辱性、猥琐性、攻击性语言，自觉抵制网络不法行为，慎交网友，懂得在网络环境下维护自身安全和合法权益，增强网络法制教育的针对性。三、加强绿色网络建设。要定期对网络进行检查，指导中小学在网络服务器和计算机上安装绿色上网过滤软件，加强对网站管理、维护人员的教育培训，提高他们的责任意识，切实做好校园网的信息更新和监管工作。四、加强重点关注和指导。五、加强学校与家庭合作。

　　本书以此为前提，具体分析了网络对于青少年带来的那些危害，及如何有效、更好地引导青少年正确上网。而作为学校及教育者，在开展网络安全与网络道德教育的工作中可以从以下四个方面入手：

　　1. 引导青少年正确进行网络人际交往

　　据调查，目前中小学生上网的目的，多是为了聊天交友。对一家网吧进行的跟踪调查发现，每天来上网的人中有近一半是中小学生，他们上网后，查找信息、浏览新闻的很少，全都聚精会神地在网上聊天。由于网络的虚拟性，给了中小学生相对大的自由度，一些学生不能控制自己言行，很容易交错网友。

2. 警惕"黄色"污染

一些人利用 INTERNET 无国界、超控制的弱点，把"黄色"弥漫到世界的各个角落，以至于有泛滥成灾的势头。这种不健康信息在网上泛滥的最严重后果之一，就是使未成年人过早地接触到还不适合他们了解的信息。虽然这些网站一般声明访问者必须到一定年龄才能阅读其网站内容，但并没有一种有效措施来保证儿童不接触到这些色情信息。很多家长不会电脑操作就难以控制和禁止孩子访问黄色站点。另外，目前网吧普及率高，有的学生在课余时间甚至逃学到网吧，进入不健康站点，这不仅严重毒害学生的心灵，还扰乱了学校周边的秩序。

3. 防止网络成瘾

网络是个无限大的虚拟世界，很容易让人上瘾，长期迷恋网络，会形成网络综合症。中小学生由于自控力差，对网络的迷恋程度更高。据报道，最近，一位连续 24 小时"泡"在网上的中学生因出现思维障碍而被迫送往医院治疗。该学生已有两年网龄，经常上网"冲浪"，出事时仍坐在电脑前。心理咨询专家说，"网络性心理障碍"患者的人数正在上升，且治疗十分困难，我国目前对此还处于探索阶段。网络综合症发作时，患者全身打颤、痉挛、摔物品，同时表现为健忘、头痛、脾气暴躁，注意力不能集中等。这些病人未上网时，手指头还会出现敲打键盘的动作，甚至失去自制力，一到电脑前就废寝忘食。在美、日、英等发达国家，上网综合症已经成为严重的社会问题。美国有个典型的例子，充分说明了网络综合症的严重：有个少年"网虫"在网上漫游得茶饭不思，父母没有办法只得给他配备了轮椅，以便开饭时能强行将其从电脑旁"推"开。他的手指总是不停地动着，仿佛要让想象中的鼠标移动似的。他只是为了活下去才睡觉和吃东西，除此之外，他从不离开自己的屏幕。

4. 力戒道德缺损

随着网络经济、网络社会的不断扩展，网络道德也引起人们的重视。在发达国家的一些"网虫"中，他们完全把网络看作是自己生活的全部，他们可以没有家庭、可以辞去满意的工作，可以抛弃身边的亲人，但他们决不能没有网络；一些对网络一往情深者，特别是一些青少年，甚至发展到为了上网而放弃上学。这不仅将导致其家庭及社会价值观的改变，而且将严重影响其良好道德人格的形成。

德育需要网络，网络更需要德育。让青少年在网络中健康成长，这是网络时代教育工作者的艰巨任务。网络是个大世界，我们鼓励、支持中小学生上网，但应提高中小学生的鉴别能力，学校应对青少年的网络安全及网德教育予以高度重视，帮助青少年提高适应网络的发展及获取积极的信息的能力。

刘儒德

2010 年 3 月于北京师范大学

目　录

青少年网络安全与网德教育教师读本

第一章　网络与青少年发展

2002 年 6 月 16 日凌晨,北京市海淀区学院路 20 号"蓝极速"网吧的一场大火夺去了 25 个年轻人鲜活的生命,其中有 19 人是附近北京航空航天大学的学生。而这场大火的两名纵火者竟然分别才 13 周岁和 14 周岁。犯罪人 13 岁的张某和 14 岁的宋某是两个几乎没有家庭管教的辍学少年。两个孩子在纵火前一年开始痴迷上网,上网时间最长的时候可以达到 24 小时连续上网。其中,宋某曾经还因为上网时间过长,在和张某吃饭的时候就在饭桌上沉沉睡着。他们把自己生活费几乎全花在网吧里,钱不够的时候就去抢劫同学的零钱,然后再去上网。当他们在 2002 年 5 月因为没钱上网遭到了蓝极速网吧管理人员的羞辱后,起了报复之心。于是,在 6 月 16 日凌晨,他们将准备好的 1.8 升汽油泼在蓝极速网吧门前,并点燃了它……

从上面触目惊心的例子中,我们感受到了网络世界对青少年的影响是如此的惨烈与悲痛,本章拟从对网络自身的特点及其对处于人生发展的特殊时期的青少年的影响展开讨论。

第一节　网络的发展与特征

一、网络的发展

1946 年世界上第一台电子计算机问世后的十多年时间内,由于价格很昂贵,计算机数量极少。早期所谓的计算机网络主要是为了解决这一矛盾而产生的,其形式是将一台计算机经过通信线路与若干台终端直接连接,我们也可以把这种方式看做为最简单的局域网雏形。

最早的 Internet,是由美国国防部高级研究计划局(ARPA)建立的。现代计算机网络的许多概念和方法,如分组交换技术都来自 ARPAnet。ARPAnet 不仅进行了租用线互联的分组交换技术研究,而且做了无线、卫星网的分组交换技术研究—其结果导致了 TCP/IP 问世。

1977—1979 年,ARPAnet 推出了目前形式的 TCP/IP 体系结构和协议。1980 年前后,ARPAnet 上的所有计算机开始了 TCP/IP 协议的转换工作,并以 ARPAnet 为主干网建立了初期的 Internet。1983 年,ARPAnet 的全部计算机完成了向 TCP/IP 的转换,并在 UNIX (BSD4.1)上实现了 TCP/IP。ARPAnet 在技术上最大的贡献就是 TCP/IP 协议的开发和应用。1985 年,美国国家科学基金组织 NSF 采用 TCP/IP 协议将分布在美国各地的 6 个为科研教育服务的超级计算机中心互联,并支持地区网络,形成 NSFnet。1986 年,NSFnet 替代 ARPAnet 成为 Internet 的主干网。1988 年 Internet 开始对外开放。1991 年 6 月,在连通 Internet 的计算机中,商业用户首次超过了学术界用户,这是 Internet 发展史上的一个里程碑,从此 Internet 成长速度一发不可收拾。

二、网络的特征

随着 21 世纪的降临，人类正以惊人的速度走出工业文明，步入信息时代。国际互联网（又称英特网）和信息高速公路成为全球最热门的话题和世纪之交的一大科技景观，正以令人惊异的发展速度日益成为一种普遍性的工具和"第四媒体"，并不断向整个社会生活的各个领域广泛地渗透，把社会各部门、各行业乃至各国、各地区联成一个整体，逐渐形成了以网络为基础的相互联系的上网成员的总体，也就是所谓的网络社会，网络是网络社会存在的基本条件，网络社会是人类在网络上的体现。

网络的产生，为人类开辟了另一个生存空间—电子空间，它代表一种新的生存方式，同时也体现为一种新的生活环境，其具有以下特征：

（一）开放性

长期以来，人们的信息交流不可避免地受到居住地域、自身的经济状况、身体条件的种种限制。随着互联网的出现，这种现象发生了改变，今天的网络已经成为一个全球性的开放系统，它不属于某个国家、某个民族或某个组织所独有，网络已经没有国家和地区的分界，网络已经把世界各地变成了一个名副其实的"地球村"。任何一个网点引起的涟漪都有可能波及全球各地，辐射到各个角落，其影响力和渗透力是不可小看的。在形式上，人们的交往面急剧扩大，交往层次增多，交往方式多样，消除了信息交流的空间限制。在内容上，通过网络，全球范围的信息可以迅速展现，一进入网络，就像进入了信息的海洋，世界各个国家和地区在互联网上互相联系，不同的文化形态、思想观念在网络上生动的表现出来，促使了持不同政见、不同文化、不同意识的个体或群体在网络上相互了解、相互沟通、相互交融或相互冲突、相互抵触，形成了信息传播的"无政府状态"。从某种意义上来说，超地域、无障碍的交流使得网络既是信息的宝库，又是信息的垃圾场，各种各样的信息几乎可以进入每个网络终端。

（二）虚拟性

虚拟性是网络社会的显著特征。在网络社会中，人们的实践活动都是在以网络为基础的电子空间进行，电子空间是一个"自由空间"、"虚拟空间"。但网络的这种虚拟性并不是在真空中出现的，事实上它也是一种真实的社会现象，网络信息资源是对现实信息资源的重新处理，此时网络信息以数字符号的形式传播，甚至人在网络上也都是以数字符号的形式出现，人也成为一个符号，在交往中个人的性别、年龄、相貌、种族、身份、阶层、职业等这些受关注的特征都被掩盖了，剩下的只是符号的交往；一般情况下，除非对方告诉你，或者你告诉对方，否则一方无法知道另一方的任何信息，这便形成了虚拟社会中人与人之间交往所特有的规则和交往方式，这样网络信息技术把真实世界与虚拟世界的界限变得模糊，它从根本上改变了人的认识和交往方式。上网的人可以把现实中的我隐蔽起来以一种完全不同的虚拟形象出现在网上。如一位白发苍苍的老翁可以在网上扮成一个妙龄少女向他的求爱者甜言蜜语。

（三）交互性

交互性是网络区别其它媒体的基本特征之一。从传播学的角度看，交互是传播者与接受者的信息交流。传统的信息传播方式是单向的，网络传播则将这种单向的传播方式改变为双向传播,接受者的地位得到了体现,人们不仅可以主动获取自己所需要的各种信息,而且可以成为信息的发布者、评论员或反馈人,自由参加网上的交流与活动。这种交互性拉近了人与人之间的距离,使人真正体会到自由沟通的平等地位,对任何一个网民来说,在浏览、吸收网络信息的同时,又可以发表自己的意见、发布自己确认的信息,从中体会到接受者和传播者双重身份的乐趣,从而带来了思想开放、言论自由的亲身体验。但这种交互性是间接性的,它缺少现实中的面对面相互间的体态语言的交流,也缺少现实社会中应有的约束和监督,一切行为都由个体自主的决定,这样在网络社会中的互动交往是我行我素的。

(四)即时性

即时性是网络通过比特的传输,使得相隔万里的两地间的信息传播成了瞬息之间的事,它打破了地域间的限制。比尔·盖茨曾经预言:"如果说八十年代是注重质量的年代,九十年代是注重再现的年代,那么新世纪的前十年就是注重速度的年代。"目前,网上信息以光速向世界各地传播,人们只要在网络终端的电脑上敲击字符,瞬间就能通过网络传递到相距遥远的地方,被他人所接受。因此,通过网络传播信息要比传统方式快得多,人们可以随时随地通过网络及时了解国内外新闻、世界科技动态、市场信息等内容,各种信息在这条"高速公路"上被传播、被浏览、被吸收,其传递速度之快,传递信息之新,是广播、电视、报纸等其它传媒所不及的。利用网络通讯工具,人们可以在网上实现即时讨论问题、交流思想、交换信息、观看影像、网上交易等活动,比如电子邮件已经成为世界网络用户的主要的通讯方式之一,网络大大提高了人类信息和资源的利用率。

(五)自由性与民主性

网络是采用分布式的网络结构组建的,因此它没有中心,没有层次,也没有上下级关系,与现实社会相比,网络社会就有更为广阔的自由空间,人们因兴趣、爱好、需要等而自由地分化,这样就弱化了个体对社会及权威的相对依附,使更多的个人和群体从中享受到民主和平等。人类在走过法律、金钱面前人人平等的艰难历程之后,将随着网络的日益普及步入一个网络面前人人平等的新天地。

(六)形象性

心理学家研究表明,人们接受外来信息的 83% 是通过视觉感官获得的。网络具有声色俱全、图文并茂等特点,可以为人们提供逼真的表现效果,极富有感染性。人们在网上可以创造出一种活跃、轻松、愉悦的受教育情景,使严肃呆板的东西变得生动有趣,让人们在生动直观的教育中思想获得升华。

(七)互动性

英特网与传统媒介不同,它是一种多层面的大众媒介。它融合了传统媒介(单向)和网络媒介(双向)传播的特点,成为一个个人传播、组织传播、大众传播的统一体。在网络上可以实现一对一、一对多、多对多的异步传播或同步传播,既可以漫步世界,又可以发表见解,从中体会到传播者和受众的双重身份和乐趣。

(八)资源共享,实时交互性

1991 年,Michael Benedik 在他主编的《网络空间的第一步》中,对网络空间总的描述是:"一个由计算机支持、连接和生成的多维全球网络或'虚拟'实在。在这一实在中,每个计算机都是一个窗口,因此所见所闻的对象既非实在的物体;也不一定是实在物体的形象。在形式上,其所涉及的符号或操作,都由数据和纯粹的信息构成,这些信息一部分源于自然和物质世界相关的运作,而且更多的则来自维系人类的科学、艺术、商业和文化活动的巨大信息流。"网络化就是利用计算机技术、网络技术和远程通讯技术,集各个部门、各个领域、各种信息资源为一体,供用户进行资源共享、信息交换。网络化形成的信息高速度,打破了传统的时空限制,上网者可以在任何时间和任何地方找到网络的任何事和任何人,同时这种人际交流是双向运动的,超越了如报纸、电影、电视等传统媒体的传播特质,实现了双向运动、适时传播,被称为"第四媒体"。

(九)个性化,人性化

在电了空间中一定人群之间的相互关系又构成了一个虚拟的社会——网络社会。网络可以及时传送文字、声音、图像等多媒体信息,这使得人们在网络中可以进行学习、读书、看电视、交友、工作、购物等社会化活动。在网络中,每个人都可以自由的发表意见,从在 BBS,IRC 或 ne＋0s－group 发帖子,到申请自己的讨论区,再到建设自己的网页、网站,这一过程很少受到权威机构的钳制。人在网络中的这些活动过程结成了各种各样的社会关系,充分体现了了在网络中人的个性化、人性化。网络因为有人的参与活动,成了人的网络,成了拥有各种社会关系的网络,不再是一个"机器生态",而被赋予了社会的意义。作为"社会关系总和"的人与作为"机器生态"的网络有机融合,最终形成了拟社会化的"网络社会。"

(十)公平性

互联网络是以一种去中心化的方式组织连接起来的,也就是没有一个我们所谓的网络中心,任何一台计算机、任何地区的网络的损害都不会影响整个网络的正常运行。在这种没有中心的信息传播与人际互动模式中,信息传播与人际互动完全是开放和发散的,人们在网络中没有身份、地位等外在条件的限制,任何人都可以在网上自由的"活动",即网络社会超越了现实社会中刻板的性别、阶级、民族、种族、年龄、职业、权力等各种社会属性差别的影响。在网络中,每一个网民都是以 ID 帐号注册,以自由选择的"面具"与人交往,任何人都可以超越现实生活中的等级差别而平等的获取信息,可以超越现实生活中的身份、地位、职业等等的差别平等的交往。

第二节　青少年身心发展特点

作为老师,跟学生的相处时间以及较为机会都是甚多,但对于学生的了解您会有多少呢?您知道正处在青少年时期的学生的心理在发生着什么微妙的变化吗?您是否留意到这些学生的行为举止有什么变化吗?

下面我们将分别从青少年的生理、认知及社会性单方面的发展进行介绍。

一、青少年期的生理发展变化

青少年期的生理变化,是由于青少年正处于青春发育期。青春发育期这个阶段,既不同于儿童,又不同于成人。它的最大特点是生理上蓬勃的成长,急骤的变化。个体从出生到成熟,其生理发育时快时慢。有两个阶段处于增长速度的高峰期,一个是出生后的第一年,另一个就是青春发育期。在科学上称"人生的两次高峰"。

（一）身体外形剧变

（二）生理机能，特别是脑和神经的变化

（三）性器官与性功能的成熟

二、青少年认知的发展

青少年认知发展到底有哪些特点？按心理学家研究，可以归纳为三个方面：

（一）整个青少年阶段，抽象逻辑思维处于优势的地位

什么叫抽象逻辑思维？一般认为，它是一种通过假设的、形式的、反省的思维，这种思维具有五方面的特征：一是通过假设进行思维。二是思维具有预计性。三是思维形式化。四是思维活动中自我意识和监控能力的明显化。五是思维能跳出旧框框。任何思维方式都可以导致新的假设、理解和结论，其中都可以包含新的因素。从青少年开始，由于上述五个变化，思维必然更有新意，即跳出旧框框。于是从这个阶段起，创造性思维获得迅速发展，并成为青少年思维的一个重要特点。青少年抽象逻辑思维的发展有一个过程。在少年期的思维中，抽象逻辑思维虽然开始占优势，可是在很大程度上，还属于经验型，他们的抽象逻辑思维需要感性经验的直接支持。而青年初期的抽象逻辑思维，则属于理论型，他们已经能够用理论作指导来分析综合各种事实材料，从而不断扩大自己的知识领域。在青年初期的思维过程中，它既包括从特殊到一般的归纳过程，也包括从一般到特殊的演绎过程，也就是从具体提升到理论，又用理论指导去获得知识的过程。从中我们可以看出青少年思维的过渡型，即处于由经验型向理论型的转化，于是，抽象与具体获得了高度的统一，抽象逻辑思维也获得高度的发展。

青少年阶段处于抽象逻辑思维的发展特点，构成我们工作的出发点。初中二年级是青少年认知或思维发展的一个转折点，它既可能成为学生学习成绩分化的认知基础，又可能成为引起学生思想道德变化的认知机制，重视初中二年级的教育教学工作是非常关键的；高中一年级的认知或智力表现和学习成绩变化的可塑性还是较大的，道德认识和思想变化也是起伏不定的，而高二、高三的学生则比较稳定，因为其基础高中二年级是认知发展的成熟期，所以，抓住成熟前的各种认知、思维能力的提高是相当重要的。

（二）青少年辩证思维的发展

青少年的辩证思维是怎样发展的？初一学生在小学的基础上，已经开始掌握辩证思维的概念、判断、推理等各种形式，但水平较为低下，仅仅是个良好的开端；初三学生正处于迅速发展的阶段，是个重要的转折时期；高二学生得分中的正确率已超过半数，这表明他们的辩证思维已趋于优势地位，但谈不上成熟（离成熟指标——统计上的第三四分点，即75%还有一定的距离）。青少年在掌握辩证思维的概念、判断和推理的三种形式中，其发展趋势既有一致性，又有区别性：辩证概念和辩证判断的发展，似乎是同步的，在每个年级中，两者几乎都处于同一发展水平。而辩证推理的发展，则远远落后于前两者，即使到了高二阶段，其正确率的百分数也远远地不足一半（仅37.10%）。这既表现了这三种辩证思维形式的发展概况，又说明辩证思维发展中诸成分之间明显地存在着不平衡性。

青少年辩证思维发展，固然是由中学阶段知识学习所奠定的基础，然而，由于它是认识

或思维发展的高级阶段,发展的滞后性也是必然的。青少年辩证思维发展的不足,不仅影响其看问题的方法,即影响思想方法的全面性,易带盲目性,而且也影响他们的人生观和世界观的形成。在他们的心目中,什么是正确的幸福观、友谊观、英雄观、自由观和价值观,都还是个谜。所以,加强对他们辩证思维技能的训练,对于他们形成科学的人生观和世界观具有重要的意义。

（三）青少年思维品质的矛盾表现

思维品质的成分及其表现形式有很多,诸如独立性、广阔性、灵活性、深刻性、创造性、批判性、敏捷性等等。在不同的年龄阶段,思维品质的各成分及表现形式体现着不同的发展水平,这就构成了思维的年龄特征。在青少年期其思维品质的最突出特点是矛盾表现。

由于社会对青少年有独立思考的要求,青少年思维品质的发展表现出新的特点,最为突出的是,其独立性和批判性有了显著的发展。但他们对问题的看法还常常是只顾部分,忽视整体;只顾现象,忽视本质,即容易片面化和表面化。这里,我们常常会发现和提出两个问题,一是青少年为什么有时要"顶撞"成人? 二是青少年看问题为何容易带片面性和表面性?这是思维品质矛盾交错发展呈现出的问题。

青少年看问题容易片面化和表面化,这是其年龄阶段的一个特点,是正常的现象。我们一方面要大力发展他们的独立思考的能力,随时加以引导、启发;另一方面,还要对他们在独立思考中出现的缺点给予耐心的、积极的说服教育。对他们的缺点,采取嘲笑的或者斥责的态度是不对的,同样的,采取放任不管或者认为年龄大一点自然会好起来的想法也是不正确的。

三、青少年的社会性发展

（一）青少年社会性发展的主要表现

1. 追求独立自主。由于成人感的产生而谋求获得独立,即从他们的父母及其他成人那里获得独立。

2. 形成自我意识。确定自我(ego),回答"我是谁"这个问题,形成良好的自我意识。

3. 适应性成熟。即适应那些由于性成熟带来的身心的,特别是社会化的一系列变化。

4. 认同性别角色。获得真正的性别角色,即根据社会文化对男性、女性的期望而形成相应的动机、态度、价值观和行为,并发展为性格方面的男女特征,即所谓男子气(或男性气质)和女子气(或女性特征),这对幼儿期的性别认同说来是个质的变化。

5. 社会化的成熟。学习成人,适应成人社会,形成社会适应能力。价值观、道德观的成熟是社会化成熟的重要标志。

6. 定型性格的形成。发展心理学家常把性格形成的复杂过程划分为三个阶段:第一阶段是学龄前儿童所特有的、性格受情境制约的发展阶段;第二阶段是小学儿童和初中的少年所特有的、稳定的内外行动形成的阶段;第三个阶段是内心制约行为的阶段,在这个阶段里,稳固的态度和行为方式已经定型,因而性格的改变就较困难了。

（二）青少年友伴关系的发展

对于青少年来说,家庭关系、师生关系和友谊关系是最重要的三大社会关系。较之家庭关系和师生关系,友谊关系更具平等性。友谊关系的建立是以选择和承诺为基础的。友谊关系不如家庭关系那样稳定。青少年们已经开始意识到友谊关系的特征,以及保持友谊关系的决定因素。青少年争吵的时候,愤怒的成分减少了,他们能够更加公正地解决与朋友、家庭成员之间的冲突。这也许是由于他们能够意识到,太多的冲突会使他们失去友谊。青少年们通常会选择与他们相似的同学为友,朋友间的相互影响又使其间更为相似。同一个朋友圈的青少年,学习态度和学习成绩都较为相似,在同辈群体中也处于相似的地位。

第三节　网络与青少年身心发展

一、青少年的上网现状

中国互联网络信息中心(CNNIC)2006 年 1 月 17 日发布的第 17 次中国互联网络发展状况统计报告中显示:网民中 18～24 岁的年轻人所占比例最高,达到 35.1%,其次是 25～30 岁的网民(19.3%)和 18 岁以下的网民(16.6%),30 岁以上的网民所占比例都比较低,31～35 岁的占到 11.6%,36～40 岁的占到 7.1%,41～50 岁的为 6.8%,还有 3.5% 的网民在 50 岁以上(如图 1-1 所示)。30 岁及以下的网民占 71.0%,30 岁以上的网民占 29.0%,网民在结构上仍然呈现低龄化的态势。

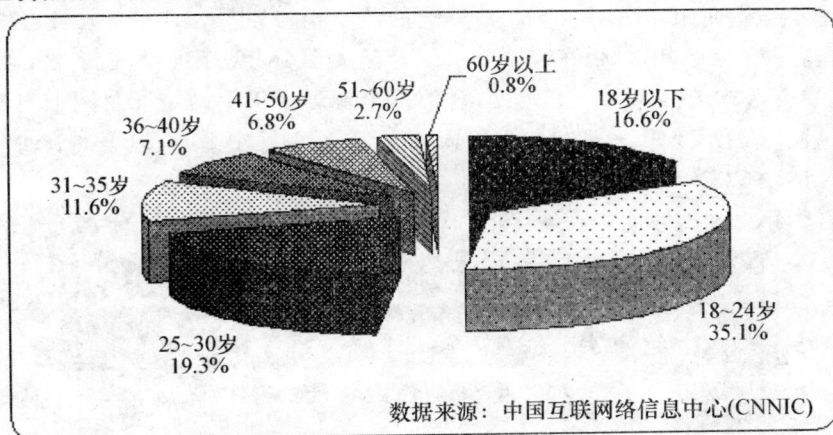

数据来源:中国互联网络信息中心(CNNIC)

图 1-1　网民的年龄分布

据全国青少年中心的最新调查显示,城市 16 岁到 24 岁的青少年中,网民比例高达 87.7%。随着越来越多的青少年开始接触网络,我国的青少年对网络的使用越来越受到人们的关注。青少年,处在一个身心快速发展的时期,是学习成长的关键时期,因此青少年对外界事物,尤其是新鲜事物充满了好奇,也乐于接受新事物。互联网从 1999 年以后在我国大陆逐渐普及以来,青少年网民一直是我国网络使用者的重要群体之一。据 2006 年 7 月互联网络信息中心发布的调查统计显示,截止到 2006 年 6 月 30 日,我国 3600 万高中学生(包括普通高中、职业高中和中专)中,已经上网的超过 1800 万;6000 万初中学生(包括普通初中和职业初中)中,也有超过 1000 万的学生在使用互联网。总体来看,高中学生互相联网渗透率已经超过一半,发展比较迅速。初中学生的互联网渗透率达到 1/6,中学生互联网渗透率已超过我国平均 9.4% 的水平;网民中 18—24 岁的年轻人所占比例最高,达到 38.9%,其次是 25—30 岁的网民（18.4％）和 18 岁以下的网民（14.9％）。与去年同期相比，18 岁以下的网民人数增长 206 万人，网民在年龄结构上仍然呈现低龄化的态势，因此青少年的上网情况值得特别关注。

《北京青年报》在《中学生网上生活有滋有味》一文中指出：中学生上网 60.7％的人玩游戏，34.1％的人找朋友聊天，剩下的则是关注影视文艺动态、体坛动态、看新闻、发 E-mail 等。由此可见，青少年对网络的利用形式略显单一，娱乐是其上网的首要取向，丰富的网络资源并未得以有效利用。相反，很多学生因为过度沉溺于网络而引发了许多道德问题，这不仅成为众多父母的焦虑，也成为不可忽视的严重社会问题。

从 2000 年 1 月到 2003 年 1 月，18 岁以下的网民数量增长速度很快，从 2.4％增加到 17.6％。两者相加，我们可以看到我国目前 24 岁以下的青少年占了全国网民总数的 54.9％，总人数达到了 3000 多万。这些数据足可反映青少年已经成为我国互联网用户的主力军，上网已经成为当今中国青少年的一项主要课余活动，网络也正成为影响中国青少年成长的重要社会因素之一。可以说，由于电脑与网络越来越成为了青少年成长过程中学习、交往、娱乐、工作所依赖的重要工具，网络对青少年成长的影响也将是全面而非局部的，全过程非阶段性的，深刻非表浅的。

由于互联网在我国东部各大城市普及率明显高于西部各地区，国内青少年网民也主要集中在东部各大城市。我们可以以北京和山东两个东部典型地区来看，2002 年民盟北京市委《北京市中小学生使用互联网状况及其影响的调研报告》揭示，北京中小学生上网率已达 81％，居全国首位；2002 年末，山东省团委组织专门人员分赴济南、青岛、烟台、淄博等城市，采取调查问卷等形式进行专题调查研究，对山东全省青少年上网情况及网吧对青少年影响进行初步了解。结果发现山东省目前上网人数有 200 万，其中 25 岁以下的青少年占网民总数的 85％以上，并以每年翻番的速度增长。

另外，青少年上网的时间也在逐年增加（如图 1-2）。

图 1-2 青少年上网时间逐年增加，03 年已达到每天 5.8 小时。

总的来说,青少年已经成为我国网络的主要用户群。如果我国互联网存在弱规范性的现状不能得到及时改善,网络行为仍然不受相关法律法规的有效制约和调整,那么首先受到网络负面影响冲击的就是人生观尚未定型,辨别是非能力不强,处于人生重要成长阶段的广大青少年。

二、我国青少年成为网络主要用户的原因

青少年之所以成为我国互联网的主要用户群,主要是由处于成长期的青少年特定的心理需要所决定的。

(一)网络能满足青少年渴求知识的需要

青少年在成长发育的过程中,由于脑神经系统的结构和功能逐渐发育成熟,他们往往好奇心强,容易接受新事物,具有强烈的求知欲和探索精神。互联网因其庞大的信息容量和对信息快速传播等特征,成为了文化传播、政治经济活动的重要载体。网络的出现使得青少年获取知识的渠道不仅仅再限于学校和书本,他们可以在网络中主动的去学习新知识和接受新信息,凭借网络快速传播信息的优势在很短的时间内获取他们所感兴趣的知识。因此,上网可以满足青少年对知识强烈渴求的心理需要。

(二)网络能满足青少年人际交往的需要

随着生理的发育成熟,青少年在心理上开始产生成人感,独立意识不断增强。他们将自己的活动与情感逐渐从对父母的依恋中解脱出来,并在同龄朋友中寻求新的活动伙伴和情感寄托。他们有了烦恼和心事不再像童年时期那样爱向父母和老师倾诉,而是希望对自己同龄的知心朋友诉说。对友情的渴望是青少年走向心理成熟的一种表现,但是,现实的社会条件并不能很好的满足他们对友情的需要。我国目前的绝大多数青少年都是独生子女,他们在家庭中没有兄弟姐妹作为自己的成长伙伴。与此同时,随着城市居住的单元化,邻里之间人际关系日趋淡漠,这也使当今的青少年不能像过去的孩子那样在居住的邻里环境中寻求同龄朋友。网络人际交往这种新型交往形式的出现恰恰可以满足青少年的人际交往的需求。青少年可以通过网络聊天以及在 BBS(电子公告牌)发言等方式在网络中进行丰富多彩并且富有成效的人际交往。与此同时,网络虚拟空间具有的平等性和自由性不仅可以让青少年在其中寻找到同龄的网友,可以尝试和不同年龄、不同身份、不同职业以及不同人生阅历的网友进行交往,这样也可以满足他们多层次的交友的需要。

此外,性意识的出现让处在青春期的青少年开始有了与异性交往的心理需要。对于那些还未成年的青少年,在现实生活中和异性交往通常不能得到家长与老师的赞同和认可,用网络交往这种间接交往方式不但可以避免家长与老师的注意和反对,还可以让他们在一定"度"的范围内与异性朋友进行良性交往,得到异性朋友的体贴和关怀,满足他们的情感需要。

(三)网络能够满足青少年宣泄情感的需要

当前的青少年特别是中学生承受着过重的学习负担和压力,学校和家长过分关注他们的学习成绩,容易忽视他们的心理状况和在情感方面的需要。如何排解学习与生活中的压力所带来的压抑感,进行适当的心理调适,这是很多中学生都面临的问题。网络的虚拟性无疑给他们的情感宣泄提供了一个广阔的空间。在网络中他们可以获得虚拟的角色和身份,

并以匿名的形式进行交往。在虚拟交往中,他们不会有任何心理负担,能够随心所欲的宣泄自己的情感。应当说在网络空间中进行交往在一定程度上可以帮助青少年缓解压力和恶劣的情绪。当青少年在现实生活中情绪低落的时候,难免想用一些过激的言行来缓解当时的不良情绪,但是必然又担心这些过激言行给自己的现实生活带来不良的影响,在网上去宣泄就没有必要有这些担心,他们可以去网上尽情的倾诉,尽情的宣泄,没有后顾之忧的放松自己的心情。

此外,青少年成为网络主要用户的原因还与网络自身的特征有关。在网络出现以前,没有一种工具能像互联网这样集学习、交往与娱乐功能为一身,过去的青少年每天在时间和空间上相互冲突的学习、社交与娱乐等活动可以在互联网上达到高度的协调一致,因此,青少年成为网络用户的主力军也就不足为奇了。

三、对我国青少年产生不良影响的几种网络活动

我们应当本着价值无涉的原则来看待互联网这一新生事物。网络本身为青少年学习各种技能和知识提供了极大的便利,它是新时代我国青少年的一种重要的教育工具和实践工具。但是由与网络在我国现有社会条件下还带有一定的负面特征,因此,如何使用网络以及使用网络从事何种活动是青少年用好网络这把双刃剑关键。根据国内已有的一些调查数据显示,我国青少年目前上网的主要活动依次是:聊天、玩网络游戏、看电影听音乐等娱乐活动、收发电子邮件、看新闻查资料等等。由此可见,我国大多数青少年还只是把互联网主要作为一种交往工具和游戏工具来使用,互联网重要的教育功能还没有被我国青少年充分掌握和利用。然而在国外,小学生利用互联网查找资料,做作业,学习知识都是很司空见惯的事情。

目前给我国青少年带来负面影响的网络不良活动主要是聊天、玩网络游戏。除此之外,网络色情对青少年的毒害作用也不可忽视,青少年会浏览色情网站,进入以谈论性行为为主题的成人聊天室等等。

(一)网络聊天

网络聊天主要通过两种方式进行:一是进入各网站的聊天室或者专门的聊天网站;二是使用 OICQ,ICQ,MSN,Yahoo Messenger 等聊天工具。

国内各大网站基本都开设自己的聊天室,与此同时,随着聊天用户数量急剧增多,一些专门聊天网站也应运而生。网站内部聊天室和专门聊天网站的区别在于绝大多数专门聊天室都提供语音聊天服务,能够提供语音聊天的聊天室数量不多。笔者以"聊天"为关键词用3721网络实名搜索,共找到了国内346个聊天室和专门聊天网站。聊天室和聊天网站内一般按照地域或者聊天话题再划分各个分聊天室。以国内著名的新浪网站聊天室为例,它开设以城市地域为划分标准的"城市联盟",以聊天主题为划分标准又设有"情感空间"、"校园生活"、"游民部落"(网络游戏爱好者互相交流的聊天室)、"同龄话题"、"悄悄话"(成人话题)、"个性天地"等分聊天室。除此之外,有一些提供语音聊天服务的聊天网站还开设专门的骂人聊天室,进去以后大家相互对骂,以此进行发泄。这些聊天室都没有任何限制或防范措施,青少年可以随意出入。

在 OICQ,ICQ,MSN,YAHOO Messenger 等聊天工具中,青少年使用的最多要属 OICQ。OICQ 用户可以通过 QQ 用户资料查找自己比较感兴趣的聊天对象,并将其加为好

友,这样就使得网友之间的关系固定并得以长时间维系,改变用电子邮件交流的不同步性或进聊天室交流的随机性和临时性。同时,OICQ具有网络寻呼的功能,用户可以看见自己的网上好友是否在线,使用起来简单方便,是国内广大青少年上网聊天的首选聊天工具。因此,OICQ网站的访问率也非常高,在我国国内排在第四位,仅次于新浪、搜狐和网易等网站。ICQ属于国际聊天工具,其主要服务语言是英文,MSN,Yahoo Messenger主要用十生活中熟悉的朋友和亲人之间的网上联络和交流,可以跨越国界使用,青少年一般不是这些聊天工具的主要用户。

一般来说,以网络聊天为途径的网络交往不会给聊天者带来不良影响。相反,因为网络空间的虚拟性,人们在互联网中的交往不用顾忌社会规范的压力,也不会被现实社会互动的人际障碍所妨碍:如社会地位的悬殊、生活方式的不同、文化层次的高低、身份和职业的差异等等。在互联网中平等地畅所欲言,自由而有效地实现社会交往从而满足人们渴望交流的愿望,这是网络聊天受到普遍欢迎的主要原因。但是,对于还处于早期社会化中的青少年来说,网络聊天必然带来下列一些不良影响:

第一,网络中的虚拟交往让青少年的社会交往复杂化,青少年本身辨别能力还不高,网络交往对象的身份情况真真假假,难以把握。同时,网络交往的隐蔽性又使家长和老师很难对青少年的交友状况进行了解和控制,这容易导致青少年陷入不良交往的泥潭。

第二,网络虚拟交往会在一定程度上降低青少年的责任感,使他们行事态度轻率。网络环境中青少年之间的交往是在匿名状态下进行的,双方的交往在现实生活中很少会有交叉点,在未来生活中是否交叉完全控制在交往者手中,任何一方都可以随意终止双方的交往消失在茫茫"网海"中。这种缺乏监督和道德自律的交往使很多青少年在网络中的交往会抱有一种轻率、不负责任的态度。笔者自己在网络交往中发现,与自己交往的20岁左右的网友大多言行轻率、浮躁,做事情不考虑后果,责任心较差。笔者认为这些网友在现实生活中未必就是一个十分轻率、不负责任的人,究其原因,主要是网友的现实生活环境与自己的现实生活环境基本不会有交叉,在交往中言行轻率,责任心差不会给他们的现实生活带来直接的不良后果所致。

第三,网络交往的匿名特征也使得网络欺骗普遍存在。青少年可以不负责任地虚拟自己的身份,年龄,性别等进行交往,这也会使一些原本在现实生活中不说谎的青少年出于一种防御心理也在网络中尝试欺骗的感觉。网上人际交往信任危机一定程度上会影响青少年的现实人际交往,导致现实交往中对他人真诚性的怀疑和自身真诚性的缺乏,进而影响自己与他人良好人际关系的建立和发展。

第四,各网站聊天室,聊天网站往往设有成人话题的专门聊天室,成人话题聊天室又是各种主题聊天室中相当受欢迎的一个聊天室。但是,几乎所有的成人聊天室都可以随便出入,没有为未成年人设置任何限制和防范措施。青少年在网络这种弱规范的环境中通过网络聊天接触成人话题,无疑会给青少年正常的青春期性教育工作带来很大的妨碍。

(二)网络游戏

2002年被称为中国的网络游戏年,网络游戏以迅雷不及掩耳之势风靡全国。网吧、网站、报亭、书摊、软件专卖店、超市、商场,都成为网络游戏的销售渠道。韩国、日本、欧美以及台湾的网络游戏商纷纷抢摊中国市场,游戏种类从十几款迅速发展到74款。据中国电子信息产业发展研究院统计,目前我国已形成了拥有1251.8万网络游戏用户的大市场。青少年因其特有生理心理特点无疑是网络游戏的主要玩家。由于青少年沉迷网络游戏已经逐渐成为一个突出的社会问题,去年,全国政协委员朱尔澄先生与北京师范大学有关专家历时半年对北京地区未成年人迷恋网络游戏状况进行了调查。这份题为《关于电子游戏与未成年人教育问题的调研报告》指出:北京市约有 20 余万中学生迷恋网络游戏,这些人中平均一次持续玩 5 小时以上的占 72.9%。

与过去传统的电子游戏相比,网络游戏具有更大的诱惑力。青少年经常玩的游戏有美国的《反恐精英》、韩国的《传奇》、台湾的《大富翁》、日本的《生化危机》等。这些游戏都是由电脑构造一个广阔的虚拟世界,让参与者身临其境,每一个游戏角色背后都有一个真实的人在操作,他的七情六欲、喜怒哀乐、脾气嗜好无不投射在游戏角色身上。因此,网络游戏的爱好者面对的不再是过去传统电子游戏中生硬的机器人物,是一个个有血有肉,有个性的游戏玩伴,这样极大的增加了游戏的趣味性。青少年只要一上网就可以通过网络寻找到游戏玩伴,不用在现实生活中邀约伙伴,这也为青少年玩游戏提供了极大的方便。此外,网络游戏没有所谓 game over(游戏结束)的时候,它不像传统电子游戏那样按照程序设计好的固定线索发展剧情,玩家可以自由在虚拟空间中行走,选择自己想要做的任何事情,网络游戏就像真的探险一样刺激有趣,青少年可以随时上网,随时在游戏中找到乐趣,在虚拟社会漫长的体验过程中获得升级,获得成就感,从而越玩越想玩,直到难以自拔。适当玩网络游戏无疑是可以益智愉情的。但是实际情况并非如此。网络游戏给青少年带来的不良影响是不容忽视的。

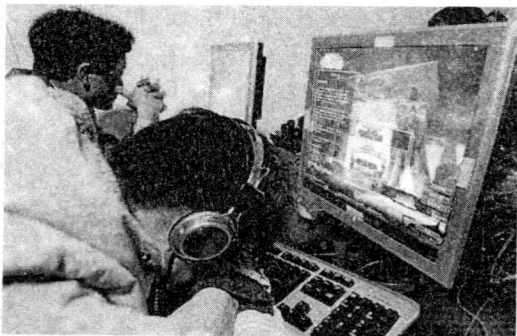

图 1-3　网络游戏比你睡觉还重要吗?

第一,青少年个性还不成熟,自控力往往不及成年人。在网络游戏的巨大吸引下,他们很容易就沉缅其中不能自拔。据调查显示,迷恋网络游戏的未成年人中 65% 的人承认自己很容易上瘾;18.1% 的人认为自己玩起来就没完,自己控制不了 5% 的人认为自己总想玩游戏,不想上学;73.4% 的人认为自己花很多时间和精力玩游戏使学习成绩受影响。由此可见,沉溺网络游戏对青少年是贻害无穷的。长时间的玩游戏不仅影响青少年的身体健康,引起神经系统失调、生物钟紊乱、注意力难以集中以及紧张性头痛等,还会明显的导致学习成绩滑坡,旷课逃学,荒废学业。

第二,在青少年最喜欢玩的网络游戏中,绝大多数属于砍杀、攻击、战斗等暴力游戏。青少年长期玩暴力游戏,会使暴力解决问题的思维模式在他们的头脑中得到强化,给多数人生观尚未确立,不能明辨是非的青少年一种错觉——暴力是解决问题的有效方法。与此同时,《传奇》等游戏要求玩者在游戏过程中为了获得荣誉、自尊,不惜出卖友谊、信誉,对同伴欺骗、讹诈甚至施暴。有记者通过调查对网络游戏作了描述，"在游戏世界中，骗取别人拥有的增加游戏人物功力的充值点卡，为了一点小事就扬言要杀别人全家这样的事情时有发生……至于被骗则更是每个游戏人的必修课"。显然，这类网络游戏向青少年灌输着为了达到目的，不惜用一切手段、尔虞我诈、弱肉强食和勾心斗角的观念，它们对青少年的道德观念、价值观念产生的恶劣影响是不容忽视的。对于人生观已经定型的成年人，他们在玩网络游戏碰到这些问题时容易分清现实世界和虚拟游戏世界，但是对于青少年特别是未成年人来讲，游戏也是他们认识世界的一种方法，在游戏世界中学到的东西可能直接影响他们在现实世界中的行为方式。

沉溺于网络游戏，引发暴力犯罪。大部分青少年认为上网打游戏可以锻炼大脑，获得知识，只有少数青少年认识到上网打游戏会影响自己的正常学习。青少年上网打的游戏类型主要包括益智类、棋牌类、暴力类等。根据调查显示青少年玩游戏的现状令人担忧，虽然大部分青少年主要是玩益智类游戏，但也有较多青少年主要玩暴力类游戏。暴力游戏独有的强烈感官刺激和心理冲击对青少年具有很强的诱惑力，这是青少年玩暴力游戏的主要原因。其次是因为青少年对网络暴力游戏的认识不够清晰，他们只看到网络暴力游戏给他们情绪发泄带来的愉悦，而不清楚网络上的杀杀打打会在无形中影响他们，引发暴力倾向。

2003 年 3 月 11 日晚，16 岁的少年胡某在合肥市新站开发区"相约"网吧单玩一种用刀捅人的暴力游戏时，由于技术欠佳，胡某每次都被别人"捅"倒。坐在胡某旁边的一名同龄的少年忍不住对胡某冷嘲热讽。在网上"杀"红了眼的胡某当即火冒三丈，抽出大半尺长的防身刀具，捅向受害人的胸口，导致受害人当场死亡，而胡某依旧沉浸在暴力游戏中。直到警方赶到现场，胡某才惊醒："我是不是杀死了人，会不会坐牢？"

（三）网络色情

网络色情应该是互联网中的一大产业。有一种非官方的说法是几乎所有的网站中，只有色情网站稳赚不赔。在全球的 90 多万个色情网站中，中文网站就大约有 5 万多个。全球浏览人数最多的 250 个色情网站每天的总浏览量高达到 2 358 889 人次。我国台湾地区最新的统计资料也表明，台湾每天超过 70 万以上人次观看色情网站，有 85％网民浏览过色情网站。与此同时，互联网用户通过网络查找搜索和浏览色情内容也成为互联网的主要功能之一，美国著名搜索网站 Alta Vista 曾经做过统计，该网站十大使用最频繁的关键字排行榜中，性（sex），裸体（nude），色情（erotic）等与性有关的关键字就占了前八位。此外，还有统计显示在几乎每一国家的搜索引擎中"sex"都占据了第一的位置。因此，色情在互联网中泛滥成灾已是不争之实。

色情业这一古老的行业在互联网时代迎来了它发展的新契机。除了网络本身的弱规范性和缺乏制约的互动性这两个负面特征让色情业对互联网格外青睐外，网络独有的一些技术优势也为色情业提供了极大的便利条件。第一，搜索引擎的使用使得互联网用户能够方便而快捷的找到自己中意的色情网站。笔者使用常用的 Google 搜索引擎输入"中文色情"这一关键词，短短 2.3 秒的时间过去后各种中文色情网站的信息和网址便铺天盖地展现在眼前，点击这些信息或网址便可轻易进入各种中文色情网站；第二，各色情网站一般都设有友情链接，被链接的色情网站还将向你介绍更多的网站。也就是说如果你进入一个色情网站就会发现看不完的色情网站网址。第三，网络色情有很大的隐蔽性，使用网络光顾色情不容易被其他人知晓。网络色情出现以前，要阅读色情书籍或观看色情录像还必须通过购买或在熟识的人之间互相借阅,而网络色情只需要坐在一台已经联网的电脑前便可随意观看,具有较强的隐蔽性。

随着科技的不断进步,网络色情的形式也不断推陈出新。一般来说网络色情有以下一些形式:电子图片、连续动画、色情文学、网络色情电影等。其中网络色情贴图一般为免费,这是各色情网站招徕顾客的诱饵;连续动画则是一系列的连续动作图片反复播放,利用动画的原理给人造成连续的感觉,连续动画一般放在各色情网站的网站主页,以增加网站的丰富性,吸引浏览者的注意;色情文学通常以短篇色情故事出现,内容通常为性知识、性行为描写、性幻想以及性变态或性暴力等,一些色情网站对色情文学也会让浏览者免费阅读;色情电影是色情网站的主要财源,一般按照观看的时间、级别以及画面质量收费,收费的形式在国外多为信用卡付费,在我国目前大多用汇款方式付费。

除此以外,网络色情还包括成人聊天。网站中的成人话题聊天室是目前人气最旺的主题聊天室之一。还是以国内某著名网站为例,该网站聊天室在改版以前只有一个叫"悄悄话"的小聊天室是成人话题聊天室,这个聊天室因经常客满无法接纳更多聊天者,在近期该网站聊天室改版之后,"悄悄话"聊天室规模迅速扩大,扩大成了 25 个分聊天室,由此可见成人话题的受欢迎程度。成人聊天也可称为"电子性爱"(ober sex),即一男一女或者同性恋伴侣之间利用文字通过网络体验性爱感觉,这是一种完全不接触身体的虚拟性爱,参与者通过言语刺激对方的兴奋点从而实现性心理满足。当电子性爱不能满足聊天者需要时,又可以通过网络告诉对方自己的电话号码发展为"电聊",即电话性爱。当然,成人聊天室里也不乏有通过网络寻找临时性伴侣的人。

大多数的色情网站和几乎所有的成人聊天室都没有对我国未成年人采取有效的限制。虽然多数色情网站和成人聊天室会标明"18 周岁以下不得入内",但是不采取有效的限入措施,完全靠未成年人的自律显然是行之无效的。这些标注和警告只不过更为好奇心强的未成年人提供一个明显的指引,表明这些地方的内容属于成人内容,刺激未成年人的好奇心,从而使他们进去看个究竟。这一点国外的一些做法值得我们借鉴,有的西方国家政府承认色情网站合法化,但政府法律规定在浏览者进入色情网站的时候必须进行身份证号码和信用卡号码的验证,以此来确认访问者是否已经成年。

可以说,网络色情的出现,为我国未成年人提供了一个接触色情的前所未有的方便途径。这是互联网在中国普及应用之前,始料未及,具有很大挑战。面对网络带来的这种新的复杂情况,青少年身心的健康成长必然受到威胁。北京师范大学教育政策与法律研究所劳凯声教授近期主持完成的课题"网络文化对学校德育的影响及对策研究",对北京市六个城区 53 所不同类型中学的 3000 名初、高中学生上网状况进行了调查。其中 22% 的被调查学生浏览过色情网站,19.6% 的中学生在别人的诱惑下,上网聊过男女两性话题,这说明相当一部分未成年人受到了网上色情的诱惑。为什么会登录色情网站或浏览黄色内容? 调查显示,8% 的学生说是因色情网站泛滥,一不小心就点击进去了;5.6% 的学生说是出于好奇;说不清楚原因的为 5.5%;为了满足欲望的比例为 2.3%;为了获取有关性知识的也有,占1.8%。根据共青团山东省委做出的全省调查统计,有超过 32% 的山东青少年承认自己浏览过色情网站。

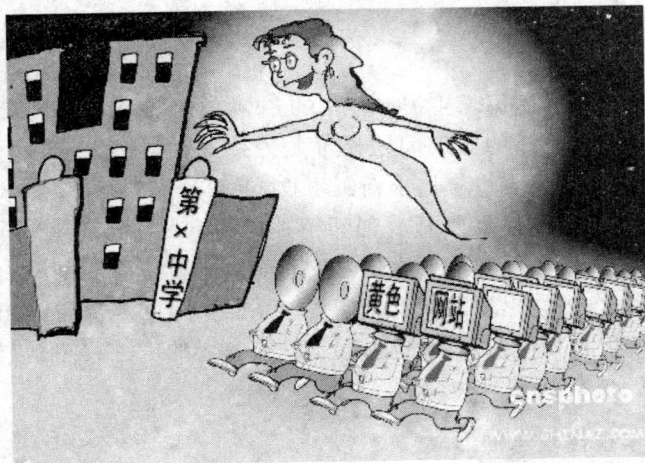

图1-4　网络色情已经猖獗地蔓延至我们至真至纯的学校中去了!

网络色情对青少年的不良影响是显而易见的。青少年特别是未成年人正处于生长发育期和青春萌动期,他们涉世未深,面对色情信息的抵御能力差,自控力也不强。网络色情的高强度与高密度传播,会对青少年的感官产生强烈的性刺激和性诱惑,强化他们的性欲望,时间一长会让青少年对网络色情宣扬的淫秽内容形成心理认同,导致他们道德的扭曲甚至堕落。青少年一旦沉迷网络色情难以自拔,很容易行为越轨和性犯罪。

青少年的网恋、网婚态度令人担忧。2006年大连《新商报》种报道一则消息:"老公,咱们的孩子快出世了,你高不高兴?"一父亲看到14岁的儿子和网友聊得热火朝天,立即火冒三丈。可儿子却说:"爸爸,您别生气,这不是真的,我们是在网上虚拟结婚的。同学们都在比谁娶的老婆多,看谁更有魅力。"很多青少年对网恋、网婚没有清醒的认识,对网恋、网婚持无所谓的态度。这种无所谓的态度是因为不了解网恋、网婚的不利影响而产生的,只要有适合的机会和条件,这部分青少年很可能就会涉足网恋、网婚。

色情网站导致青少年性犯罪。2005年寒假,15岁少年小乐开始沉溺于色情网站,最终走上犯罪道路。在湖北省未成年犯管教所即将获释的他,以亲身经历,痛斥不良网络之害。2007年寒假即将来临之际,小乐以亲身经历通过媒体呼吁社会还孩子一个健康的网络世界。小乐自幼父母离异,由奶奶一手带大。前年寒假,他上网查看NBA赛况,一个链接吸引了他,点开后,显示屏上男欢女爱的图片不堪入目,他又惊恐又好奇。此后,他只要上网看新闻,性感波霸、肉感小姐的图片频频跳出;想看看动漫片,谁知鲜血打斗充斥画面;想进论坛跟帖,哪想污言秽语随处可见。小乐说:"这些色情、暴力信息在网上太容易获取,有些你不想看都不行。"很快,小乐沉溺色情网站不能自拔。他模仿黄色图片的情景,与同伴一起伸出了魔掌,将约到家中的女网友强暴了。小乐说:"我被坏网站害了,很后悔。寒假又至,又有好多孩子上网时会遭遇不良网站。所以我呼吁大家都来关心网络健康,不要让我的悲剧重演。"

中央电视台早间新闻栏目《朝闻天下》在和家长的"假期就要到了,你最担心的事情是什么?"短信互动中,家长们第一担心的事情就是怕孩了在假期单独去网吧。如何帮助青少年有效利用网络有所得,又能无所失,引导他们健康成长,已经成为众多教育者以及全社会迫切关。

四、网络对青少年的影响

青少年是社会的未来。网民学生占群体中的33.2%是网民人群的主体。上网在青少年中已非常普及。网络对青少年的影响问题显得尤为重要,网络是一把双刃剑,一方面,其信息的开放性和共享性,迎合了青少年追求新鲜事物、求知欲强的特点,对其现代观念的形成、思维方式的改变、独立意识的发展及开放创新精神的树立是十分有益的;但另一方面,伴随着非主流文化的渗透和潜在影响,广大青少年的人生观和价值观受到冲击,道德感和社会责任感也在不同程度弱化,随之出现的网上犯罪等一系列负面问题日益突出,已成为时下教育工作者和父母的最大担心和顾虑,同时也引起了社会各界的广泛关注。

(一)网络对青少年的正面影响

1. 有利于青少年现代观念的形成

网络发展速度快,更新周期短,开放程度高,是现代科技的结晶,也是信息社会时代精神的集中体现。网络的这些特征有利于培养上网青少年的现代观念,如学习观念、效率观念、平等观念、全球意识等。现代社会是一个终身学习的社会,学习已经不可能再是一劳永逸的事了,一个人在成长过程中要不断接触新事物、接受新观念,才能适应社会的发展和变迁。这一点在网络世界体现得更为明显。网络技术的发展一日千里,硬件、软件的更新换代都很快,青少年为了与其保持同步发展,只有不停地学习、接受新的技术。互联网具有全球性、开放性、平等性等特征,它完全打破了国界,连接了地球上任意可以连通的角落。"鼠标一点,世界在你面前打开。"网络信息的全球交流和共享,使人们不再受时空的限制自由交往,并且这种交往具有双向平等和非常便捷的特点。这些都有利于培养青少年的开放意识、效率观念和全球眼光。平等是互联网的一大特点,网上的等级、性别、职业等差别都尽可能小地隐去,不管是谁,大家都以符号的形式出现。"使用者在上网聊天时,不会在乎对方的外表及肤色,而是看中其人格特征。国际网络提供了一个没有种族问题或偏见的另类空间,若是某人在聊天室中发表有偏见的言论时,许多人就会群起而攻之,对他提出质疑。"若没有凌驾于他人之上的特权人物,大家都在同一起跑线上。这里没有天然的权威,经受网络平等熏陶的青少年,自然会增强平等待人、待己的观念。

2. 有利于青少年思维方式的改变

网络有利于改变青少年的思维定势,促进青少年非线性思维方式的形成,使其思维的广度和深度都有所发展。线性思维方式强调事物的先后顺序,对事物的认识从头到尾都遵循单一的顺序。而在网络中大量使用的超文本阅读方式是以网状形式来构筑和处理信息的。它是一种跳跃式的、综合的非线性思维方式。从非线性的角度出发,思考问题的同时必须考虑它与周围事物的种种联系,并透过这种网状的联系来寻求解决问题的方法。这种思维方式改变了传统线性思维所固有的较狭隘、死板的弊端,有利于培养青少年的发散性思维、拓展青少年的思路,有利于帮助他们正确地看待周围的人和事,树立科学的人生观和世界观。对网络的使用还可以培养青少年以一种系统的眼光看待问题和积极利用现代化工具去分析问题、解决问题的思维意识,而这恰恰是信息时代所必需的。

3. 促进青少年独立意识的发展

网络信息传播的一个重要特点就是交互性和平等性。网上的双向或多向信息的传递方式,使得青少年可以独立地参与讨论,自由地访问所需要的站点,主动了解各种信息,经过自身的判断融合形成自己的观点。在汲取知识的同时,他们还可以看到一个比现实世界更为广阔的虚拟空间。在这空间里,他们可能会遇到现实世界中没有遇到的问题和困难,同时需要自己独立解决。这种生存方式无疑将大大促进青少年独立意识的发展,有助于培养他们成长为能够胜任多种角色的社会新成员。

4. 促进青少年开放、创新精神的树立

网络突破了地域和时间的限制,以先进的电子技术手段向青少年适时地传播全人类优秀文化遗产、当代最新的科学技术成果及社会所倡导的文化及价值观与行为规范,充分帮助青少年在一个比以往更加广泛的社会环境学习和积累社会知识,发展和形成自己的开放个性,顺利参与社会生活。同时,网络上丰富的信息资源有助于青少年从中汲取养料,完善知识结构,学习发达国家的科学技术、管理模式和先进经验,并借助世界各地的专家、学者和技术人员的力量发现新问题、解决新问题。

(二)网络对青少年的负面影响

1. 道德

(1)网络的全球性和开放性,冲击着青少年的人生观和价值观

青少年的人生观和价值观尚未成熟,容易受到异化思想的冲击。互联网将全世界各国联系起来,使人们形成一个没有地域、没有国界的全球性媒体。不同的文化状态、思想观念在计算机网络上或交融、或冲突,使媒介文化大聚合成为可能。但是由于技术的原因,现在没有也很难做到对信息进行严格的审查,也不可能对所发布的信息进行逐一核实,人们都在一个绝对自由的环境下接收和传播信息,使得有用与无用的、正确与错误的、先进与落后的信息充斥网络,造成了青少年道德意识下降,社会责任感弱化。同时,互联网的开放性和全球性的特征,使得西方文化的渗透加剧。如今在互联网上,英语的内容约占84%,法语的内容占5%,其他语种总共只占11%。据对互联网上的输入、输出信息流量统计,中国仅占1%,而美国的这两项指标都达到85%以上。这就意味着发达国家垄断着网上的信息资源,能够通过网络向全球青少年不断地传送文化信息,冲击发展中国家的思想阵地,使青少年形成西化的倾向,民族观念和爱国主义思想淡薄。网络上信息的自由度已经超越了文化、政治、军事、经济、地域和民俗等方面,青少年在网络上接触到的多是西方发达国家的宣传论调、文化思想等。这些往往与青少年头脑积淀的中国传统文化形成冲突,使青少年的人生观、价值观产生倾斜,甚至会盲目地认为"西方的一切要比中国好"。

① 意识形态西化

互联网促进了不同文化的交流与融合,但国际上的强势集团也乘机构建新的意识形态霸权,冲击青少年正确理想信念的培养。美国哥伦比亚大学国际政策学者罗斯科普夫在美国《外交政策》第17期上撰文指出:"美国信息时代外交政策的核心目标应当是取得世界信息流动战的胜利,主导整个媒体,如英国当年控制海洋一样。美国要努力促进全球化的进程,弥合不同国家、民族间的差异。"美国是信息时代的信息产品与服务业的领头者。作者认为:"美国控制着全球信息与通讯的命脉。其音乐、电影、电视与软件已几乎普及全球。它们影响了几乎所有国家的审美观、日常生活与思想。"为了进一步巩固并扩大美国在全球的影响,作者认为:"美国利用其权力作出任何影响这一设施的发展与其管理原则及信息传播的行为都不为过,而且具有战略性。"互联网本来没有中心,强调平等,但因为美国在互联网方面绝对的技术优势以及扩张,美国无疑成了事实上的全球互联网的中心。对中国来说,这种

不平衡发展的首要后果是社会主义意识形态受到严重冲击。随着互联网的普及,美国政府丝毫不掩饰自己的目的。克林顿政府在发表"国家信息基础结构行动计划"中指出,推动信息高速公路的建立是开辟一个新的思想战场,其目的是要用其自由、民主、人权的价值观念统治世界。实现"思想的征服"。

应该看到的是,在长期的国际意识形态斗争中,西方资本主义势力始终占据主动地位。一方面,他们拥有强大的经济实力;另一方面,他们不断研究、积累一整套宣传策略;当各种包装精美的信息涌向社会主义国家时,相当多的青少年会对其产生好感甚至全盘接受;这种现象在今天的网络传播中依然被不断强化。当我们的青少年在网络上反复看到被刻意包装过华盛顿的"光辉形象"与所谓的毛泽东的"隐私揭秘"时,看到美国人民的自由选举与中国官员的幕后腐败时,看到微软公司的科技发展与中国国企的濒临破产时,看到美国青年手举可口可乐的灿烂笑容与中国贫困人群饥寒交迫的凄苦面容时,西方资本主义意识形态的优越感也会暗暗侵入青少年的思想。

② 民族认同感弱化

网络生活将淡薄人们的国家观念,因为网络世界是没有国界的。沉迷于网络世界的人们,视野开阔了,在他们的概念中只有不同的网站名称和地址的区别,而没有国家的差异。中国社会科学院"互联网对新时期青年与青年工作的影响"课题组的研究发现,"互联网在强化了青少年地球村村民意识的同时,弱化了他们的民族意识"。"新人类"的身上本来就带有很强的国际化色彩,而互联网的使用跨越了时空的界限,增强了他们作为地球村村民的意识。这有利于他们在日益"一体化"的世界中生存。另一方面,与这种"一体化"意识相伴的是种族、民族意识的弱化,民族认同感减弱,民族身份逐步消解,在某种意义上不利于爱国主义思想的形成。同样,在青少年网民中,相当多的人对西方发达资本主义的熟悉程度、认可程度要超过对本民族的熟悉、认同程度。比如考英语准备出国留学的青少年中有一个不鲜见的现象:谈起美国的某个州,不论天气、人口、经济、交通都可以口若悬河,但若问及中国的某个省的情况,则张口结舌。青少年对前者的了解之细远胜于后者。这种对本民族认同感的弱化带来的一个最直接也是最重的后果是:许多大学生在择业时不再看重就业机构的国家、民族属性,而将为全人类工作作为自己的原则。

互联网对民族认同感的消解力量是强大的。这种力量来自语言、技术和信息三方面。当越来越多的青少年必须使用英语甚至必须是美式英语来交流时,当他们主要登录设在美国的网站时,其思维习惯、价值取向必然要受到影响。毫不夸张地说,美国利用互联网放肆地扩充着自己的"领土"。这是一种新型的文化殖民主义。在网络时代,"什么样的人是新殖民主义者?他们手中拿的是计算机而不是枪支"。

a. 语言问题。

英语占主导地位的霸权机制,英语是当今世界上使用范围最广影响面最大的语言,是无可争议的世界语言,因此,英语作为网络通用语言也就是顺理成章的事了,目前网络上 90% 的英语信息成为一种英语文化势力。他们可以利用网络中的语言优势随时传播其所推崇的价值观念体系,倾销精神文化产品,以此进行的文化渗透足可构成对一个民族的价值冲击。据统计,在互联网上,各种语言的使用频率由高到低依次为:英语 84%、法语 5%、德语 4.5%、日语 3.1%、其他语种 3.4%,一些青少年学习英语的热情空前高涨,却忽视了对本民族语言的学习。

b. 技术问题。

如果说网络语言霸权是自然形成的，不具有明显的强制性，那么网络技术霸权则具有较为明显的强制性。网络的初创者通常是标准规则的指定者和信息系统的设计者。由于互联网发端于美国，不论硬件技术还是软件技术，美国均具有天然的先发优势。如 Internet 和 Windows 视窗等，客观上强迫不同的民族按照美国人的理解方式来理解本国文化。有资料表明，目前世界网络技术标准几乎掌握在美国人手中，其他国家大多处于无法与之相争的地位，后来者要想加入国际互联网，首要的条件就是要无条件地接受这些标准。类似于现实交往中强权政治行为的色彩，许多国家的硬件开发、软件开发都被强制于美国标准之下，陷入被动地与美国标准兼容的地步。同时，美国凭借其在网络方面的技术创新势力以及它握有全世界网际网络干线的管制权和信息中转站，占据了全球网络文化信息主要发布者和输出者的地位，进而加剧网络帝国主义的肆虐和文化殖民主义的兴起。

c. 信息问题。

网络上信息的自由传播已跨越了民族、文化、政治、军事、经济、地域等方面的绝大部分限制，以英语为载体的西方文化思想、价值体系也在不知不觉中深入网络时代的思想意识之中，他们头脑中积淀的中国文化观念正在受到强烈冲击，部分青少年盲目地认为西方的一切都要比中国好，民族虚无主义开始悄悄蔓延。中国有着优秀的传统文化，但在英特网信息中，中文信息占不到 1％，而英语信息占 90％以上，而且主要是由美国所发布的（占 85％以上）。显然，英特网文化的主体是欧美文化。互联网文化的强大冲击，也有可能消解我们民族的优秀文化，模糊青年一代（尤其是掌握英语的大学生）对本民族文化的认可，假如传统文化不能顺利延续下去，传递给新生一代，中华优秀文化就会因此后继无人。某些势力通过信息网络进行政治渗透和价值观的推销，这些信息是：危害国家安全的信息（政治煽动、恐怖主义、制造炸弹、使用毒品等）；伤害民族尊严的信息（挑动民族对立、民族仇恨和种族歧视）；反科学、伪科学的信息等等。网络使得恐怖主义分子可以在自己的舒适房间里对选定目标发动攻击，安全地隐蔽在数字化匿名下，采取最有威慑力的信息侵害。这种信息如果长期在网上存在，就会对人们的思想产生误导。若不及时清理或清理不当，很可能会对社会的安全和稳定造成危害。同时，互联网开放性、全球性的特征，使得西方文化的渗透加剧，西方强势文化向发展中国家进行文化渗透，这种渗透表现为西方文化对其他国家的文化覆盖，这对全球多元化文化构成了巨大的威胁，对各国的传统文化具有消解作用，使全球文化呈现出"文化同质化"。这些发达国家不断向青少年传递着资本主义意识形态和价值观念。在一定程度上动摇青少年对祖国对民族的自豪感，而认同西方的文化理念。利己主义、拜金主义、享乐主义逐步进入青少年的头脑，使他们逐步趋向和认同西方资本主义国家的价值观念和意识形态。

(2)网络虚拟性导致青少年道德情感的弱化、生活方式的异化

现实生活中激烈的竞争，复杂的人际关系使人很难获得满足感。相比之下，在网络这个虚拟的世界里，对于那些至今尚未摆脱父权主义、顺应主义教育的青少年来说，上网交友、网上聊天，在 BBS 上高谈阔论，无疑使其压抑的情感得到满足。同时，也似乎更容易获得为人处事的成就感。网络给青少年提供了一个虚拟性与真实性并存的情感环境，青少年可以在网上大胆直接地与异性交往，青少年情感强烈集中，持续时间长，对异性情感交往非常向往，这种特点在网上表现得极为明显。至于网络与恋爱之间的关系，一般认为恋爱方式因时代、

观念和技术的变迁而异。在目前的网络时代,网络作为最新的交流手段,具有信息传递的瞬时性、广泛性、超时空性和虚拟性、符号互动性等优点,极大地满足了现代人的需求。网络也充当了一部分人"恋爱"交流的"理想"方式、手段,工具或者载体,使得"恋爱"的年龄提前,出现了一部分青少年的"网恋"现象。网婚是网恋的进一步发展。据 2005 年 8 月 17 日《中国青年报》报道,上海一家公司推出网上"爱情公寓"仅一个月左右,入住用户已达 10 万人左右,其中以 20 岁至 25 岁的女性居多,最小的 16 岁。目前,这种建立在网络上的虚拟婚姻——"网婚",正成为一种新款游戏在部分青少年中流行,引起了家长和专家的担忧。所谓"网婚",就是男女双方在网上"发喜帖"、"办喜宴"、"拜天地"、"闹洞房",在网上"结婚安家","操持家务","挣钱养家","过小日子",甚至"生儿育女"。"网婚"者在网上登记结婚,成立网上家庭,布置房间,还有每天三顿饭的"菜谱"。"夫妻"俩就家庭琐事可以在网上聊上几个小时。网上家庭还可以生孩子,如果日子过不下去了,还可以"离婚",若再遇到情投意合的,还可以"再婚"。有数据显示,我国已有 10 多万人在网上"结为夫妻"。目前,具备"网络结婚"平台功能的网站有几十家,每家人数少则几千,多则上万。其中"网上人家"和"第九城市"两家的人最多。

造成这些现象有以下几点原因:

①社会压力虽不具有强制的性质,但对于个体却是一种难以违抗的力量。"升学就业压力使部分青少年心理负荷过重,他们渴望逃避现实生活,并通过'网络结婚'来找到心灵伴侣,释放情感,放松自己。"共青团上海市委研究室有关工作人员表示,青少年通过虚拟的情感交流方式,释放压抑的情感,缓解压力,放松自己,寻求释放压力的空间,是青少年热衷于"网络婚姻"的主要原因。

②有关专家认为,青少年沉溺于"网婚",与教育体制和社会环境密切相关,无论学校和家长都不愿与孩子坦诚地谈论婚姻和两性问题,这让孩子们觉得婚姻充满了神秘;社会环境又让青少年过早地对婚姻有了一知半解,正是这种不成熟的认识让他们沉溺于虚拟婚姻。

③补偿人格带来的快感。虚拟人格可能本来就存在,只是在现实生活中没有表现的机会。进入"网络结婚",便拥有了双重生存空间和身份,网络的匿名性和虚拟性很好的满足了那些不满现实或是不希望受到现实约束的角色扮演者的要求。网络主体和网络身份具有强烈的创造性,可以以任何面目和多种身份出现,或勇敢,或聪慧,或体贴,或帅气,或威猛,或富有,在自我充分张扬的同时,获得别人的羡慕甚至崇拜。情绪状态依赖于自我感觉的性质,当自己成为现实中可望不可即的形象时,自尊心和自信心将得到极大的满足,成就感、力量感由此产生。人格的发展动力是补偿,补偿是对于心理自卑的对抗,补偿的体验被整合、积累到现实人格中,成为推动个体追求优越目标的基本动力。个体在现实生活中受压抑程度越大,对某一特性憧憬程度越高,越会倾向用虚拟人格得到满足。自卑感越强,归属感和受人尊重的潜意识就越强,沉浸在自己构筑的世界里,会体验到无与伦比的轻松自在,并对虚拟人格产生依赖。

④一种娱乐方式。"网络结婚"集游戏与聊天于一体,既廉价又方便,很适合青少年的胃口,自己既没"牺牲"身体,也不用对言行负责,只是打发寂寞,找个寄托,既消磨了时光,又体验了一下交友的好玩感觉。"网络结婚"大行其道,媒体的大力宣传和同辈群体的影响作用至巨。《第一次亲密接触》将网络爱情故事炒得沸沸扬扬,青少年爱追逐时尚,当认为网上结婚是种时髦行为时就会趋之若鹜。青少年尤其是独生子女多受班级群体的影响,当一个同

学发现"网络结婚"新奇有趣时,经过大肆宣扬,同辈情绪之间相互感染,其余的同学也不管自己是否真的喜欢,一哄而上,纷纷加入,当大人发现后极力反对时,会拿"大家都玩"搪塞。所以,发现孩子"网婚"不要震惊,更不要粗暴阻止,交流和引导最重要,当婚姻对孩子不再神秘,当两性生活的面纱揭开后,孩子们会主动从其中解脱出来,回归自然的天性。复旦大学社会学系教授、两性问题专家孙中兴把"网络婚姻"归为"青少年不宜"。他指出:"正处于青春发育期的孩子们,对感情、对真伪的分辨能力都比较弱,很容易被某些居心不良的人所欺骗。"

此外,青少年也容易将虚拟网络的内容误认为是现实,一旦走入现实生活,他们就会因为巨大的落差而产生失望等不良情绪,并受到伤害。

（3）网络的隐蔽性导致青少年违法犯罪行为增多

网络犯罪日益呈现低龄化的趋势。从相关资料获悉,在计算机网络犯罪案件中,犯罪年龄在 18—40 岁之间的青年占 80% 左右,平均年龄为 23 岁。在人—机—人的环境下,青少年不必与其他人面对面地打交道,从而没有传统社会的熟人圈子去对人的行为进行约束。同时,网络使人们的身份可以变成电脑上的一串字符,任何人都可以随便用不同的网名、性别、年龄与人交流而不会被人觉察。据统计,目前,计算机犯罪大约只有 1% 被发现,而这 1% 中,只有 4% 会被检控。行为主体的这种相对隐蔽性,网络的隐蔽性特征也使网上的犯罪层出不穷。我国网络犯罪也以每年平均 30% 的速度递增。

① 网络色情犯罪

互联网是世界性的,西方和我国台港澳地区较开放,他们的黄色网站隐蔽或公开地在网络中传输,有的甚至设下圈套,让你自动上钩。当前的网络技术,很难阻挡黄色网站的侵入,黄色网站对青少年的影响越来越大。在美国等西方国家,"网络色情"在网络社会问题中占据了十分突出的位置,对青少年网络人口危害更深。据《华商时报》1999 年 12 月 26 日报道:我国每年发生的 15 万例青少年犯罪都与不良信息影响有关,涉嫌性犯罪的青少年几乎全部观看过淫秽影片或访问过色情网站。例如:2005 年新年前夕,在公安部的统一指挥下,安徽等十省市警方密切配合,破获了有"中国网络色情第一案"之称的"九九情色论坛"案。这是迄今为止我国公安机关破获的注册人数最多、网络骨干人员最多、对未成年人危害最严重的网络色情案,也是首例境内外相勾结的淫秽色情网站案。而令人担忧的是该网站注册用户超过 30 万人,其中多数是未成年人。该网站拥有淫秽色情视频文件 6000 多件、图片 10 万多张、淫秽色情文章 2 万多篇。此外,还有详细介绍我国各地卖淫场所的详细信息。直至 2004 年 11 月,初步统计其点击率达 4 亿次之多,在线人数每 10 分钟高达 15000 人。

由此可见,淫秽色情信息通过网络对青少年造成的精神污染,严重毒害着青少年的身心健康。据中国教育报载,2001 年武汉市一名经常上网的少女被网友骗到卡拉 OK 厅内,被麻醉后轮奸。这一专门通过网络聊天诱骗少女的团伙,大多数成员都浏览过色情网站,其中令人痛心的是这个团伙成员年龄最大的不过 19 岁,最小的只有 15 岁。

有研究资料显示,青少年对色情信息的查寻大于对其他网络信息的搜索。网络色情信息的扩展,对广大青少年的身心健康产生极大影响,而他们一旦堕入其中就不能自拔,其结果难以想象。

网络色情犯罪的原因

◆ 中国传统文化、道德对性的禁忌,使青少年缺乏科学的性知识。这使得中国青少年性教育始终处于"犹抱琵琶半遮面"的状态。这种半放半遮的状态加上青少年性的迅速发育，反而诱发了青少年对性的注意和追求、甚至是不正常的追求。据有关调查显示：在高中生性知识获得来源中，来自父母和老师的占不到25%，大学生则更少。性生理心理迅速发育、性知识缺乏、好奇心强、羞于请教老师和长辈的心理特点，促使众多青少年通过其他途径和手段获取性知识，以满足生理心理需求。近几年随着计算机、网络的普及特别是网络的开放性、匿名性以及网络色情信息的无处不在，使得网络色情成了青少年的第一色情信息源。

◆ 网络传播的广泛性、集中性、便捷性、超时空性深受青少年偏爱。在互联网上极易上传、阅读、下载网络色情信息在网络这个虚拟的空间里储藏着大量的色情内容，国内国外各种色情站点、网页间存在着千丝万缕的联系，链接非常方便。只要登录互联网就能很方便地搜索到各种色情信息，其获得速度远远超过以往的货币与商品直接交换。

◆ 互联网的高匿名性和不易觉察性、互动性吸引更多的青少年沉溺于网络色情。在现实生活中，迫于道德或法律的威慑，许多人可能对色情信息或色情服务存在顾忌，但网络的高匿名性则为涉世不深的青少年网民提供了一副面具，可在其遮掩下做出各种在现实生活中不可能做的举动。网络色情行为的不易觉察性使青少年在浏览、传播色情信息时不易被人特别是家长和老师觉察，致使许多青少年以学习为借口进行网络色情活动，来人时可迅速切换浏览页面或把色情内容隐藏、删除；离开时再删除所有的访问记录。这也正是许多青少年能够长期游览网络色情信息不被发现并深陷其中的重要原因之一。网络的互动性则使得青少年能在参与网络色情信息的上传、游览、下载中从事网络色情活动。

◆ 网络色情形式的多样性、内容的刺激性是对青少年最大的诱惑。淫秽色情网站通过色情图片、录像、电影、文字、聊天室、网络色情游戏、黄色笑话等形式传播色情信息。这些淫秽色情网站不仅通过极富刺激性的画面给网民以强烈引诱。更通过网上论坛、聊天室进行网上"性行为"、"性交流"、"性交易"，这对网民具有很强的吸引力。

◆ 网络色情相对缓解了青少年对性的好奇和渴望心理。青少年对异性和性的好奇与渴望在实际生活中难以得到满足，而网络世界的高匿名性、网络性行为的不易觉察性使青少年警惕性放松。现实生活中被压抑的情感和渴望可在网络色情中得以发泄或转移，尽管这种发泄只是一种"望梅止渴"或"画饼充饥"，但仍使部分青少年趋之若鹜。

◆ 一些网络服务者惟利是图，制造各种色情内容来吸引网民，增加点击率。黑网吧（属于无证经营、超出营业范围的网吧）老板为了多赚钱，还有意向顾客推荐黄色网站。例如：当前广州批准立项的正规网吧有600多家，但全部证件齐全的仅40多家，此外全是"黑网吧"。这类网吧一般存在超时经营、消防安全隐患、无未成年人禁入公示牌、管理混乱等问题，而青少年占"黑网吧"消费群的60%—80%，其中包括不少在校学生。

②黑客犯罪

"黑客"是英语"Hacker"的译音，原指热衷于计算机程序的设计者，现在则专指利用通信软件及联网计算机，通过网络非法进入他人系统，截获或篡改计算机数据，危害信息安全的计算机入侵者。随着计算机网络在政府、军事、金融、医疗卫生、交通、电力等各个领域发挥的作用越来越大，黑客的破坏活动也随之猖獗。网上的黑客几乎无处不在，政府和军队的核心机密、企业的商业秘密及个人隐私等均在他们的窥视之列。黑客中有的截取银行密码，盗窃巨额资金，有的大肆破坏政府及各种机构的网站，使它们突然瘫痪或不能够正常工作。例如：1998年春，美国军方和政府机构五百多个部门的电脑遭到攻击。办案人员发现黑客通过波斯湾地区的网络线路上网,因此一度怀疑是伊拉克发动的袭击,但最后发现"黑客组织"的成员竟然是一名 15 岁的美国学生和一名 18 岁的以色列学生,据他们的老师介绍,两名学生都聪明过人。2004 年,一个名叫斯万·杰斯深的德国大男孩制造了一个震荡波蠕虫病毒,给互联网发展史写下了损失惨重的一页。一时间,震荡波在全球范围内横行肆虐,导致公司瘫痪,火车停运,飞机停飞。

黑客产生的原因

◆ 青少年法律意识淡薄。部分青少年对自己行为缺乏最基本的认识和控制是产生这一现象的主要原因。有的故意制造病毒,破坏他人计算机系统,还洋洋得意到处宣扬,有的破译他人密码,侵入他人网络,以炫耀和展示自己的"才华",且不认为这是违法行为。也有一些青少年意识到其行为及后果的严重性,但还是觉得这么做好玩、刺激,或认为别人不会知道,或认为即使知道也找不到自己。

◆ 技术管理的缺陷。人们只热衷于开发和使用电脑,并不注意网络的安全管理和保密技术的研制。不少单位的主机房没有屏蔽设施,终端机房也没有防护措施。据中国科技大学网络中心曾对 2500 个网络服务账号进行了简单的举攻击测试,在短短数小时内就破解了其中的 18.4%。多数黑客入侵,主要不是他们的知识和技术高,而是他们利用了网络的技术缺陷和管理漏洞。中国科技大学 1997 级一学生曾在一年级下学期成功入侵了一电子邮件服务器,但他的计算机课程学得并不十分好。

◆ 计算机网络立法滞后,为一些网络违法者提供了可乘之机。由于计算机的一个致命弱点是只认口令不认人,只要掌握口令,谁都能打入计算机实施犯罪行为,而在法律上确定谁是真正的责任行为人却十分困难,所以,对网络犯罪打击很难收效。在号称"网络王国"的美国,计算机犯罪的破案率不到 10%,其中定罪的则不到 3%,法律制裁不力,容易使网络违法活动蔓延。

◆ 网络技术的普及与网络法制教育相脱节。高等院校由于具有信息资源和人才培养方面的优势,使其处于网络社会的前沿。但学校对网络技术教育发展和普及所带来的一系列社会问题始料不及,因而对青少年的网络法律规范教育还迟迟未能开展。面对新生事物,当学生还没有完全意识到哪些事应做,哪些事情不应做的时候,其违规、违法行为在所难免。

2. 教育

(1)青少年对网络的依赖、丧失某些生存能力

当今社会青少年对网络的需求和依赖到了令人担忧的地步,一旦离开网络,他们就会发现自己已经丧失了某些基本的生存技能,比如到银行存取款、探望一下老朋友、到超市购物都成了令人生畏的事务。在网络技术非常普及的美国,儿童从小就学习计算机使用互联网,美国学生习惯了发电子邮件、电子贺卡,在计算机上完成作业,90% 的学生的书法一塌糊涂,他们手写的字难以辨认,错别字和语法错误比比皆是。人们把这种情况称为网络时代的"失写症"。

① 网络的自由性影响了青少年语言表达方式

网络语言是利用计算机在网络交流领域中使用的语言形式。网络语言的表达反映青少年的表达方式、表达能力和表达特点。网络影响人们的语言习惯,主要是语言的表达方式。近年来,大量关于网络语言成为青少年的日常用语,甚至被写进作文的报道屡屡见报,高考作文中也出现了网络语言羼杂、网络小说方式叙述的问题,让阅卷老师比较为难。例如:

"7456，TMD！大虾、菜鸟一块到偶的烘焙鸡上乱灌水，这些水桶真是 BT！哥儿们用不着 PMP，到底谁是好汉，光棍节过招。94 酱紫，待会儿再打铁。呵呵！886！"。含义：气死我了，他妈的！怎么超级网虫和超级新手一块儿到我的个人主页上乱留言，这些水桶真是变态！哥儿们用不着拍马屁，到底谁是好汉，光棍节过招。就是这样子，呆会儿再来贴帖子。呵呵！拜拜了！

网络语言产生的原因

◆ 节约时间和上网费用。在网络的论坛（BBS）和聊天室时，为了提高文字输入速度，节约上网时间，主要是为了节约上网费用。网民一部分使用汉字全拼输入系统，由于上面的字词或者不是按照网络使用频率排列或者根本没有这个词，所以在寸秒寸金的网络上，就没有耐性保证打字的准确而大量使用同音字词代替，直到形成公认的新词汇。例如"版主"没有，就用程序生成的"斑竹"代替，"主页"没有就用"竹叶"代替，"你才"先出来就代替要选用的"你猜"；"点心"先出来就代替"电信"。

◆ 蔑视传统，标新立异。网络语言、是一种伴生于网络技术的文化现象。青少年具有自主、开放、包容、多样和创新特点，他们蔑视传统，具有极强的反传统意识，崇尚创新，完全不受传统语言语法、语义的规范、标准的约束，因此创造出一种方便网络上应用的语言变体——网络语言语体。

◆ 张扬个性以引起别人的重视。网络给了每个人张扬个性、释放自我的独特空间。因此网民比较愿意故意显得另类来张扬自己的个性以引起别人的重视，因此创造出一些奇奇怪怪的词汇和网名。网络语言已经成为某些人表现个性的标志。

◆ 掩饰个人身份、年龄、性别和语言习惯。因为网络空间是虚拟的世界，所以大多数人为了掩饰个人身份，对自己的年龄保密，不暴露自己的性别，不流露自己的语言习惯，而愿意以另一种专用的语言来在网上参与论战、与人聊天交流，网络语言就应运而生。

② 网络的"快餐模式"导致青少年知识医匮、"信息塞车"

由于过多依赖网络，形成了一种"在对书本阅读、亲身实践等方面的弱化，使青少年获取知识的方式成快餐模式"，由此可能引起总体知识水平的下降。大量网络信息的涌入，不论是正确的还是错误的，完整的还是片面的，科学的还是主观臆断的，都拥挤在他们的头脑中，不能被流畅地消化、加工。而人脑信息承载及信息处理的能力毕竟是有限的，超越了青少年个人处理和利用信息的能力。然而青少年并没有能力对这些信息进行整理，从而导致头脑中出现"信息塞车"的状况。

a. 网络信息流动速度快。作为网络之主的互联网，它以广域网把无数局域网连接起来，是全球最大的图书馆和信息数据存储库，是内容极丰富的信息资源。然而青少年现正处于一个飞速发展，竞争激烈的市场及经济时代，对信息是有很强的敏感性，但是在传统的教育观念和教育方式下，青少年学习知识主要还是依靠教师、教材等有效的资源，并且在这有效的资源里往往还存在着很多与社会发展不相适应的无用的知识，这就给青少年的生活带来了需求与现实的强烈反差。

b. 网络所传播的信息量大。涉及天文地理、人间万象，任何组织、个人都可以在网上发布信息，各种不同的意识形态、政治观点都可以在此共存。

c. 网络信息量的急剧上涨。网络信息流速的日新月异，超越了青少年个人处理和利用信息的能力，使他们目不暇接。在网络社会里他们身陷信息的汪洋大海却找不到自己所需的信息，汲取不了对自己有用的知识，有一青年网友写道："我不断在网上爬行，经过由无数文字组成的方阵。我好像知道自己在寻找什么，但不知道会找到什么"。

　　d. 网络上的信息杂。由于文化信息的多向贯通和舆论表达，容易使青少年的长时间浸泡在杂乱的信息中，其兴奋点和注意力也被信息的奇、新、异所吸引，面对太多的信息，一些青少年表现出无从选择，束手无策的状态。由于不堪信息超量的重负，他们的思维方式被机器同化，知识结构被"0"和"1"二进制数字化，呈现出知识单一的不良状况。这是因为他们的信息已经严重超载。

　　③ 网络的形象性使青少年逻辑思维减弱

　　网络集文字、声音、图像于一体，构成一种立体化的传播形态。网络主页的内容包罗万象，它以翔实的文字材料，悦耳的音乐旋律、精良的影视图像对青少年产生了极大的吸引力，而魅力无穷的网络游戏对青少年更有难以抗拒的诱惑。网络信息在开拓青少年视野，帮助他们了解更多新鲜事物等方面起着积极作用。但是，他们对青少年思维发展，尤其是抽象、逻辑思维的发展存在着一定程度的阻碍作用。青少年正处于思维发展的关键时期，而思维发展是主客体相互作用的结果，由于长时间与网络相处，极易在情感上形成对信息网络的眷念情结，使自己生活在电子屏幕及其电子设施包装的电磁场上，活动在狭小的个人空间里，甚至麻木地接受信息刺激，不再需要向现实生活中那样去主动概括和抽象、积极反思和寻求事物的本质，这就阻碍了青少年认知—逻辑能力的良性发展，形成认知倦怠，进而导致了青少年容易倾向于注重事物的感知，而非理性的分析。于是，他们往往会拥有发达的形象思维能力，而想象能力和逻辑思维能力却很差，对事物的认识能力不够，表现为看待事物的肤浅化和感性化，难以把握事物的本质。网络削弱了青少年对深层次问题的思考，导致平面化、单向性在青少年群体的出现。

　　著名作家金庸认为："网络会阻碍人的创造力"。美国学者丹尼尔·伯斯丁也认为，网络正在削弱我们的思考力，汽车使人类体能弱化，网络使人的智能弱化，长此以往，人类可能会被网络变成"弱智儿"。网络专家李河也提出："我们的头脑似乎成了不停转动的水轮机，每天有大量信息推动它旋转。我们甚至来不及记住它们，更不要说思考和消化它，当然有些人根本就不想去思考它"，"到处都是信息，唯独没有思考的头脑"。所有这些不能不引起我们的深思，我们决不希望祖国的未来在思维方式上被网络变成了"弱智儿"。

　　3. 心理

　　(1)网络的虚拟性引发青少年人格扭曲

　　由于网络交往的匿名性、虚拟性，网络行为的符号化和网络身份的可变性，人可以以种种不同形象、不同性格、不同性别在网络世界里扮演各种角色：如义侠、网上大侠、仲裁者、恋人等等，完全掩盖了现实中人的真实性。网上模拟身份的使用常常将人置于白日梦的状态，一个卑微的人可以将自己扮演得很伟大，一个一无所有的人可以将自己装扮得硕果累累。这种角色的不稳定性和多面性，使青少年常常处于矛盾的、相互冲突的选择和转换之中，给人格的形成和发展带来很大的压力，这使他们常常置身于虚幻状态。痴迷于网络的青少年容易在这个虚幻的自我世界中逐渐失掉现实的自我，从而引发人格异常变化。经常上网的青少年在性格上有一些共同的地方，那就是表现为疑心和懒散，对周围生活环境变得麻木，生活节奏紊乱。有人认为，网上人格的扭曲是在现实中由激烈的竞争或生活的压力，被压抑的个性、人格在网上以扭曲的方式表现出来。在网下，他们受制于现实的社会角色，难免有重重顾忌。时时刻刻感受到自己所看不到的监视者的存在,不得不按照社会的规范小心翼翼地行事,但一到网上,在虚拟的名字下,就像到了假面舞会现场,可以任由自己尽情发泄。生活中的人也许温文尔雅,但一到网上便破口大骂,将禁锢已久的"本我"之恶尽情释放。他们会混淆网上的角色与现实生活中的角色,忘记自己的社会责任和社会地位。角色和性别之间的差异,必然导致角色冲突,当这种冲突达到一定的程度时,就会使人分辨不清自己真实的性别角色和网络中的性别角色,发生自我同一性的混乱。这样就会引发心理危机,从而导致双重人格或多重人格障碍。

(2)长时间的沉溺于网络,易引发青少年的网络性心理障碍

网络性心理障碍是指患者常常没有一定的理由,无节制地花费大量时间和精力在网上持续聊天,以致损害身心健康,并在生活中出现各种人格障碍,交感神经功能部分失调和行为异常。该病的典型表现包括:情绪低落、不愉快或兴趣丧失、睡眠障碍、生物钟紊乱、饮食下降和体重下降、精力不足、精神运动性迟缓和激动,自我评价低、能力下降、思维迟缓,有自杀意识和行为,社会活动减少,大量吸烟、饮酒和滥用药物等。《光明日报》曾报道上海某知名高校一三年级学生因终日沉溺于网络中,导致精神憔悴、情绪低落,还经常自言自语……这种异常行为应属"网络性心理障碍",过量重复网络信息对青少年长时间的刺激是产生"网络性心理障碍"的诱导因素。

网络成瘾综合症(简称 IAD)是网络性心理障碍最突出的一种症状。主要是网络使用不当造成的,它与吸烟、酗酒甚至吸毒等上瘾行为相似:一上网就兴奋异常,一下网就情绪低落,而且随乐趣的增加,欲罢不能,难以自拔。网络空间到处都是新事物,不断在增加着。因此,对善于接受新事物的青少年来说有着无限的吸引力,这种吸引力往往使青少年对网络极度迷恋,进而成瘾。据《羊城晚报》报道,一项调查显示,在广州市五所大学 1586 名上网高校学生中,患有网络成瘾的占 6.34%。贵州《新报》也有类似报道,在对北京 12 所高校的近 500 名本科生进行抽测中,网络成瘾也占到了被试者的 6.4%。取样中,还发现青少年每周使用电脑或上网的时间与网络成瘾有密切关系。

网络成瘾主要有网上交际成瘾,色情成瘾,游戏成瘾和信息成瘾。由于目前网上交往和游戏是青少年上网的主要内容,因此,目前青少年恋网成瘾,主要是网上交际成瘾和游戏成瘾。《扬子晚报》前不久就登载过一个少年迷恋网络游戏,通宵达旦地泡在网吧,既不正常上课,也不按时回家,担心不已的父母向社会发出了"救救孩子"的呼声。中国科技大学校园网 Love 版上一篇题为《虚无的恋情》也这样写道:"那时,我整天泡在茶室里,像吃了鸦片一样,极上瘾。午饭都省了,有时候,我都觉得自己精神衰弱了。"而恋网成瘾,不但会导致个体情绪低落,生物钟紊乱,思维迟缓,自我评价能力降低,严重时甚至会使个体出现自残意志和行为。现实生活中,类似患上网络成瘾的青少年正在剧增。据《楚天都市报》2000 年 12 月 6 日报道,长春市中心医院发现十余例因无节制上网导致精神异常的患者,其中大部分是青少年学生。

一名沉迷网络游戏的南昌高三学生小余,于 2002 年 4 月 17 日在网吧上网玩游戏时因精神高度紧张而猝死,据事发当时坐在小余旁边的一位年轻人说,他听到"呼"的一声,接着看见小余往后倒在椅子上,两手不停地抖动,口喘粗气。小余旋即被送到南昌市第三人民医院急诊科,检查后,小余被宣布为"临床死亡"。

这些患者症状是情绪低落,无愉快感,睡眠障碍,精力不足,思维迟缓,自我评价低,社会

活动减少等。

4. 身体

青少年时期也是长身体的黄金时期,却得不到充足的睡眠,并且每天都要面临着来自电脑的大量辐射,会使人身心疲惫、头昏脑胀、眼睛疲劳等等。

(1)电磁波危害

电脑的低频电磁辐射和低能量 X 射线,容易引起人的中枢神经失调。电磁辐射已被世界卫生组织列为继水源、大气、噪声之后的第四大环境污染源,成为危害人类健康的隐形"杀手",防护电磁辐射已成当务之急。

英国一项办公室电磁波研究证实,电脑屏幕发出的磁场和低频辐射会导致 19 种病症,包括眼睛痒、短暂失去记忆、暴躁、抑郁等。对女性还容易造成生殖机能及胚胎发育异常。例如:新华网天津频道报道,去年 8 月 2 日上午 10 点半左右,家住天津市河西区的王女士因头疼、眼疼、并伴有呕吐症状,便来到解放军第 464 医院就诊,经过检查各项生理指标均正常,后经进一步检查,原来是因电脑辐射所致。据 464 医院内二科主任赖靖介绍,随着现代高科技的不断发展,各种电脑在人们的日常工作中得到广泛运用。电脑给办公带来便利,提高了工作效率。但是,电脑辐射已经成为伤害办公人员身体健康的一大"杀手"。电视机和计算机等荧光屏产生一种可能致癌的有害气体,这是经德国科研工作者研究证实的,据介绍,这种有害气体叫做溴化二苯并呋喃。这种气体直接威胁着办公人员的身体健康。这些臭氧气体不仅有毒,而且可能造成某些人呼吸困难,对于过敏症和哮喘病患者来说,后果更加严重。如果长时间待在臭氧气体浓度高的地方,还会导致肺部发生病变。

据不完全统计,常用电脑的人中有 83% 感到眼睛疲劳,64% 经常感到肩酸腰痛,另外,不少人出现流泪、食欲不振、咽喉痛、咳嗽、胸闷等症状,甚至行动迟缓,记忆力衰退。

(2)视力危害

使用电脑,眼睛最容易受到侵害,尤易引起青少年近视和睫状肌痉挛。这些被称为"电脑视力综合征"的病症是一种压力型疾病,原因是眼睛长时间盯着一个地方,眨眼次数仅及平时的三分之一,从而减少了眼内润滑剂的分泌。长期如此,除了会引起眼睛疲劳、重影、视力模糊,还会引发其他不适反应。

(3)组织伤害

操作电脑时重复、紧张的动作,会损伤某些部位的肌肉、神经、关节、肌腱等组织。除了腰背酸痛,患上腕管综合症者,还会手腕疼痛甚至麻痹,并且这些症状会延伸至手掌和手指。

第二章 引导青少年正确处理网络人际交往

网恋男女分手引祸端青少年网恋令人警醒
——新华网云南频道

2005 年 1 月 31 日晚 10 时许,西山公安分局梁源派出所接到报警:梁源小区"天堂鸟"网吧内发生一起杀人案。民警迅速赶到现场,发现一男一女两名青年倒在血泊中已经死亡。

正当警方围绕现场紧张地开展深入细致的勘查及调查走访工作时,一名自称周强的男子来到案发现场向警方投案自首,称其对此案负责,民警遂将其带回进行审查。

经查,犯罪嫌疑人周强现年 22 岁,陕西省西安市人,住重庆市九龙坡区。2003 年 12 月,在深圳打工的周强通过网上聊天,认识了比自己大一岁的浙江省舟山市女青年邵某,并开始了网恋。去年 1 月两人联系、见面后,即先后在深圳和重庆两地同居。2005 年 1 月初,邵某突然不辞而别,独自来到昆明。

周强得知邵在昆明后,于 1 月 29 日乘火车来昆明找邵某,并于 30 日凌晨与邵某取得了联系.两人约定在梁源小区"天堂鸟"网吧见面。谈话中,周强要求邵某看在过去的情分上,回到自己的身边,但邵某说:"我已经在网上另外认识了一个 18 岁的男朋友黄某,不想再继续跟你交往了。"当晚,周强跟随邵某来到她暂住的某旅社房间,再次要求邵某离开黄某回到自己身边,遭到邵某的再次拒绝。周强恼怒之下与邵发生厮打,因不忍心对昔日的网恋情人下手而将其放开。

1 月 31 日下午,闷闷不乐的周强独自走到一农贸市场,买了一把长约 15 厘米的不锈钢水果刀揣在身上。当晚 10 时许,周强携带刀具来到"天堂鸟"网吧,看见邵某和黄某正在上网,于是悄悄从两人背后靠近,迅速掏出水果刀用力刺向黄某前胸将其杀死,然后立即拔刀再将邵某刺死。

第一节 青少年网络人际交往的类型及特点

一、网络人际交往的概念

网络人际交往是人们在网络空间里进行的一种新型人际互动方式。西方研究者多使用"计算机媒介沟通"(Computer-Mediated Communication),"互联网沟通"(Internet Communication),"计算机媒介互动"(Computer-Mediated Interaction)等概念。网络人际交往是以互联网为基础,以计算机为中介的交往,尽管叫法不同,但其核心是:交往主体在互联网上发生互动并在交往过程中构成一定的社会关系,在此基础上,网络主体逐渐形成了网络群体,虚拟社区直至整个网络社会。与其他交往方式相比较,网络人际交往的主要特点:一是交往角色的虚拟性,二是交往主体的平等性,三是交往心理的隐密性,四是交往对象的广泛性,五是交往过程的匿名性,六是交往过程和效果的弱规范性。

二、青少年网络人际交往的类型

（一）纯关系型

E-mail、BBS、聊天室、QQ 等反映了互联网所构成的虚拟空间的具体方式，这些具体方式，涉及虚拟空间人的交往。

（二）纯关系型

1. 交友聊天

这类网民上网没有特定的目的，主要是结交网友、聊天消遣。其主要动机是改变现实生活中人际交流的局限。这类网友在经过一段时间的网上交往和交流后，互相之间可能成为关系密切的网友，并把交往关系延伸到现实生活中，关系逐渐紧密。

2. 感情寻觅

这类网民具有比较明确的目的性，经常光顾的场所基本上是和各类以情爱、两性话题为专题的论坛。由于目的接近，逐渐转移到固定的聊天方式中，比如手机短信、QQ 等。

3. 共享信息

这类网民上网的目的是获得信息而不是感情，他们需要的是自己感兴趣的各种各样的信息。

4. 异样生存状态

这类网民似乎漫无目的，或者是"游戏网络"。他们浏览信息或者发送信息都没有明确的目的或者动机，只想体验与现实生活不同的"另类生存"状态。他们聊天时不注重话题的性质，无意结交网友，只注重在与人交往和交流过程中自我的表现体验。他们与异性交流时，也只是追求一种异性之间的感受与体验，无意把"网恋"延伸到现实生活中。

（三）SNS 网络人际传播

SNS 网站 2003 年短短 5 个月的时间就风靡整个北美地区。而仅在国内，联络家、人际中国、亿友等提供 SNS 服务的网站也如雨后春笋般破土而出。SNS—Social Network Service，即社交网络服务或网络社交平台，它的理论根据是哈佛大学心理学教授 Stanley Milgram 在 1967 年创立的六度分隔理论，即"你和任何一个陌生人之间所间隔的人不会超过六个"。按照六度分隔理论，通过 SNS，每个个体的社交圈都会不断放大，最后成为一个大型社会化网络。

三、青少年网络人际交往的特点

（一）与网友交流的联系方式

表 2 - 1　网络人际互动的方式

	QQ	E-mail	BBS	UC	电话	写信	见面	互送礼物	其他
频次	263	129	24	22	87	82	27	14	15
百分比	88.3	46.4	8.7	8.0	31.5	29.6	9.7	5.1	5.4

当前，青少年与网友的交往，主要包括 QQ、E-mail、BBS、UC 这四种网络交往方式，以及在现实生活中使用的写信、打电话、见面、互赠礼物等四种传统的交往方式。通过表格中的

数据我们可以看到：

首先，在网络方式中，青少年首选的是 QQ 这种实时互动的聊天工具，其次是电子邮件，通过 BBS、UC 这两种工具交流、结识网友的青少年很少。从这一选择中我们可以发现，青少年的网络人际交往更多是一种两人之间的私密性交往。E-mail 是一种典型的用于两人之间信息传输的工具。使用 QQ 时，虽然可以同时与多个人聊天，也有多人在线的主题聊天室，但也主要是无数个两人之间的私密性交流，很少出现集体性的公开讨论。BBS 是一种公开的集体交流的工具，但是，青少年很少将它作为一种人际交流的手段。UC 是一种与 QQ 类似的聊天工具，功能更为强大，由于出现的时间较晚，且其最初的使用者大多是大学生及成年人，因此，很少有青少年知道这一聊天工具，许多对此有所了解的青少年也由于在线的同龄人太少，而不愿意使用。

其次，现实生活中传统的人际交流手段也经常被青少年采用，这类交往手段的采用往往表明双方关系的持续与深入。访谈中发现，许多青少年都是通过网络聊天工具结识网友，在交往一段时间之后，往往就将自己的电话，地址告诉对方，通过写信，打电话的方式来进一步联系。交往方式由网络进入到现实中，通常被他们当作双方关系进一步发展的一个必要仪式。与网友见面、互赠礼物的上网青少年虽然不是很多（接近总数的15%），这也表明此类实质性的交往在青少年中受欢迎的状况。

总之，青少年与网友的交往主要是通过网络来进行的，但也并不排斥现实的交往方式，由网络到现实，表明交往双方关系的深入。但总体上，网友之间的交往仍然主要是一种匿名性的间接交往。

（二）结识网友的途径

表 2-2　青少年结识网友的途径

途径	Count	Responses%	Cases%
在 QQ、UC、BBS 上偶然认识的	287	52.7	97.3
网友介绍认识的	59	10.8	20.0
同学朋友介绍认识的	178	32.7	60.3
其他	21	3.9	7.1
总	545	100.0	184.7

从上面的数据可以看出，大多数青少年都是在网络中通过偶然的方式结识网友的。传统的关系连接是现实生活中交友的重要途径，但是在网络中已经成为一个次要的因素。网络打破了空间、身份以及个人资源的限制，每个人都面临着同等的交往机会，并不需要求助于任何人，我们都能够在网络中随机认识无数的网友。网络交友的随缘性，随意性，在这里体现得特别明显。

但是，表中的数据同时向我们表明，青少年在网络中的交友，也并没有摆脱现实生活中的同辈群体的影响。QQ 聊天、网络交友能够成为青少年中的一种时尚，本身也是青少年同辈群体在日常的生活中相互交流、相互影响的结果。同时在网络中获取信息，或实现某种工具性的目的时，通过网络或现实朋友的介绍也更为便利。以下的两个个案正表明了这一点。因此，同学朋友等等同辈群体仍然是青少年选择网友时的一个重要的中介。但需要指出的是,青少年更多只是以这种人际关系连接作为一种实现个人目的的工具性手段,而不是由此形成了一种相互联系沟通的亲密网络。

个案访谈

个案1,男,初二

去年刚玩传奇的时候,总觉得需要大虾指点,水平太差了,直接请教,别人不一定理我,只好请网友帮忙,将他以前在网上认识的一个高手介绍给我……

个案2,女,高一

我同学认识一个在中国留学的国外大学生,经常与他在网上用英语聊天,我主要是想练习一下英语,又不敢主动和外国人交往,通过他认识就方便多了……也觉得没什么,我现在认识了好几个老外。

通过下表,我们发现,年龄越小,越易受到他人的影响,就越依赖由同辈群体提供的网络交友信息,而不论这一同辈群体是网络中的还是现实中的。表中的数据说明,大学生在结识网友时,更多地是通过QQ等聊天工具,依赖网友或现实生活中的朋友的要远远少于初中生或高中生,他们在网络交友中体现出更多的自主性。而初中生和高中生在结识网友时,更愿意通过现实或网络中同学朋友的介绍,这体现了同辈群体对他们的日常生活的巨大影响。同时,这也可能隐含着他们在充满不确定性的网络交友中,力图寻求某种确定性或保障的内在动机。

表2-3 不同年级结识网友的途径

结交途径	初中	高中	大学	总
通过QQ等偶然认识	93	64	130	287
	88.6%	94.1%	106.6%	97.3%
通过网友介绍的	26	14	19	59
	24.8%	20.6%	15.6%	20.0%
同学朋友介绍的	63	47	68	178
	60.0%	69.1%	55.7%	60.3%
其他	13	4	4	21
	12.4%	5.9%	3.3%	7.1%
总	105	68	122	295
	35.6%	23.1%	41.4%	100%

(三)青少年网络人际交往的对象

表 2-4　网络人际交往的对象

交往对象	count	Pctofresponse	Pctofcases
关系一般的网友	63	11.2	21.4
关系密切的网友	148	26.4	50.2
网上陌生人	57	10.2	19.3
现实中的好朋友	165	29.4	55.9
家人或亲戚	22	3.9	7.5
一般的同学朋友	106	18.9	35.9
总	561	100.0	190.2

从上表的数据可以看出,网络并不只是结交网友的工具,青少年的网络人际交往对象并不局限于在网络中结识的人,相反,他们更倾向于在网络中与自己认识的现实生活中的同学朋友交往。一方面,青少年通过结识无数陌生的网友,拓展自身在网络中的交往空间,另一方面,网络又只是青少年现实生活的一个延伸和扩展,用于维系他们在现实中建立的人际关系。并且,由于现实生活中的交往对象比网络交往对象的关系更为亲密,因而显得更为重要。

从交往对象的选择中,我们可以发现关系因素的影响。青少年在网络中与不同对象的交往的多寡,取决于其与这一对象关系的亲疏远近。在关系密切的朋友中,青少年更多的与现实的朋友交往。在关系一般的朋友中,青少年也更倾向与现实的朋友交往。

表 2-5　不同年级与主要交往对象的交互分类

	年级			总
	初中	高中	大学	
大学选择网络交往对象	61	27	43	131
	58.1%	40.3%	35.2%	44.6%
选择显示交往对象	44	40	79	163
	41.9%	59.7%	64.8%	55.4%
总	105	67	122	294

在此,我们同样也发现了年龄因素对青少年网络交往对象选择的影响(见表2-5)。即青少年越不成熟,越倾向于选择网友作为交往对象,而随着年龄的增长,青少年更倾向于在网络中与现实生活中的同学朋友交往。这可能表明,由于初高中生现实生活的空间比较狭小,交往范围比较有限,因此,他们对网络更热情、更好奇,也更需要通过网络来拓展自己的交往空间,满足自身对友谊、情感的心理需求。而越成熟越有人生经历,现实的交往就越广泛,从现实的交往对象中能获得必要的情感满足,也就越不依赖于网络作为获取友谊情感的来源。

（四）网络人际交往中的人际吸引因素

表 2－6　对交往对象的性别、地域、身份、年龄的选择

	性别			地域			身份			年龄		
	同性	异性	无所谓	本地人或老乡	异地人	无所谓	学生	其他	很少考虑	同龄	异龄	无所谓
频次	16	83	199	103	25	171	170	8	120	215	4	80
%	5.4	27.9	66.8	34.4	8.4	57.2	57.0	2.7	40.3	71.9	1.3	21.8

表 2－6 涉及的是有关个人的先赋性特征，从中我们可以看出，青少年对交往对象性别、地域的选择，总体上持一种无所谓的态度，并不一定要求对方具备怎样性别、地域特征，但其中仍然体现出一定的倾向性，即许多青少年还是更愿意与异性而不是同性网友交往，与本地人或老乡，而不是与异地人交往。选择异性，可能表明处于青春萌动期的青少年对异性、对网恋的某种憧憬和向往；与本地人交往，则可能暗含着青少年与网友见面，将网络关系深入到现实生活中的某种意愿。

对年龄、身份的选择，体现出青少年与同辈群体，同龄人交往的意愿。

但是，通过与表 2－7、表 2－8 的比较，我们会发现，总体而言，青少年在交往对象的先赋性特征上的要求，更为随意，并不严格。相对于网络中体现出的自致性特征，这些先赋性因素并不是网络人际吸引的决定性条件。

表 2－7 对交往对象昵称、个性的要求

	昵称				个性	
	与众不同	给人美的联想	不能太难听	无所谓	聊天时积极主动	无所谓
频次	51	98	78	72	192	104
%	17.1	32.8	26.1	24.1	64.6	35.4

从上表的数据可以看出，青少年对交往对象的昵称往往有着各自的要求，很少持一种无所谓的态度。在现实生活中，昵称只是个人的一个符号，并没有特别的意义。在网络中，昵称往往有着极为丰富的含意。由于网络交往的是一种非面对面的符号交流，昵称就像人的长相，能否吸引他人与自己交往，能否给人一个良好的"第一印象"就取决于昵称的好坏。网络中的首因效应丝毫不逊色于现实生活，一个好的诱人耳目的 ID 正是产生首因效应的重要因素，并且这种效应还会在以后的交往中不断强化。

网络充满着无数的机会，但是这些机会只给予那些积极主动的人，网络交友的成功与否，更需要的是一种积极主动的个性，被动的个性在网络中往往不受欢迎。同样，幽默风趣的谈吐与在现实中一样，能够使交流成为一种轻松愉悦的享受，它也是吸引网络人际的必备要素。而丰富的知识和见闻，也是吸引青少年的一个重要因素。青少年也更喜欢与见闻广泛的人交往。

表 2-8 对交往对象知识"谈吐的要求"

	知识能力				谈吐		
	知道的比我多	知道的没我多	和我差不多	无所谓	比较幽默风趣	比较含蓄文雅	无所谓
频次	171	9	57	61	198	54	42
%	57.4	3.0	19.1	20.5	66.4	18.1	14.1

特定的个性、谈吐、知识能力等等也是在现实人际交往中,青少年比较重视的因素。只是在网络中,个人的能力、努力等等自致性因素体现得更为明显。青少年也更为注重交往对象的内在的特性与素质。

(五)网络人际交往的意愿

表 2-9 中的数据表明,青少年在现实生活中的人际交往意愿,很大程度上影响到其对网络活动的参与,即青少年在现实生活中越是乐于与人交往,就越愿意参与网络交友;而在现实中越保守,则越不愿将人际交往扩大到网络中来。有研究者认为,当个体的性格比较内敛、其貌不扬、口才不佳、在现实人际交往中受挫,从而情感心理上的需求得不到满足时,更容易参与网络人际交往,在网络中寻求补偿。因此,在现实生活中保守、顾虑较多的人,更愿意参与网络人际交往。但是,以上的研究数据却表明,青少年在现实与网络中的人格具有较大的同一性。许多青少年参与网络人际交往,并不是由于在现实中比较胆小,顾虑多,转而求助于网络来满足需求。青少年的网络人格很大程度上是其现实人格的延伸,网络人际交往也是现实人际交往的补充和拓展,而不是一种逃避和背离。

表 2-9 现实与网络人际交往意愿交互分类

聊天经历	现实生活中结交朋友的意愿					
	很乐意且已经结识了很多人	乐意但机会不太多	乐意但有顾虑	说不清	不乐意	总
有	64	135	44	23	31	297
%	86.5%	79.9%	71.0%	67.6%	59.6%	76.0%
无	10	34	18	11	21	94
%	13.5%	20.1%	29.0%	32.4%	40.4%	24.0%
总	74	169	62	34	52	391

青少年同时使用现实与网络的联系方式与网友交往,由现实联系向网络联系的转变体现了双方关系的深入。青少年大多通过网络以偶然的方式结交网友,但同时也经常利用现实以及网络的同辈群体所提供的交友信息。青少年网络的交往对象同时包括同学朋友与网友,且这种交往体现出关系因素明显的影响。青少年在网络中更倾向于选择积极主动、幽默风趣的交往对象。最后,青少年在现实生活中的交往意愿与其网络参与有着正向的相关性。

在青少年的网络人际交往中,交织着网络与现实、情感与理性的矛盾。人际信任产生于人际交往之中,青少年网络人际交往中的以上特点,也将在很大程度上反映着、影响着他们在网络中的人际信任取向。在以下各个章节的论述中,我们将会发现青少年的网络人际交往与人际信任的紧密联系。

香港青少年网络友谊调查

调查对象的平均年龄为 16 岁,较多是 10—19 岁的青少年,男性占 50.4％。其中教育程度具预科或以上的 18.9％,依然在学的 88.5％,全职工作人士 10.1％。

青少年网络友谊发展情况(2004 年 6 月数据):曾在网络上与陌生人交谈(59.90％);倾谈后会在网上再次联络倾谈(34.80％);与对方持续交往达 4.5 次以上发展网络友谊(25.10％)。

发展网络友谊的途径(2004 年 6 月数据):ICQ/instantmessenger(75.7％);网络游戏(25.5％);chatroom,newsgroup/讨论区(25.1％)。

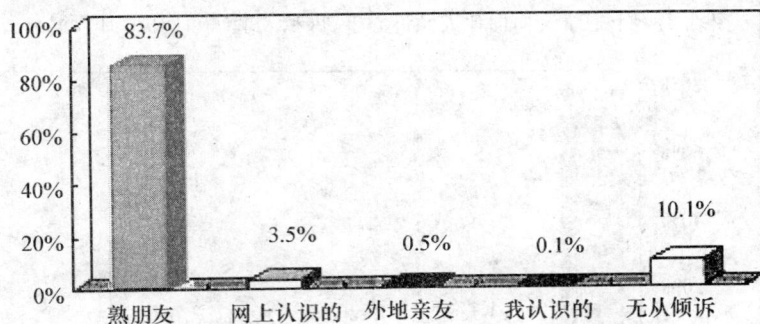

图表 1:网上最主要的倾谈对象(2004 年 6 月数据)

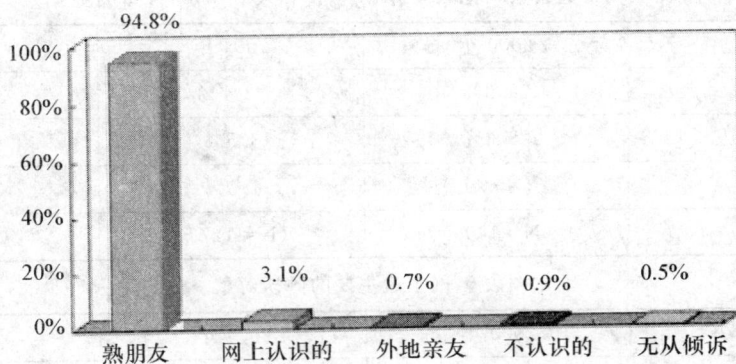

图表 2:网上最主要的倾谈对象(2007 年 3 月数据)

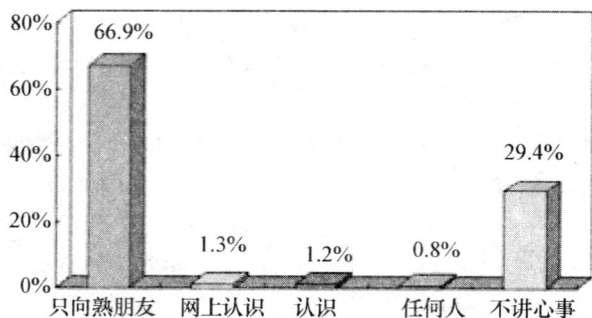

图表 3：网上通常会向向他人倾诉心事、讲私人事（2004 年 6 月数据）

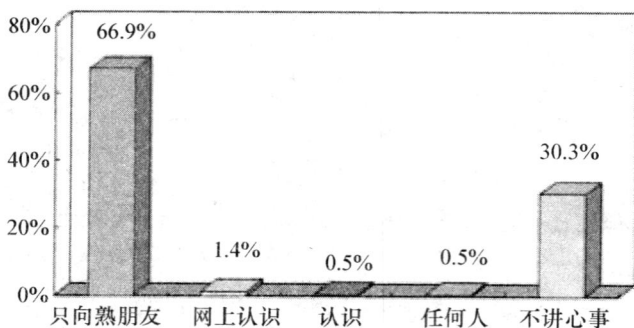

图表 4：网上通常会向他人倾诉心事、讲私人事（2007 年 3 月数据）

	2000 年	2004 年	2007 年
自己熟悉的朋友	59.3%	83.7%	94.8%
在网上认识的朋友	28.3%	3.5%	3.1%
我认识的人	4.7%	1.3%	0.7%
	（N＝1409）	（N＝1273）	（N＝425）

图表 5：网上最主要的倾谈对象

	2000 年	2004 年	2007 年
自己熟悉的人	48.7%	66.9%	66.9%
任何人都可以	14.0%	0.8%	0.5%
我会向你倾诉心事	23.7%	29.4%	30.3%
	（N＝1409）	（N＝1273）	（N＝425）

图表 6：网上通常会向他人倾诉心事、讲私人事

每次沟通		频密程度	
少于半小时	29.60%	一星期至少一次	77.80%
一小时或以下	68.8%	每星期五次以上	18.80%
一至两小时	17.8%		

图表 7：网络友谊的交往时间

交往虽属稳定和频密，但每次沟通时间不长。

可维持的时间	
一年或以上	22.40%
不超过半年	65.8%
少于两个月	38.3%
三星期或以下	17.8%

图表 8：青少年网络友谊可维持的时间

（资料：2004 年《青少年网络友谊研究》）

网络友谊关系一般只能维持一段短时间。

网络友谊能维持长久的因素："大家有共同的话题、喜好"（92.7%）；"对方用心响应你的说话"（88.6%）；"对方重视同你倾诉"（84.8%）（资料：2004 年突破《青少年网络友谊研究》）。

网络友谊能否保持较长关系：较多是基于实时沟通过程是否畅顺和投契；能否延续话题。

网络友谊中断的因素："大家开始没有话题/不想同他讲话"（38.9%）；"对方很少出现"（34.3%）；"谈话投契"（34.0%）；"觉得对方不可靠/无礼貌/讲脏话"（34.0%）；"对方不认真响应你的说话"（31.3%）（资料：2004 年突破《青少年网络友谊研究》）。

网络友谊交往的性质：（1）较为随意和片面。（2）能否维持较长的交往视乎网络的实时沟通是否畅顺和投契，能否延续吸引沟通的话题。（3）当沟通内容开始缺乏新意，没有适当的响应时，或是对方态度不尊重，交往关系便会中断或自然消逝。（4）曾否跟对方有网外联系（如电话、见面）和大家有否共同朋友，对于延续网络友谊却作用不大。（5）网络友谊的交往是随意、片面的和短暂性的。

观察网络友谊的相处关系（参考外地进行的同类型研究）：（1）互相依赖程度（interdependence）；（2）倾谈交往的广阔程度（breadth）；（3）倾谈交往的深入程度（depth）；（4）他们能够掌握对方的程度（predictive）；（5）他们对这段关系的重视程度（commitment）；（6）他们之间社交网络的阔度（networkconverge）；（7）对关系的期望和互相影响程度等。

对关系没有期望、着重表达自己（网络友谊的显着特质）：（1）较多自我且单向性的感受吐露；（2）对网友较少掌握和深入了解；（3）友谊关系亦以单对单为主；（4）较少扩展至其他友伴。

单向表达为主，较少实质了解——单向交流包括："会向他说出自己的感受"（82.7%）；"曾经向对方透露自己私人的事情"（66.1%）。较少实质了解：不确定他是个怎样的人（64.4%）；不同意"觉得同他很亲近"（64.6%）；不认为自己"可以说出他内心的感受"（52.8%）（资料：2004 年《青少年网络友谊研究》）。

交往面较少扩宽，流于单对单：自己跟网友没有共同认识的朋友（62.1%）；不同意"会将对方介绍给身边的同事/同学认识"（52.1%）；不同意"除了互联网外，你们还有很多接触的途径"（54.5%）（资料：2004 年《青少年网络友谊研究》）。

对关系没有的期望，不着重维系："不认为互相依赖对方"（74.4%）；"很少可以影响对方的看法"(61.5%);"期望这关系可以维持得长久"(52.8%);"这段关系对你来说并不重要"(50.4%)(数据:2004年《青少年网络友谊研究》)。

认识朋友与自我表达的延伸(整体显示):(1)网络友谊并非本地青少年网络活动的主流。(2)抱着随意和纯粹找寻倾谈对象的心态来发展友谊。(3)此类关系基础薄弱,为时短暂,难有实质的发展。(4)网络作为青少年结交友伴的场所成效有限。(5)本地网络文化较内向,仍以认识的朋友作网上深入交往的对象。(6)发展网络友谊是青少年成长阶段中,认识朋友和自我表达的一种延伸方式。(7)交往的重点是寻求自我表达,未必是实质性的人际交往,亦没有指向建立实质和长远的友谊。

第二节　青少年网络人际交往对青少年的影响

一、网络人际交往对青年的积极影响

网上交往是对现实生活交往的补充,在某种程度上会起到积极的作用,促进青年的身心健康发展,其积极作用主要表现在:

(一)促进角色重建与角色扮演

大量的研究显示,扮演多重角色和自我多个方面的个体,比那些仅有少量限定角色的个体会获得较多的益处。发现有大量自我身份的人能较好地应对生活中的变化和压力。角色的丰富性也增进了他们的生理健康和对生活的满意度。

一些研究显示,当周围的环境保持相对稳定时,个人自我概念的改变是相当困难的,如果个人试图做一些变化,他的同伴可能不愿意接受和确认,而只有他们愿意接受,这些新的角色才可能成为真实的。一个人能够表达和认同的角色在某种程度上受其现有角色的束缚,其他人对其表现方式有一定的期望,别人心目中的角色定位和刻板印象阻碍了个人成功地进行角色和个性的改变。但是当个体在网上参与社会交往时,得到了与网下社会群体不同的新的交往群体,新的交往群体没有对他们形成应该遵守的角色概念和期望,这样,个人能够自由地以许多不同的方式塑造自我,开拓不同的角色。网上交往提供了改变自我概念的机会,提供了角色重建的机会,这对那些角色贫乏的人和感到自我的重要方面在现实世界受到压抑的人来说是特别重要的。

人们有一种需要向外部世界呈现真实的或内在的自我,让其他人全面、准确地了解他们,但在现实生活中却无法做到,网络交往则使这种需要成为可能。一些人感觉网上交往比面对面的交往能较好地表达真实的自我。对大学生的实验研究表明,网上交往较多地表达了真实的自我概念,而面对面的交往则较多地表达了现实的自我圈。在匿名的保护下,个人可能承认他们有边缘的或非主流的倾向,这是他们在现实生活中必须隐藏的。通过网络,他们可以发现与自己类似的人,并加入这一群体,使他们的孤立感和与众不同感有所降低,从而获得情感和动机的支持。最后,他们可能也会把这种隐藏的自我告诉家人或朋友。一项追踪调查发现,暴露以前隐藏的并且是不体面的自我成分,可以显著地减少身体疾病,即使这种承认是在完全匿名的情况下也有同样的效果。

现实生活中的角色扮演是有限的,网络交往为青年提供了扮演各种角色的机会,他们可以在其中进行各种角色学习,理解角色的行为规范,体验角色的需要和情感,了解角色间的冲突,并借助交往对象的反馈检验自己角色扮演的情况,进而把握自己在现实社会中的各种角色行为,提高自己的交社能力,这有利于促进青年的社会化进程。

（二）满足发泄情感的需要,促进心理健康

青少年的情绪波动比较大,情感体验也较强烈、深刻,但由于他们的自我意识、独立性、自尊心逐渐增强,在现实生活交往中真正交流思想和情感的机会很少,性格内向的人更是如此。网络的匿名性,为他们打开闭锁心理、发泄情感提供了很好的条件。在聊天室里,他们可以与任何人倾心交谈而不必担心面对面的尴尬,可以给老师发电子邮件,抒发自己的意见与不满,可以向网友袒露自己对异性的情感,可以把埋在心中的秘密与网友分享等等。

通过发泄自己的不良情绪,讲自己的心情故事,排解忧虑,他们的情绪会得到一定的放松,并能得到网友的情感支持,感受到被关心的满足,这有利于促进他们的心理健康。

（三）满足较高级的心理需要

青年会追求较高级的心理需要,如归属、爱、尊重、自我实现的需要等。他们希望能被群体接纳,有一种归属感希望能被人关心,能够得到友谊,希望能得到别人的赞许、尊重,他们也有极强烈的表现欲望,希望突破现实生活的束缚,张扬自己的个性,展现个人的魅力。网络交往能够较好地满足这些需要,在网上,人们加入某一感兴趣的群体,通过展示自己理想的一面获得心理满足,所以网上的好人好事比较多,青年较乐意为别人提供帮助,如技术支持、法律援助、情感疏导等,对方的感谢和尊重使他们感到很有成就感,从而获得心理满足。这些高级心理需要的满足对促进青年个性的完善及社会化的良好发展是很有利的。

二、网络人际交往对青年的消极影响

网络人际交往在对青年的发展起积极作用的同时,也会产生一些消极的影响,这是必须关注的。

（一）去个性化产生的影响

在一些环境条件下,如黑暗中、大规模人群中,个人的自我意识会受到阻碍或大大削弱,从而导致去个性化的发生。去个性化产生的不良后果有调控自己行为的能力,降低作出合理的长期计划的能力,削弱趋于依靠现时的情感状态、即时的线索作出反应,并且个体很少考虑其他人对其行为的看法、甚至可能意识不到其他人的言行。研究者发现,网上交往的匿名性使人们处于去个性化状态,他们比在面对面的情况下显得较坦率,并且较有可能发生误解、敌意、攻击性行为和不规范行为。网上交流使群体一致性很难形成,增长了语言恶意和非个人化,并且不能很好地解决问题。

通过匿名产生的去个性化本身并不产生负面行为,但是它降低了内部标准的影响和对行为的指导,而增长了外部环境线索的影响,当这些外部线索与负面的、反社会行为相连时,行为才变为消极的。目前我们常见的网络失范行为,如恶意的人身攻击、网络诈骗、入侵电子信箱,窃取他人秘密等都是如此产生的。

（二）产生人格障碍

如前所述,在网上可以扮演不同的角色,但是如果自我的各个方面没很好地统一起来,就会导致角色的混乱。幻想的网上自我受到强化后,可能变得没有区分性而被推广到真实世界中,严重的会引起幻觉和不切实际的行为。如果个体在网上和网下交替出现不同的性格特征,"真实的我"、"现实的我"、"网络的我"发生冲突,网上行为和网下行为缺乏统一性,那么人格就会产生不和谐和不完整,导致自我的迷失,出现偏执性人格、自恋性人格、边缘性人格、多重人格等障碍。

(三)降低现实生活中的交往能力,产生孤独、抑郁

当青年过分沉湎于网络交往时,现实生活中认识新朋友的机会就大大减少,也减少了与已有朋友的联系。人类情感的真实表达需要借助语言、表情、手势等媒介,而网络交往仅靠文字符号,缺乏现实的情感体验。并且,人际交往中的信息是通过非言语方式传达的,那些善于通过身体语言来理解对方的性格内向者,当试图通过网络交往来排遣内心的孤独时,书面语言的作用是极其有限的。当他们从热烈的网络交往气氛中回到平静的现实生活中时,更不愿意袒露自己的情感,也不愿意接受别人的情感流露,很容易导致更严重的孤独感和抑郁心理。由于刻意逃避现实交往,他们现实生活中的人际交往能力极差,这样下去会形成恶性循环。一项对高中生的调查研究表明,网络使用频率低的学生,在与母亲及朋友的关系上比网络使用频率高的学生要好,这一结果说明,较高的网络使用与较差的、淡漠的社会联系有相关。

第三节　正确引导青少年进行网络人际交往

青年进行网上交往既有有利的一面,也有不利的一面。这就需要我们加强指导,使青年合理地进行网上交往,趋利避害,提高人际交往的能力,促进心理的健康发展。

一、组织丰富多彩的校园文化生活,扩大现实生活交往面

针对青年沉湎于网络,通过网络暂时逃避现实的倾向,应组织内容新颖、符合青年需要,形式多样的校园文化生活,使青年脱离虚拟的网络世界,勇敢地面对现实,提高自己解决问题、适应环境的能力,可以组织各种各样的社团,定期开展活动,让他们在活动中受益。这样能够吸引那些沉湎于网络交往的人,把过多的网上交往转变为与有共同兴趣的人的现实交往。在现实生活中遭受失败、挫折的人更容易沉湎于网络时空,以寻求自尊的满足,我们要多给这些青年提供表现自我的机会,使他们多体验成功,对现实生活的交往产生信心和乐趣。兴趣缺乏的人容易对现实生活产生失望,继而转向网络交往,我们需要帮助青年寻找新的兴趣生长点,使他们感到现实生活的快乐,扩大现实生活中的交往面,增加与朋友的互动频率。

二、合理引导网上情感问题

网络交往的情感问题主要有在现实生活中遭受挫折后,上网寻求心理寄托和安慰过分相信网恋,付出太多,投入太深后受到极大的伤害,随之出于对网恋的不信任,从而游戏感情,欺骗异性认同、实践多角恋、婚外恋等。这些问题会使青年的心理受到极大的消极影响,使他们在交往中缺乏真情、责任心、不遵守恋爱道德,也不利于与异性发展健康的情感关系。我们要引导青年了解网上交友的特点,树立正确的交往观念,遵守交往的原则与规范,做到诚实、热情,对自己的情感要进行合理的调节和控制,使其朝着理性、积极、健康的方向发展。

三、培养在现实生活中人际交往的能力

网络交往往不能代替现实生活中的交往,直接的交流方式比网络交往更复杂,更具有人情味。我们需要培养青年在现实生活中的交往能力。可指导青年分析网络交往与现实交往的异同,把在两种情况下交往的困惑一一列举出来,针对不同的问题寻找相应的方法帮其解决正确开展人际交往的讲座,使其掌握人际交往的技能及改善人际关系的有效途径。可以通过创设现场情境,让部分青年来进行交往的模拟,并共同讨论其中的不当之处和精彩之处,从而掌握交往技能。除了实际的练习之外,一些良好的心理素质也是取得交往成功的关键,我们需要注意培养青年人际交往的心理品质。

教师们在指导青少年人际现实生活中人际交往的过程中,应注意青少年人际交往的原则,主要有以下几个方面:

1. 真诚守信

(1)所谓真诚,就是为人处世要讲真话,办实事,态度诚恳,为人实在,不虚伪,不说谎。为人最重要的就是真诚。只有真诚,才能使人放心,才能获得别人的信任,才能使得交往与友谊得以巩固和发展;如果给别人以虚假、靠不住的印象,就会失去别人的信任,很难与别人进一步交往。

青少年和其他人一样,一般都喜欢同真诚、坦率、正派的人交往,因为同真诚、正派的人交往,觉得靠得住、有安全感。因此,青少年无论是跟同学交往,还是同其他人交往,自己本身就应该真诚待人,做老实人,说老实话,办老实事,切不可弄虚作假,口是心非,当面一套,背后一套,切不可要小聪明、搞两面派。否则,就会使自己失去友谊、失去信任,最终把自己孤立起来。

但是青少年在人际交往过程中不能搞小团体和哥们义气,对自己小团体的人盲目吹捧、言从计听;对其他人或者自己看不惯的人背后议论、讽刺挖苦、搬弄是非,挑拨离间,搞得同学之间关系紧张、人心涣散。另一方面,青少年在学习上、在要求进步的过程中,更不能弄虚作假、投机取巧,如果染上这样的坏毛病,会在同学中败坏自己的形象,丧失自己的人格,正派的同学是不会与这样虚假、不可靠的人交往的。

(2)所谓守信,就是要言必信,行必果,说到的必须做到,不说大话、假话、空话,答应别人的事、商定好的事必须办到,做事必须有头有尾、善始善终。不守信的人,在人际交往中,往往是最不受欢迎的人,也是人们最不愿意交往的人。

古时候有个"抱柱守信"的故事,传说有个叫尾生的年轻人,他和女友约会在桥下相见。尾生在桥下等了很久,女友还是没有来。又过了一会,河水上涨,漫过桥来了。这时尾生为坚守信约,死死抱住桥柱子不放,一心等待女友前来。后来,河水越涨越高,竟把尾生淹死了。

尽管尾生抱柱等死有点迂腐,但他那种坚守信用的精神却是值得称颂的。因为他把信用看得比生命还重要。我们中华民族自古就有坚守信用的传统和美德,单是讲"信"的成语就有"信誓旦旦"、"信而有征"、"信赏必罚"、"言而有信"、"徒木立信"、"一言为定"等等。

对比古人,观照自己。同学们不妨反省一下自己是否有过失约食言的行为呢?如果你在小事上经常失信于人,人们在大事上也会对你不信任的。正像孔夫子说的:"人而无信,不知其可也。"

如果说,古代社会尚且如此重视信守诺言,那么,到了人们的联系比过去更为密切,互相间的影响和连锁反应也比过去更为强烈的今天,信守诺言就更为重要了。一个人讲信用,重诺言,就是对他人利益的尊重。轻诺寡信,轻则妨碍他人的休息和生活,重则影响自己的事业和效益。现代社会环环紧扣,一个人违诺失信,常常会影响波及公共事业与大众利益,甚至造成严重损失。所以,慎诺重信,言必信,诺必果,是青少年学生从小应该养成的好品质,是一代新人自重自爱的表现。

2. 严于律己、宽以待人

(1)严于律己。青少年在处理师生关系、同学关系和家庭关系时,需要高标准、严格要求自己,应该与人为善,不可把自己不喜欢的东西强加给别人,更不可以捉弄别人,伤害别人。还需要善于控制自己的感情,避免盲目冲动和干一些不近人情的蠢事。

(2)宽以待人。宽以待人,就是要能悦纳别人,对人宽厚大度,与不同层次、不同水平、不同意见的人友好相处,不计较别人的小节,不嫌弃别人的短处。每个青少年都有自己的长处和短处、优点和缺点,都有自己的个性和生活习惯。例如,有的同学学习成绩好,有的同学有特长,有的同学热情、开朗,有的同学深沉、内向。那么,大家又如何和谐相处呢?这就要求集体中的每一个人都要尊重别人的个性和生活习惯、爱好与特长,不要强求一致,不要把自己的意志和观点强加于人,充分谅解、宽容别人的不足,不要求全责备。只有这样,同学之间才能消除矛盾,才能团结、融洽,才能有和谐的人际关系和协调一致的集体。

"退即是进,与就是得。"《菜根谭》中的这句格言充分说明,人际交往中的宽容其实就是给自己开辟一条阳光大道。因为,你待人宽容,与人为善。别人就会从内心接纳你,你的人格魅力就会对他人产生强烈的吸引力。别人也许完全错误,但他并不认为如此。因此,不要责备他,试着去了解他,别人之所以那样做,一定存在着某种原因。查出那个隐藏的原因,你就等于拥有解答他人行为,也许是他人个性的钥匙。

宽以待人表现在对交往对象的理解、关怀和喜爱上。在青少年中,一般来说,性格开朗、胸怀开阔的人,同学之间、师生之间的关系比较融洽,人缘较好;而性格不开朗、胸怀不开阔的人,往往同学之间师生之间的关系不太和谐,人缘就较差。人际交往中经常会发生矛盾,有的是因为认识水平不同,有的因性格脾气不同,也有的是因为习惯爱好不好等等,相互之间会造成一定的误会。双方如果能以容忍的态度对待别人,就可以避免很多冲突。

3. 谦虚谨慎、多为别人着想

法国哲学家罗西法古说:"如果你要得到仇人,就表现得比你的朋友优越吧;如果你要得到朋友,就要让你的朋友表现得比你优越。"在人际交往中,只有虚怀若谷的人才会受到人们由衷的尊敬。因为当我们的朋友表现得比我们优越,他们就有了一种重要人物的感觉;但是当我们表现得比他还优越,他们就会产生一种自卑感,造成羡慕和嫉妒,而逐渐与你疏远。我们要谦虚,这样的活,永远会受到欢迎。

当我们对别人的说法或做法有意见时,我们应试着忠实地使自己置身于他的处境。如果你对自己说:"如果我处在他的情况下,我会有什么感觉,有什么反应?"那你就会节省不少时间及苦恼,因为"若对原因发生兴趣,我们就不大会对结果不喜欢。"而且,除此以外,将可大大增加青少年在为人处世上的技巧。

牢固人际关系的 36 计

✓ 第 1 计:如何懂得"听人说话"是受别人欢迎的前提。

√ 第 2 计：只有善于展示"真实的自己"，才能更加吸引别人对自己的注意力。

√ 第 3 计：初次交往的成败关键是适当的寒暄。

√ 第 4 计：赢得别人对自己的信任必须先做给别人看。

√ 第 5 计：与人交往注意不要过于亲密，保持适当的距离，有助于友谊的持久。

√ 第 6 计：微笑是增进人际关系的宝贵财富。

√ 第 7 计：记住对方的姓名有助于进一步的交往。

√ 第 8 计："守时"能展现个人的良好品德。

√ 第 9 计：适当的穿着打扮有助于增进人际关系。

√ 第 10 计：良好的姿态，能促进双方的交流。

√ 第 11 计：恰如其分的赞美使人际交往更愉悦。

√ 第 12 计：与朋友相交不念旧恶，对对方的良好表现要及时地给予褒扬。

√ 第 13 计：对朋友的夸奖要有度，不能过分，过度的奉承反而显得有失诚意。

√ 第 14 计：面对朋友的要求不要有求必应，而应量力而为。

√ 第 15 计：朋友之间如有点小误会，可利用"第三者"作为缓冲，以解除误解。

√ 第 16 计：学会借"第三者"的口传达自己的仰慕之情、赞美之意。

√ 第 17 计：与人交往必须严格把握分寸。

√ 第 18 计：养成"推己及人"的精神。

√ 第 19 计：善解他人"爱屋及乌"的心理。

√ 第 20 计：善用"内方外圆"的处世哲学。

√ 第 21 计：学会用"忍让""宽容"接纳他人，更能促进相互理解。

√ 第 22 计：有时主动认错，不仅不会降低自己的身份，反而提高自己的信誉。

√ 第 23 计：豁达大度方能不致伤人伤己。

√ 第 24 计："理解"不是强加于别人，而是通过自己的举动感染别人。

√ 第 25 计：直视对方，诚心诚意说："对不起。"

√ 第 26 计："信任"是友谊的根本。

√ 第 27 计：放弃私我，从对方的利益出发，能轻易地感召他人为己所用。

√ 第 28 计：宽以待人，严以律己。

√ 第 29 计：友好相处的基础在"与人为善"。

√ 第 30 计：与人相处应当虚怀若谷。

√ 第 31 计：待人必须谦虚有礼。

√ 第 32 计：适时来点幽默可以化解敌意，化解紧张的气氛。

√ 第 33 计：对待朋友以宽宏大量为度。

√ 第 34 计：人际往来不要害怕主动。

√ 第 35 计：开诚布公是交朋友的基本法则。

√ 第 36 计：适时的"糊涂"是难得的人际关系润滑剂。

四、指导自我管理网上行为

自我管理是矫正不良行为的有效方法。首先，要根据规范对自己的网上交往行为作出限定，制定一个计划，如严格遵守网络道德，不作损害他人利益之事，不把上网作为逃避现实问题与消极情绪的途径,不随便把自己的电话、地址告诉网上陌生人,每次上网前把上网的目标、任务确定下来,限定每次上网的时间等。其次,要对自己的行为进行自我监督,根据是否遵守规范,是否完成目标进行适当的正强化或负强化。

五、教育中的相关对策

科学技术的高速发展使网络社会化的程度不断提高,网络人际交往尽管有着许多不尽如人意的地方,但其开放式的交往环境、新颖别致的交往方式决定其必将成为未来社会人们交往的主导方式。而在这一过程中如何应对网络人际交往给青少年心理带来的种种负面影响则是社会、也是青年适应未来发展需要的首要任务。

1. 树立正确的教育观念,制定科学的教育政策。

高度重视网络对青少年生理和心理负面影响,把教育计划向低龄化延伸。中国互联网中心的调查统计显示了我国青少年上网的低龄化趋势,这要求教育者应具有相应的超前意识。在教育观念上,由传统的单向教授思想向双向互动教授观念转变,注重培养青少年良好的自我教育心理和能力;在教育的方式、方法上要把传统的学校教育与网络教育结合起来,借助新媒介的高技术含量,对青少年进行网上的世界观、人生观、价值观的教育;在教育内容上,在普及计算机、网络的基本知识之外,要加强网上道德教育和网络人际交往的规范教育,同时注重培养青少年吸收、利用、加工及创新网络信息的意识和能力,培养他们对不良信息和行为的抵御力。

2. 对青少年网上心理健康进行有力的维护与引导。

首先要使青少年认识到网络的不良使用可能带来的各种负面影响,从而正确地认识和使用网络,养成良好的用"脑"和上网习惯,避免上网成瘾症的发生;其次,教育青少年要学会区分网络和现实生活的界限,不能随意将网络生活习惯带到现实生活之中,更不能用网络人际交往完全替代现实人际交往,避免双重或多重人格等心理障碍的发生;再次,培养青少年网上安全防范意识和主体责任意识,防止受到网络犯罪的侵害或自身走向犯罪;最后,教育和引导青少年正确认识网上的情感问题,要以认真负责的心态正确处理网恋问题。

3. 建立和完善网络规范,加强网上立法和网络文明建设工作,为青少年营造良好的网上环境。

一般而言青少年的行为和心态更容易受环境因素的影响,无论是现实生活中还是网上成人交往的各种不良现象都会对青少年产生严重的影响,因为成人社会正是青少年向往、模仿和认同的对象,而这一点恰恰是网络人际交往容易对青少年心理产生各种不良效应的重要原因之一。为此,必须加紧制定相关网络使用法规,规范网络社会行为,建立各种国际网络执法联合体。各网站应加强管理工作,大力倡导网络文明风气,对于个别违背社会公德的言行不仅应该及时删除,而且要号召网民就此展开讨论和批评,形成强大的舆论压力,树立网络正气。

4. 大力加强青少年心理健康教育。

在搞好传统的学校心理教育、普及青少年心理卫生教育的同时,利用现代手段建立和完善网上心理教育活动。目前,网络心理测验是很多网站吸引网民的内容之一,但其形式和内容大多是娱乐性有余,而科学性不足,存在着心理测验编制过滥,测验过程达不到标准要求,测验分类的解释不规范,测验效果缺乏可靠保证等问题,这使一些想进行心理咨询和测验的青少年的心理问题并不能得到真正解决。因此,建立科学的心理网站及对现有普通站点心理栏目的规范管理迫在眉睫。开展相关心理服务的站点首先必须经过专业机构的批准和资格认定,对心理测验的编制、解释和分类说明以及其他心理服务项目都要有专业人员来进行。

青少年网络人际交往训练

【训练目标】对青少年这个特殊年龄的群体而言,"交网友"与前几年媒体经常提到的"交笔友"有许多相似之处,都是凭借一定的中介与诸多莫不相识的同龄或非同龄人结交,扩大交往圈子,开拓视野,增长知识;只是二者借助的具体媒体不同而已。为满足青少年人际交往的需要,对此,我们在悦纳的同时,也应注意到这样一个事实:网络在给我们提供许多便捷的信息的同时,也存在许多"垃圾",它们会对青少年产生心灵的毒害!因此,结交网友也应慎之又慎,要学会如何正确与网友交往。

【适宜时段】初三年级

【训练过程】

第一环节——故事导入

有一个初三的女孩,她是一个网迷,经常在网上冲浪,在网络聊天室里也认识了不少的朋友,其中有个男性网友与她聊得特别投机。两人最初约好只在网上见面,最近对方每两天给她发几封热情洋溢的 E-mail,想要与她见面。对此,她不知所措。她怕失望、怕自己受到伤害。但脑海里又不停地闪现出那些 E-mail 的内容,禁不住想象对方的仪容、相貌,也会不时地在自己周围寻找该网友的影子,为此搞得自己"魂不守舍",欲罢不能,影响了自己正常的生活、学习。

分小组讨论:(1)在网络初次结识网友时会有哪些目的和心态?

(2)我们该如何帮助上述女孩走出心灵困扰?

分享交流

第二环节——情境假设

假如上网目的是为了找人聊天,对感兴趣的话题想得到他人的意见、看法,同时对方也有类似的想法的话,这时你会怎样做?

交流总结:就可与对方只保持在网上的"约会",随时将感兴趣的话题抛置给"网友",畅所欲言地进行交流,以满足自己的交友需要。这种对待交"网友"的方式,某种程度上就是将网络视为互不相识的"友人"的化身。这时就完全可以选择彼此不见面,只在网上交谈的方式。

第三环节——小组合作探究

根据自身上网经历,共同制定《网上交友原则》:

☆ 保密原则:在网上,不要随便散布任何需要或值得保密的信息。

☆ 尊重他人原则:如果你是在和不熟悉的人联系,要在联系时标明道歉的词句,否则人家可能不喜欢你。

☆ 不耽误他人时间原则:人人的时间都是宝贵的,因此不要重复某一句话;向他人询问问题时,每次尽量只询问一个问题。

☆ 诚实的原则:网络虽然是虚幻的,但在网络上交友,也不要随便欺骗别人,网络同样需要真诚。

☆ 谨慎的原则:和现实交友一样,网络交友更要慎重,因为一个朋友对自己的影响是很大的,不要随便交不好的朋友。

☆ 不随便见面原则:同网友见面更要谨慎,不经过长时间的交往,不要随便见面。另外,和网友会面,最好不要单独行动,可以结伴而行。出去见网友时,最好事先告诉家人或朋友,随时联系,降低风险。

第四节 青少年网络恋情

花季般的少年,如娇柔百媚的玫瑰初吐芬芳,淡香清新,情芽萌发自然难以抑制。现实社会中的种种影响因素不可避免地限制着这种情况的发生,社会言论、传统沿袭、教育指导思想等等无不防备着超越友谊的交往在这个阶段的出现。中学生们自然早已对其后果有了清楚、明确的认识,但中学生们因此就停止了情感的萌动了吗? 家长苦口婆心地劝说与恐吓、学校纪律的再三警告会有用吗? 他们中更多的是把这种情感联络转到了地下——网络中。

一、青少年网恋类型

把所遇到的网恋分类的话,对于中学生来说有三种类型:真诚型、模拟型、幻想型。

(一)真诚关爱

情感的交流是这种类型网恋的主要动机。这里有一个中学生网友的谈话就很有代表性。

人物介绍:女生 A,南京市某中学,高一学生。人很内秀,健谈。

A:"现实中没有,但在网中。"

问:"你能详细讲一下吗?"

A:"他(指网友)在无锡,但他是南京人,到无锡去读书,在××技术学校。因为都是南京人也都是学生,所以我们聊了起来。人蛮好的,感觉很投缘,就像遇到知音一样。我不是有很多时间泡在网吧里,有时候能碰到他(指网上),我们很少能碰到,碰到了他,他就会说"你好久没来了,你最近学习怎么样? 班上有什么新鲜事?"还会问一些关于家庭方面的事。他学习不是很好,我也帮不了他什么。把我学习的东西给他讲. 要他多买点书看看,我说你出来(指网友毕业)后好好干,争取坐办公室,再出去考夜校,考成人高考。他很有上进心,我讲的话他都能记得住。他蛮内向的,不喜欢和人家说话。他给我讲与我交朋友蛮知心的,说我人蛮好的。他不像别的网友,一见面(指聊天)就问你要地址,要和你会面、吃饭、交朋友,蛮纠缠不清的样子。我们之间挺真诚的。"

问:"你们之间是一种什么样的友谊?"

A:"就是单纯的友谊,就像一个朋友给那个朋友讲话一样,纯粹是关心他. 他讲讲他生活中的烦恼事,也有感情上的烦恼。他讲他女朋友欺骗他,他很难过,对我说要去报复这个女孩,要找个女孩去气她。我说你又何必这样子呢,没有她你就要比她活得还好。"

问:"你们见过面吗?"

A:"没有,我经常看报纸,上面讲有的网友把地址告诉对方,对方就来家里抢劫,不敢把地址一开始就告诉他。后来聊的时间长了,才把地址告诉他。他有时候会写信来,我也会回信给他,很好。我还介绍他给我们班一个同学做笔友。他给我寄了张照片,长得还可以。"

问:"我听别人说网恋都是虚拟的,是假的?"

A:"那也不一定,有些人是喜欢骗人,我遇到过一个,他叫我到某个地点,请我吃饭,那个地方偏得要死,我没去,我把他拉入黑名单去。还听说有的人追着问你的个人情况,等你告诉他以后,他就威胁你要跟他好,不然就在网上公布你的个人情况,马上你家的电话就会被打爆,晚上的骚扰电话不停.这些人真无聊。"

问:"他有没有和你说过将来会怎样?"

A:"他说想和我经常通信,保持联络,等都长大了,工作后有机会就见面,他只是淡淡地提了一下子。"

这里没有感人肺腑的情感碰撞,有的只是少女一种淡淡的情愫。与她的对话很流畅。她的感觉细腻,表达也比较清楚。尽管她一再否认是在网恋,但我还是体会到她内心中的期待缓缓地从话语中流淌出来。她对他的理解与关心显得非常在意,但又不希望双方的现实关系发展得太快,只希望维持着这份超越友谊的情感。她并没有在意网络的虚拟,挺珍惜这份茫茫网海中寻找到的情感绿洲,却也不知道这样会有什么样的结果。

少年的心事何其多。内敛的激情、现实的牵绊,存在与虚幻就像白日与黑夜一样,阴阳对立却又无法割裂。情愫像毒素一样噬咬着少年的心房。无奈的等待与拖延就是最好的解药。事实上这是一厢情愿的,时间能允许吗?四年、五年、八年能等吗?那种瞬间激情的碰撞,焰火般绚烂后就杳无踪迹的恋情,我在访谈中没有遇到过,不是不相信它的存在,只是我更愿意相信我眼中的少年们对感情的判断是比较理智的。

(二)模拟恋情

太多的媒体对网恋的负面报道,家庭、学校的重重教诲,与他们心里渴望与异性交往,从而形成青春期的又一对新矛盾。他们痴痴的在网上一边寻找着,一边又不得不小心翼翼,唯恐落入陷阱,但在网上交往时间久了,慢慢地,情感的栅栏也就半虚半掩了。彼此诉说着学习、生活中的烦恼,倾诉着感情上的不如意,在彼此的交谈中相互认同、寻找着。玫瑰就这样在不知不觉中悄悄孕育着,可他们能绽放吗?

小尤是城中某普通中学初二的女生,长得眉清目秀,很活泼,心直口快。她的同班同学小陆,样子很可爱,文静一些。我们是在网吧中认识的,我有意识地接近她们.听了我的来意后,她们有些兴奋,一副跃跃欲试的感觉,我们约定第二天在肯德基餐厅会面,以后几次谈话是在那儿进行的。选择在那里是为了消除她们的疑虑,使她们放松心情。我们谈了很长时间,开始接触时谈话有点拘束,后来谈得非常投缘。

问:"你们是什么时候接触网络的?"

尤:"初一"

陆:"我大概是小学四年级下。"

问:"网龄不短了,通常你们在网上做些什么?"

陆:"我一般聊天,发发E-mail。"

尤:"我也一样。"

问:"你们的网名叫什么?"

尤:"我叫袋袋鼠,小袋鼠一蹦一蹦的,还躺在妈妈的袋子里面,有种温暖的感觉!"

陆:"我叫碎叶子沫,我喜欢树叶子的外形,有生命力,这个名字有种神秘感。"

问："你们在网上都和谁聊天？有固定的网友吗？"

陆："我没有，她有（指了指同学）。"

问："是男孩？"

小尤点点头，问陆："你上网这么长时间，在网上就没有个知心朋友？"

陆："有两个，杨 cx，袁 x，不过跟她不一样，他们是那个的（表情有点调侃的味道）。"

我明白了一些，想继续追问，但怕太直接会把她们吓跑了，就转换了话题："你们在网上都谈了些什么？"

尤："什么都谈，谈同学，谈学校、老班、谈美食、音乐、时尚等等乱七八糟的，什么都有。"

问："谈得开心吗？"

尤："怎么说呢，蛮无聊的（透着稚气的面孔流露着一幅历经沧桑的表情）！"

问："你和你那个网友谈得也无聊吗？"

尤："讲不清楚，不好意思讲（脸有点红）。"

陆急忙插嘴道："没得关系，你讲唉（眼里闪出兴奋的光芒，手拽着小陈）！"

尤："我觉得他愿意跟我讲心里话（声音很轻）。"

问："他说过对你的感受吗？"

陆："他认为她很温柔、体贴，很有女人味（笑眯眯的望着小陈）。"

问："什么样子的女人味？"

尤："可能他认为我挺能照顾到他的情绪的，其实我挺能疯的。有时候在班上我突然不疯了，大家还以为我生气了。"

问："为什么网上网下差别这么大呢？"

陆："在他面前，她淑女的很！"

小尤不开口，有些不好意思，低着头。问："你和他在网上交往多长时间了？"

尤："有一年多了，我把他当成朋友，给他提各种建议。"

问："他是哪里人？"

尤："本地的，不过是郊县的。"

问："你见过他，是吗？"

陆："他们见过面，我还和他们一起吃过饭，他请的客，蛮有意思的，长得挺帅（小尤似乎没有对同学的插嘴有任何反感的意思）。"

问："你还记得你们怎们开始交往的吗？"

尤："一开始我们就乱聊，后来他说喜欢我，我感到挺惊讶的。"

问："那你就接受他了？"

尤："我很慎重，他蛮诚实的。"

问："你们还在交往吗？"

尤："即使跟他谈，他也不可能真正理解我的实际情况。有时候非常不合理，说 2008 年要和我结婚，多快啊，还有四年多，他现在 21 岁，就是到了那个时候，我还想试婚，如果感觉好再在一起。"

问："你觉得他是真的爱上你了吗？爱你什么呢？"

陆："爱她温柔唉（小尤眼睛望着窗外，若有所思）！"

问："你对他讲的都是真话吗？知心话会不会对他说？"

尤："基本上我对他谈讲的都是真话，知心话我只会和她说（指着小陆）。"

问："那么你和别的网友讲的都是假话喽？"

两个人都笑了。

陆："我们要是都讲真话的话还不闷死的了，不认识的网友我就乱编。固定的网友不会骗他们。我们不可能时刻刻都在伪装，只是有时候骗骗人家还蛮好玩的。"

尤："再说我也害怕出事，网上骗人的事太多．我也不会轻易相信人家，有的人在网上吹得天花乱坠，条件怎么怎么好，长得怎么怎么帅呆，等你一过去，把你抢个精光，还会怎么怎么的。"

问："那你就相信他吗？不怕他骗你？"

尤："他还好，不过我会和他保持距离，反正是虚拟的，要对我真好，就让时间来证明。"

问："你和父母提过这件事吗？"

尤："没有。"也许她听出我的弦外音，觉得我有些担心，小尤又说："其实我也知道网恋是不真实的，结果也不会怎么样的！不像她那位（小尤用嘴努了努小陆）。"

我转向小陆问道："你的那位是谁？你们也是虚拟交往吗？"

陆："是我同学，你见过的，坐在我旁边（在网吧里），但他．对我忽冷忽热的。就喜欢上网打游戏。"

此后她不再想说些什么，小尤想说，但被小陆制止了。

十三四岁的中学生正处在少年到青年的过渡阶段，他们的心理是正从幼稚刚刚迈向成熟，它们还不太分清什么是友谊什么是恋情，再加上性意识觉醒的驱动，使他们极易感情用事，表现出过度的兴奋。网恋有时间的要求，可能一开始双方还仅有好感，双方还只是有目的的寻找。但在建立了相互信任的基础后，情感的培养自然随之而来。当这份渴望的情感悄然而至时，却又夹杂着现实的顾虑与仿徨。

这种模仿恋爱的恋情游戏，在我遇见的网恋中所占比例最大。他们以自己的判断和处事方式，对一些无聊、纠缠不清的行为不予理睬，实施各种防御措施，比如把他们拉倒黑名单上去。对网上的老公老婆现象，也看作游戏一笑了之。当然有的学生把在网上拥有老公老婆的多少看作自己炫耀的资本。其实他们心里最希望得到的是认同，希望取得与原来不一样的关爱，并以此来表现自己的价值。这种网恋与其说是恋情不如说是恋爱演习，只是模拟着恋爱的情感和思想，缺乏坚实的物质基础和培养环境。如果想有真正的网恋，是需要时间来培养的，更重要的是需要转化为现实的条件。对此中学生是清楚的，他们缺乏的就是这些条件。因此他们看重的是那份感觉，那种心路历程，而并不需要考虑她究竟能不能实现。

（三）幻想美梦

对未来的憧憬，对心中渴望的恋人，在近乎理想化的虚幻世界里中，美梦成真对每个少年都有着不可抵挡的诱惑。

章："我有一个比较能聊得来的网友，苏州的，和我差不多大，认识有好几个月吧，聊的时间不是很多，他有种自然质朴的感觉．不像别的男生给人以污秽的语言，给人不自在的感觉。他的话都是那种正儿八经的样子。我们漫无边际地聊，挺放松，不需要多想什么，聊的时候感觉蛮好的，我觉得像大哥哥一样的。"

问："你能具体谈一下你的那个网友吗？"

章："他不是那种聊聊觉得好，就那个的。他很宽容大度，很少有什么斤斤计较的事情，蛮包容的。你可以把他想成你心目中的某个人,不要太去顾虑什么。反正有什么就愿意给他讲什么。但是有时……可能男生都比较贪玩吧,玩一些"传奇"、"警匪"之类的游戏。有时候会忽略我。"

问:"你怎么知道他在玩游戏?"

章:"你在网上不可能只跟一个人聊吧,给他发的信息很久很久没有回应。"

问:"你当时的反应是什么?"

章:"我在等待。"

问:"你有没有生气? 没怪他吗?"

章:"我觉得没必要吧。假如你去干一件事情,他在那儿等……也不好。有时候需要理解吧,不能太苛求,他玩一回也没什么的。反正我们之间没有太刻意的东西,算是比较自然。"

问:"你觉得你们在网恋吗?"

章:"网恋嘛也不太算是,但也不排除是。在网上在文字上可能有一种好感。然后呢……再在现实中接触这个人,方方面面地了解他,可能少了网上的那种情感,可能在网上看得更多的是他的优点……现实中可能会抹杀掉一些优点,可能接触到的更多的不是他的优点。"

问:"你们有没有见过面?"

章:"没有。跟他聊天有种他在远方的感觉,这种感觉很好。我不太愿意打破网上的那种神秘感。再说在网上要真正的深交也不是那么简单的,毕竟在生活中你要想去接触一个人,比如你身边的都要去接触很长的时间,但网络比现实生活要虚拟得多,很难方方面面都去了解。"

十五六岁追星年华的少男少女们,他们心目中已勾勒出了自己的白马王子、白雪公主。正因为在现实中,他们认识到星是那么的遥远,可望而不可及,无法遇到很符合心目中条件的幻想形象。虽然网络是虚拟的,但毕竟要比追星更现实点,至少他们可以聊天,彼此相互关心一下,甚至可以把彼此想象得比明星更美好,他们喜欢去体验异性交往中那份从来没有过的亲密、信赖、愉快和甜蜜。

张:"我从来不提倡网友见面,我不喜欢见光死的感觉。"

问:"见光死是什么意思?"

张:"两个人在网上认识,不见面可以憧憬他长得什么样子,长得好当然好,万一长得不好以后和他聊的兴趣都没有了,太可怕了,不能接受。我也聊过南京的网友,然后喊我去见面,我讲好,但我就是不去。因为太可怕了,我觉得两个人不认识,网上聊聊天就要见面了,太放荡了吧,我不喜欢。反正我不情愿,我以前同学见面的挺多,都嫌长得丑,基本上见了都不满意。"

访谈中遇到不少的学生,都有过类似的经历,也许还不能称之为"恋",但很明显的是,他们正在找寻着一份初放的情缘。通过与他们的谈话,我对网恋的认识,产生了几次反复。虚幻与真实,使我这个局外人感到困惑。反复的探寻与思索后,终于明白,在网恋里,目的和结果变得并不重要,过程反而是他们看重的。他们在意的不是网恋的幻与真,也没有那么多功利性的动机,而是在追求情感的过程中,他们付出的那份用心。尽管它像重云低垂的旷野中的玫瑰,引人夺目又似乎脆弱无力,似乎经受不起世事风雨的考验,却还顽强地生长着。可换个角度来看,对于尚未自立的中学生来说,这种理想化的纯粹的恋情,由于缺乏阳光雨露的滋润,缺乏种种必要营养资源的给予,要想开出娇艳动人的玫瑰花,在这纷扰繁杂的世上是很难的,可能也只能绽放在虚幻的网路之地,无法真正拥有,或许只有等待。

二、青少年网恋行为成因

青少年网恋行为产生具有复杂的原因,归纳起来,主要有身心因素,网络因素,家庭因素和学校、社会因素四个方面。

(一)青少年网恋行为的身心因素

随着人们生活水平的提高和生活质量的改善,青少年的青春发育期明显提前,性器官和性腺迅速发育,性机能逐渐成熟,处在这一时期的他们容易兴奋、冲动和神经过敏,对异性产生好感,总希望在异性面前表现自己。伟大诗人歌德讲:"青年男子谁个不善钟情,妙龄女子谁个不善怀春。"在性成熟的初期,男性与异性交往时,总含有一种难以自制的紧张情绪,而网络可以给他们提供一个"轻松自由"的环境和异性接触;"倾心心理"是女性与异性交往中最突出的心理特征。一些女性希望多接触异性,倾吐感情,但学校的异性交往环境并不宽松,许多学生就选择网络作为了解异性的方便、快捷的途径。另外,随着青少年自我意识的发展,其独立性明显增强,总希望以成人的姿态来面对现实生活。但是由于知识、能力所限,他们认识问题也比较片面,在社会竞争中常遇到困难和挫折,从而心理平衡受到破坏。为了寻找心理平衡点,他们会到网上寻找网友倾诉,接受别人的同情、理解,如果网友是异性,日久便会生情,发展为"网恋"。同时,学生的好奇心十分强,对网恋、网上丈夫(或妻子)、网上家庭往往抱有强烈的好奇心,想亲自感受一下它的刺激,弄假成真,而不能自拔。

(二)青少年网恋行为的网络因素

网络提供了一个"虚拟世界"。在网络中,可以伪装或隐匿自身的真实身份,可以不承担义务和责任,可以不接受传统规范的约束。而且网络没有时空的限制,不同学校、不同地区、不同国家的人却可以通过网络相识。同时,网络还是一个自由空间,在这里没有贫贱、高下之分,真可谓是一个"世外桃源"。对于自制力较弱、社会经验不足的青少年来说,网络无疑给他们提供了一个放任自己的空间。青少年由于还不成熟,往往不能正确选择和确定自己的上网目的,经不住诱惑,在好奇心的驱使下,沉迷于"网络恋情"。加之许多网站的BBS上开辟了"LOVE"讨论区,使网民们论性说爱,几乎所有的大中型网站都开设有聊天室、BBS和虚拟社区等服务功能,而这些服务对用户却没有年龄限制,人人都可以申请加入,青少年在这里可以体验到一些不符合他们年龄的体验,耳濡目染,陷入"网恋"。另外,网络文学中爱情故事的流传以及网上消极文化无疑对青少年"网恋"起到了推波助澜的作用。!

(三)青少年网恋行为的家庭因素

中国科学院心理研究所王极盛教授曾对父母教养方式进行研究,1800份调查问卷显示,有三分之二的父母教养方式不当,存在着教育误区。其中一大误区就是过分干涉、限制孩子的自由,尤其是干涉孩子的情感问题。这对于处于青春期的青少年来说无疑是一种禁锢,他们对异性充满渴望却不能接近和直抒胸臆。网络却可以使他们自由地找到自己的知心异性朋友,可以放心地交流感情。由于青少年缺乏网络交流的经验,就很容易掉进网恋的陷阱中。同时,青少年热衷于"网恋"与家长的管理方式也有密切的关系,有些家长对孩子的生活不闻不问,孩子活动的自由度很大,他们可以做自己想做的事,包括"网恋"。有些家长对孩子要求苛刻,使孩子感到压抑,需要情绪的发泄,"网恋"中异性网友的宽容和理解,为他们提供无拘无束的发泄空间,此外,父母离异、离家等特殊家庭对孩子会产生很大的负面影响,容易使他们产生爱的失落感、孤独感、无助感、亲情的疏远感等,网络便会成为他们寻找知音和寄托情感的场所,这也无形中为"网恋"铺平了道路。

(四)青少年网恋行为的学校和社会因素

长期以来,学校重智育、轻素质教育的应试教育严重影响着青少年的健康成长,学校片面追求升学率,致使一些学生出现厌学情绪,进而到网吧消磨时光。又由于学校实施的封闭式、程式化的管理,强调老师尊严,对学生教育简单偏激,缺乏民主、宽容的态度,使学生感受不到理解和关怀,同时学校生活单调,满足不了青少年精神生活的需要,使他们转而去到社会上寻求自由、安慰和寄托,寻找刺激和补偿。网络就为他们提供了快捷的手段。另外,随着青少年的早熟,早恋现象也越来越显露。学校不能采取正当措施进行引导,而是以强硬的管理制度来约束,致使一些青少年在学校内部不能满足情感的需要时,去寻找网络情人进行感情寄托。

就其社会因素而言,大众传媒中传媒的谈情说爱的内容甚至色情的内容对青少年有很强的诱惑和腐蚀作用。加之许多网吧缺少有效管理,网上色情、反动信息大量存在,一些青少年栏目链接着带有不适合青少年阅读的性内容的栏目。这对于自控能力较弱的青少年来说,无异是"陷阱"供了"网恋"的温床。

三、青少年网恋的危害

对于现代青少年来说,从最初的网上聊天逐步发展成网恋已不是什么新鲜事。实际上,它正在演变为青少年追求的一种时尚。不可否认,作为信息传播的重要媒体之一的网络,由于其信息量大和资源的共享性,可以满足充满求知欲望的青少年。可以开阔学生的视野。同时,网络的虚拟性,也使得青少年可以无所顾忌地在网上畅所欲言,甚至宣泄被压抑的情绪、情感。网络的无时空限制性,使得人们能冲破时间和地域的界限,认识世界各地的人们,使不同地域、不同年龄、不同性别的人都如左邻右舍、近在咫尺。从某种意义上说,它也扩大了青少年原本相对狭小的人际关系网。于是网上聊天交友成了许多青少年课余生活的重要组成部分。青少年结交网友,丰富精神生活无可厚非,但是,有些青少年则热衷于在网络上结交异性朋友,沉溺于谈情说爱的网恋之中,并达到痴迷程度,确实让人担忧。对身心处于发展中的青少年来说,沉溺于网恋,弊远远大于利。

(一)青少年"网恋"行为影响学生的学业发展

青少年的年龄在 12 岁~17 岁之间,正处在长身体、长知识、增才干、立志向的关键时期,他们的主要任务是学习,他们只有把主要的精力用于学习科学知识,才能为今后的进一步发展打下基础。"网恋"就意味着青少年要花费大量的时间和精力,去和网上恋友谈情说爱,耽误了正常的学习,为自己的前途和发展埋下隐患。

南方某中学有一个 15 岁的男性中学生,因参加数学竞赛获奖,父母对其奖励,家中配了电脑,并包月上网,父母对他寄予了很大的期望。但一段时间以后,发现其神情恍惚,目光呆滞,学习成绩落到班级第三十几名。当电话费陡增到一千多元时,他的父母在检查中,一个外地的长途号码引起了他们的注意。通过与该生谈心得知,通过网络结识了一个14岁的外地女生,经过两个月的网上聊天,已经到了无法分离的地步。像这样的中学生网恋的例子并不少,而且还有发展蔓延之势。

我身边也有这样的例子,男生为高二学生,品学兼优,为人正直诚实,是全家人的骄傲,并有非重点大学不读的决心,可是好景不长,高二第二学期开始上网聊天,认识一位在电视台工作的24岁女人,后发展为恋爱关系,致使该生整天想入非非,无心向学,达到不上网相会,茶饭不思的地步,最后发展到离家出走与情人会面,且在女友所在地租房同居。学校老师、家长两次前往做他们的思想工作,但不能动摇他们,无功而返。他父亲一怒之下,决定和他脱离父子关系,他还是不肯回校读书,就这样他断送了曾有过的重点大学梦,在当地过着打工生活。

《中国教育报》报道过这样的一则消息:新疆维吾尔自治区库尔勒市一名17岁的高中男生,与一位远在乌鲁木齐的28岁的酒店女服务员在网上认识并相恋,这名男生背着父母先后两次到乌鲁木齐与"网上情人"见面,本来他是班里学习尖子,如今学习成绩大幅下降。据这男生说,他认识的许多同学都经常出入"网吧",很多人都在网上谈情说爱,经常旷课进入网吧与网友聊天。

青少年对网恋给学习所造成的影响也有清醒的认识:有关调查结果显示,在被调查的465名中学生中,认为"网恋"对学习有负面影响的占18%,认为网恋浪费时间,影响成绩的占26%。中学生需要一个稳定的心理状态来完成学业,而学生学习的积极性又受多种因素的制约,社会可以通过各种渠道和形式对中学生施加各种影响。网络就是其中一种,网络可以极大地满足学生的好奇心,但是他们的心理还没有成熟,自我控制能力差,网恋给他们心理带来的负面影响和伤害是无法预料的,当中学生深陷网恋不能自拔的时候,他们又怎么能有充沛的精力和稳定的情绪去完成学业呢?

(二)青少年"网恋"行为影响学生正常的人际交往

交往是人与人之间传递信息,沟通思想和交流感情的联系过程,通过人际交往,形成了人与人之间的好恶感,以及排斥或吸引等心理关系。良好的人际关系和正常的人际交往,是社会生活的润滑剂,也是个人心情舒畅的兴奋剂。它能鼓舞人上进,培养其良好的自尊心和自信心,提高社会价值,增进其社会适应能力,形成乐观的人生价值观,促进个性的健康发展。反之,不良的人际关系和交往障碍,会影响人的心理健康。对于青少年,良好的人际关系与交往对于提高工作和学习效率,促进不良行为的改变都有较大的影响。

现在的青少年大多都是独生子女,交往的对象主要是同学和周围的朋友。青少年一旦陷于网恋,把自己封闭起来,他们正常的人际交往就会受到影响。我们的调查显示,大部分的青少年都有过上网的经历,其中,有19%的学生经历过网恋,9%的中学生没有经历但是渴望尝试。这些中学生上网去的最多的地方就是聊天室,他们会很高兴地告诉自己的同学:"我又认识了一些新朋友。"在他们的通讯本子上,不仅仅记的是电话号码,更多的是一些未曾见过面的网友的oicq号码和icq号码。网上交友给青少年提供了很多乐趣,比如,现实生活中无法作假的性别,在网上可以随心所欲,再比如,人际交往中及其现实的决定性因素,如相貌,表情,肢体动作等等,在网上可以全然地"虚拟"掉。"网友"可以成为自己重要的或"真正"朋友圈子,因为他们认为在网上可以找到很多和自己在行为和想法上相似的"志同道合"者。这样,青少年对"网友"这一群体有归属感,但也正是这种归属感,导致了青少年逐渐对网络产生了依赖心理,使他们丧失了一种现实感,混淆虚拟世界和现实世界,沉迷其中。

传播学博士蔡绍基说:"人与人之间的交往需要时间和各种身体语言来慢慢建立信任,而网络的速度很快,缺少了需要建立信任的时间,也削弱了情感中所需要的重要元素。"通过网络"传情达意"所能感知的只有文字,只有标点,而不可能调动起各种感官获得全方位的信息。而大量的事实证明,人际交往与合作是与生存竞争同样基本和根深蒂固的人类本性。如果没有它,人类这种物种是决不会存活下来的,即使在现代社会,这一本能依然被完好地保存了下来,迄今为止,我们对于"人际关系"的定义仍然是基于面对面的直接交往。

网络交友这种新兴的人际交往方式给青少年的社会生活带来一种新鲜感和实用性,但它只能是真实生活的一种补充,如果由网友而陷于"网恋",他们就会在网恋上倾注过多的时间和精力,沉浸在虚拟的两人的幸福世界,只有网上恋人才能给自己带来快乐,而忘却周围的同学和其他的朋友的存在,离群索居会使他们变得不能适应现实生活。当他们在信息高速公路上心满意足、任意驰骋的时候,他们生命的一部分正逐渐消失在虚拟空间的某个黑洞中。也许,当他们真正醒悟的时候,一切已晚。

(三)青少年"网恋"行为影响学生的心理健康

青少年的情感丰富,高亢而热烈,他们富有朝气,容易动感情,也容易被激怒,他们对未来充满了憧憬和幻想,随着年龄的增长,视野的开阔,青少年开始对人生观、世界观进行思考和探索。可见,中学时代是一个人心理成长的重要转折期,而青少年"网恋"行为对学生的心理健康带来了极大的危害,容易使学生产生自闭、孤独的心理,影响正确的价值人生观、世界观的取向。对于情窦初开的青少年而言,网上恋爱给他们许多快乐和满足,这种好奇、新颖、富于浪漫色彩的恋爱方式让青少年沉迷痴情又兴奋不已,网上恋爱由于两人彼此之间不能见面而倍加牵肠挂肚。

青少年抵制诱惑的能力十分脆弱,而他们对新鲜事物的好奇心很重,网上聊天对学业重负下的中学生具有极大的吸引力,"网恋"也易使之沉迷上"瘾"。某重点中学的一位科技小能手,自从迷上网上聊天,并有了"网上情人"之后,一天短则2小时,长则四五小时,花费不菲还在其次,问题是他竟像换了一个人,回到现实生活中就感到孤独,感到不适应,不愿再与他人交往。而另一些中学生,把学习之外的闲暇时间全部用在网上,与家长、同学的思想交流,人际接触越来越少,有的中学生甚至患上了孤独症,网络世界的"自由度"使中学生产生了一种错觉,似乎可以不再关心现实生活的冷漠、得失,使他们脱离现实。"网恋"使中学生沉迷网络,甚至出现上瘾的现象,将使学生丧失时间感,反复循环,导致最后失去自制力。若对网络恋情寄以厚望,容易把事情理想化,变得不现实。可见,中学生网恋不仅使他们患上网络上瘾症,无心学习,性格内向孤独,情感脆弱,而且,还会使他们游离于现实生活,丧失对现实生活的兴趣。

(四)青少年"网恋"行为影响学生的身体健康

青少年处于青春期,这是他们一生中,最有特色的黄金时代。中学生的"网恋"行为使学生长时间与电脑接触,沉迷在网上。据《中国教育报》报道,一些附近有网吧的,学校逃课的学生特别多,除了语文、数学、英语外经常有学生不上体育、音乐和美术课,有记者在库尔勒市的一家网吧看到,11名学生正在为"成功"逃离体育课而兴奋不已。有些网吧老板昧着良心赚钱,为吸引学生通宵达旦上网,使出怪招,只要你玩通宵,就可以享受各种各样的优惠待遇,许多青少年就在网吧度过不眠之夜。由于上网时间长,生活节律被打乱,睡眠时间减少,学生出现睡眠障、视力下降、肩背肌肉劳损及免疫力功能变弱等等,给身体健康理下隐患。另一方面,"网恋"使涉世未深的青少年容易从网上走到现实中,或被人欺骗,一旦发生性关系,最终会对他们身心造成一生的伤害。据"网易"广东站调查统计,中国人发生"一夜情"的途径,有34.6%是通过网上交友,24.4%是通过网站的聊天室。这是一个可怕的数字,确实应引起我们对青少年的关注。

三、解决青少年网恋的对策

网恋带给青少年诸多负面影响,但网络本身没有错,错在人类的使用不当,不能把网络对青少年的积极意义予以全盘否定,在青少年的成长教育过程中,家庭、学校、社会都应发挥各自的力量,予以青少年正确的引导,同时青少年自身也要形成良好的网络道德素质,严格自律。

（一）正确引导青少年接触网络,加强对青少年的网络道德教育。

帮助青少年树立正确的世界观、人生观和价值观,这是家庭、学校和社会共同的责任。对于在校求学的学生来说,应以学校教育为主,因为对多数在校青少年来说,老师权威高于家长,学校应帮助青少年形成对网络道德的正确认识,增强他们的道德判断能力,指导他们学会选择,分清良莠,提高个人修养,形成良好的道德自律。同时国家也应建立健全互联网的立法,提倡道德教育,培养青少年的正义感和责任感。养成"慎独"的习惯,使其不论在虚拟的网络还是现实的生活中都具有良好的道德品质和健全的人格。

（二）引导青少年多参加社会活动,进行健康有益的交往,丰富他们的现实生活。

青少年具有极强的自我意识,且新一代的他们多为独生子女,自小娇生惯养,习惯以自我为中心,性格孤僻,社会交往往往不很顺利,再加之易自我封闭,对现实的成就感期望值过高,一旦理想难以成为现实,他们脆弱的心灵便承受不了打击,而逃避到网络中寻求精神寄托。针对这一情况,学校应开展丰富多彩的文体活动,促进青少年进行交流与合作,互助互爱,建立真挚的友情,让青少年切实感受到社会大家庭的温暖。同时,在他们遭遇挫折时,家长也应给予关怀和帮助,而不是让青少年到网上去寻求安慰。社会上也应多开展一些健康的文娱活动,使他们在活动中获得成功的喜悦与满足。青少年是祖国的未来和希望,矫正青少年的不良心理,促进青少年心理健康发展,提高自我约束能力,这是学校、家庭和社会义不容辞的责任。

（三）对青少年学生进行正常的性知识教育。

受我国一些传统观念的影响,人人谈"性"色变,把这当作青少年雷区,学校教育对性知识涉及少或根本不涉及。正如学生调侃中所说,我们知道的老师都教,我们不知道的老师都不教。青少年处于特殊的生理时期,生理发育上的变化必然引起心理上的变化。这期间,有的青少年对异性怀有特殊的好感,喜欢接近异性,对异性存有好奇心和神秘感,现代青少年性成熟普遍提前,在缺乏正确引导的前提下,易发生网上寻求刺激,寻求恋情。因此,开设性教育课,对青少年来说十分必要。

（四）引导青少年树立正确的爱情观。

这是学校、家庭和社会共同的责任,青少年处于人生的特殊时期,他们向往异性,渴望情感是正常的。应帮助他们认识到网恋的危害,树立正确的择友观、爱情观。向他们讲述周文雍与陈铁军、陈觉与赵云霄等真挚的革命爱情,教育引导青少年对其感情进行合理控制与适度调节,使其情感朝着积极化、理性化、平稳化的方向发展,将大量的时间与精力投入学习和健康的文化活动中。与此同时,还应加强青少年心理健康教育,使其对不良的网恋心理形成正确认识,追求高尚而真挚的爱情。

另外,有网恋行为的青少年也应当从自身查找原因,认识到自身的存在价值,树立远大的理想。个人的态度决定一切。如何看待生活,与人的主观世界有关。青少年对自身应有一个正确的评价,拥有一份健康良好的心态,对自身无法弥补的缺陷有坦然面对的勇气,才能摆脱网恋所带来的困扰,走出心灵的误区。使人更好地认识自我,开发自我,激励自我,使人比原来生活得更轻松、更快活、更自信、更自立,这才是心理咨询所要追求的终极目标。也只有这样,青少年才能更好地珍惜昨天,把握今天,争取明天,勇于直面生活的压力和挑战,承担社会所赋予的重任。

青少年网恋自救攻略
攻略一:打上网络预防针

先来给你讲个小故事。故事的名字叫《天使与魔鬼的爱情》。

天使静静看着他——一个男魔鬼,但他有着天使的面容……"你为何不飞?翅膀受伤了吗?"魔鬼问她。天使很诧异,回答说:"对呀,飞不了了。"魔鬼犹豫,试探着问天使:"那我可以保护你吗?""好吧,谢谢!"天使很开心。不久,天使说不习惯走路所以腿很痛,魔鬼主动把她背到背上。突然有一天,天使发现不想从他的背上下来了,魔鬼试探地问天使:"我们可以永远在一起吗?""好啊……"天使不假思索就答应了,没多久,天使对魔鬼说:"你不怕其他魔鬼反对吗?"魔鬼笑了笑,脱去外衣,露出一对天使特有的洁白翅膀说:"其实我是天使。"天使却哭了。假魔鬼说:"我们都是天使,不会有人反对了!"天使哭得更凶了,假魔鬼说:"你放心,我会对你更好的……"天使不哭了,轻轻擦着泪静静地说:"其实我是魔鬼。"说着便除去那对从未用过的翅膀,张开血盆大口扑向天使……

读完上面的小故事你是否有所收获呢?其实在网络虚幻的世界里,虽然不乏真正的天使,但恶魔也隐蔽在四处,所以在进入网络的世界前你一定要给自己打上预防针,不要让恶魔接近你,就算他貌似天使,也要格外小心,也许他正是个隐藏了血盆大口的恶魔,所以在网络上交朋友一定要慎重,随时记得用天使与魔鬼的故事提醒自己!

攻略二:网恋之花不易开,提早放手得轻松

网恋是朵虚幻不真实的花,它常常会短暂地迷惑住我们的眼睛。古代智者说,理智是为智慧的人披荆斩棘的最好工具。如果你陷入了网恋的处境,你可以把自己那些不合理的信念写出来,然后一一和它们进行一番辩论,最后建立起合理的信念。网恋是朵很不易开放的花,所以,如果你要面对它,不妨理智些,洒脱些,不要做顶不住糖衣炮弹的败将哟!

攻略三:网外的世界更精彩,请你快快看过来

网络虽然神奇,虽然极具魅力,但是网络仅是一个很小的世界,在网络以外,还有一个更广阔的世界。

你可以走近大自然，摸一摸绿草的温柔，嗅一嗅鲜花的芳香，听一听鸟儿的歌唱，看一看鱼儿的嬉戏，瞧一瞧蓝天的白云，望一望夕阳的余晖。也许这会一扫你学习的疲劳，给你带来几分创造的灵感。

你可以寻找家庭的温情，和你的爷爷奶奶聊一聊，和你的爸爸妈妈谈一谈，和你的弟弟妹妹"疯一疯"，甚至还可以和你家可爱的猫儿、鱼儿乐一乐。也许这能使你消除紧张与困倦，获得心理上的欢娱。

你也可以一个人静下心来，回忆一下自己"过去的故事"，在自己的心海上进行一次自由而幸福的游弋。你也许会为曾经做过的那件滑稽的事而发笑；你也许会为某一次成功的发言而得意；也许你会想到你生日时，妈妈特地为你买的那盒蛋糕；也许你会想到初中分别时，你最要好的同学给你留下的那几句动情的赠言；也许你还会想到班级组织的那次精彩的晚会和集体郊游时，那次有趣的野炊……当你沉浸于这些美好而隽永的回忆中的时候，你的心情会获得快慰与舒畅。

你也可以寻找一个恰当的机会，选择一个适当的地方，松开自己的"心理控制阀"，让自己的心情"泄洪"一次。你可以面对高山纵情地喊；你可以面向旷野尽兴地笑；你可以无拘无束地大声朗诵李白的诗、苏轼的词；你可以毫无顾忌地引吭高歌，唱蔡依琳，唱周杰伦，让心中的"积淀"得到一次痛快淋漓的释放。

你也可以自己给自己寄上一封信，或倾吐心中的秘密，或发泄心中的不快；或给自己递上几分安慰，几分激励，享受一碗自己熬制的"心灵鸡汤"。

当然，你还可以和同学朋友在一起，看一场精彩的电影，欣赏一段喜欢的音乐，参加一项愉快的劳动，进行一次有趣的郊游，组织一次滑稽的游戏……

可能有时网络会暂时蒙住大家的眼睛，让你们忘记了身边的世界里这些美好的东西，请你别犹豫，快快走进这个本属于你的世界来，还有很多快乐等着你。

攻略四：应急情况也有招

转移注意法：让自己多干一些别的事情，让生活充实起来，不要给自己太多的时间去思考网络上的甜言蜜语和虚幻梦境。

自我契约法：和自己定个小契约，控制自己的上网次数和上网时间。如果按照要求完成契约，可以给自己发个小奖品；如果违反，也要记住按照契约的规定惩罚自己。如果你觉得自己不能监督好自己，可以找爸爸妈妈，同学朋友或老师来做契约的监督人。

学习了上面的攻略，面对起网恋来你一定镇定许多了吧。

第三章　引导青少年正确对待网络游戏

案例一：

2005年元旦前夕，天津市塘沽区13岁男孩张潇艺因沉迷网络游戏不能自拔，从24层高楼顶上一跃而下，去追寻网络游戏中那些虚幻的英雄朋友。他在事发现场留下了4封遗书和一份8万字的网络游戏笔记《守望者传》。北京军区总医院为张潇艺出具了"患有严重的'网络成瘾综合症'"的证明。为此，供职于中国经济导报社网瘾防治研究中心的张春良代表张潇艺的家人将网络游戏运营商告上了法庭。几年来，张春良调查了各地260多家网吧，搜集了700余例网络游戏伤害案例。为张潇艺打完官司后，下一步，张春良要做的事情是替网瘾少年起诉整个网络游戏产业，而集体诉讼的对象是游戏公司、游戏的设计者和经营者。目前，他已经接受了63位家长、20余个网游受害家庭出具的授权书，下一步将针对网络游戏进行一场集体诉讼。

案例二：

以下是一封来自沉迷于网络游戏孩子的母亲的信1：

××主任：

您好！

看到电视中有关您对网络游戏成瘾患者治疗的报道，我怀着急迫的心情给您写这封信，请您救救我们这个家吧！

我的小孩今年15岁，是一名初二学生，以前在学校表现很优秀，还是课代表，深得老师的喜爱和赏识，家里也曾对他给予了很高的期望。可是上个学期开始上网玩游戏，就好像变了个人：上课不好好听讲，下课不写作业，逃学，说谎，顶撞老师。我的眼泪、他爸爸的管教、爷爷奶奶苦口婆心的劝说，他都无动于衷，只是冷漠地对抗。

我已经四十多岁了，只有这么一个孩子，他是我们全家的希望。我们倒不是要他将来出人头地，只愿他能健康成长。可是他现在因为熬夜上网，常常不吃饭，身体极度消瘦，对学习厌烦，脾气暴躁，冷漠无情，与家人、同学都无法正常交流，对未来没有自信，对生活无任何期望。别说成为国家栋梁，就是他自己将来的生存都成问题。

主任，请您帮帮我们吧，我愿不惜一切代价挽救孩子，救了孩子就是救了我们全家，您是我们全家最后的希望。

一位痛苦的母亲　于长沙

2005年4月

这位母亲的心声代表了所有沉迷网络游戏青少年的父母的心声，有的原本美好的家庭因为孩子沉迷于网络游戏中不能自拔而变得支离破碎。网络游戏像鸦片一样，使得众多青少年深陷其中，欲罢不能，因沉迷网络游戏无心学习、精神颓废，造成学习成绩下降，甚至旷课、逃学的现象日益增多，并形成恶性循环。因此，本章拟从分析青少年对待网络游戏的心理开始，引导青少年正确地对待网络游戏。

第一节　网络游戏与游戏

一、网络游戏的概念和分类

网络游戏作为信息科技的产物,在学术研究中一直没有一个明确的概念,从网络游戏的发展,和游戏玩家对网络游戏的理解来看,网络游戏可以分为广义和狭义的两种:广义的网络游戏指只要能够通过网络连线从事的电子游戏(张城,2003),包括了PC网络游戏、视频控制台的网络游戏、掌上网络游戏和交互电视网络游戏(杨肖蓉,2004)。狭义的网络游戏是客户服务器模式的,即用户将客户端软件安装到计算机上,通过客户端软件登录到某个游戏服务器中,与更多的玩家进行互动。游戏的内容上包括网站游戏,如麻将、象棋、扑克等;在线游戏,同时能够容纳上千人连线上网的游戏,最具代表性的是大型多人在线角色扮演游戏,简称MMORPG(Massively Multiplayer Online Role-Playing Game)。MMORPG的特点是有一定的故事背景,玩家可以使用拥有不同特点的角色,获得强烈的游戏带入感。

由于对网络游戏概念的理解不同,对游戏类别的划分标准也不尽相同。Kim,etal(2002)将网络游戏划分为4种类型:角色扮演游戏、即时游戏、多用户维度游戏,以及射击游戏。

- 角色扮演游戏:在假定的情景下扮演角色,围绕游戏环节展开。
- 模拟游戏:模拟体验、战略性思考。
- 多用户维度游戏:文本导向的角色扮演游戏,以网络社区为导向。
- 射击游戏:射击或打击对象。

Meuter(2004)对网络游戏的分类更加细致,他将网络游戏划分成10类并对每一类进行了解释:

角色扮演类游戏:体现故事性,着重于玩家所扮演的人物的成长过程及其经历的游戏,了解该角色所处的环境所遭遇的问题,并解决该问题。在游戏过程中必须打败敌人来提升自己的等级。比如《大话西游》。

- 策略类游戏:体现挑战性,强调通过长期策略的规划及其资源运用以达到最终胜利的游戏。包含了发展事业的经营游戏与培养人物"成长"的游戏。比如《三国志》。
- 益智类游戏:体现挑战性,重视脑力思考,有利于智力增进的游戏。比如《大富翁》。
- 冒险游戏:体现故事性,在一个情境下,玩家扮演某个角色,拥有某些资源 的信息来解决情境中的问题,包含了融入动作成分的"动作冒险",并发展一连串事件的游戏。比如《古墓丽影》。
- 模拟游戏:体现真实性,模拟整个城市建立的游戏。比如《模拟城市》。
- 战争游戏:体现智力水平,类似战争中指挥官的角色,进行历史或者假设性战争的游戏,游戏结束时会有明确的输赢结局。比如《红警》。
- 动作游戏:体现流畅性,通常使用遥控器。着重手眼反应以及内容急速变化的游戏。比如《格斗》。
- 运动游戏:体现真实性,以运动竞赛为主题,由玩家化身运动员参与运动比赛,或者化身教练制定策略、掌控全局。比如《FIFA》。

- 竞赛游戏:体现流畅性,以比较速度高低、玩家驾驭能力的游戏,如《赛车》。
- 教学游戏:体现界面的亲和性,如教导幼儿认识颜色、辨别各种动物的游戏软件。

中国网络经济研究中心 2005 年的网络游戏调研报告中将网络游戏分为棋牌类桌面游戏、角色扮演类游戏、社区类游戏三类。角色扮演类游戏具体包括了:童话类、武侠类、魔幻类、科幻类、休闲类。

中国最大的网络游戏运营商盛大互动娱乐有限公司认为网络游戏大致可分为三类(1)大型多人在线游戏(包括大型多人在线角色扮演游戏,或 MMORPG),(2)休闲游戏,(3)网站游戏。

总结起来,角色扮演类游戏成为了网络游戏的主流,其次是操作简单的网站休闲类游戏。

二、网络游戏的特点

互联网的出现与发展,将人类带入了数字化时代,拓展了人类的第二生存空间——网络社会。在这里,强调以"自我"为中心,个性的张扬,平等的交流,避免了直面交流的摩擦与伤害,满足了人们追求便捷与舒适的享受。这些特质对于青少年的吸引力显然高于其他社会群体,尤其是网络游戏,给青少年提供了很大的空间。

(1)自主性

尼葛洛庞帝说:"信息高速公路的含义就是以光速在全球传输没有重量的比特。"

互联网世界是个信息极其丰富的百科全书式的世界,来自各种不同信息源的信息数量按几何级数不断增长。在互联网上,你可以自主选择需要的信息,自由地发表自己的观点。互联网的自主性为青少年个性化发展提供了广阔的空间。

(2)平等性

平等是网络游戏的一大特点。网上的等级、性别、职业等差别都尽可能小地隐去,我不管是谁,大家都以符号的形式出现,大家都在同一起跑线上。地位的平等带来了交流的自由,任何人在互联网上都可以表达自己的观点。这对青少年来说具有很大魅力,尤其是对网络游戏中的青少年,只要用时间来不断练级,不断升级,自己就可以是天下第一,这很大程度上满足了青少年的心理。

(3)虚拟性

网络的虚拟性表现在网民身份"隐形"、网络空间"虚拟"、网络实际运行"无序"。网络通过其互联关系构成了一个社会,创设了一个虚拟空间。人的世界在互联网上发生了异化。这个空间丰富而刺激,你可以创造出一种与现实环境极为逼真的"虚拟实在";你也可以尽情地尝试扮演各种社会角色;还能为你圆现实生活中无法企及的梦想……这种虚拟互动的文化,为青少年生活提供了更大范围的社会实践基地,使他们有了自由选择、主动参与、自我实现的广阔舞台,同时,也促使一部分青少年人际情感疏远,以致上网成瘾。

(4)沟通的畅快性

网络游戏中的交流与现实中有很大不同,它具有匿名性、多对多、即时性、范围广和自由度高等特点。游戏的内容涉及人类生活的各个方面,不同爱好、不同年龄的人因为对游戏的喜爱"走"到一起,网络游戏中强大的聊天交友平台使他们可以尽情、平等地互动,满足了广大游戏者特别是青少年沟通的需要。个体深藏在潜意识中的各种需要和愿望得以在网络游戏中得到尽情抒发。因此"网络意识在某种程度上可以被看作是人类集体潜意识的象征,呼唤着个体的人性回归"。

（5）挑战性

网络游戏是人与人的互动,体现了一种竞争的状态,容易激发人的情绪。并且网络游戏有很多不确定性,玩家共同创造着游戏情节,"未来"掌握在游戏者手中,不像单机版游戏只有固定的游戏剧情。网络游戏中升级和与其他玩家竞争的形式满足了游戏者争强好胜的心理。探索未知的奇妙感觉成为了网络游戏的又一大魅力。

三、游戏理论

网络游戏虽是信息技术发展的产物,但就其本质属性来说仍是一种游戏的形式。符合了人类游戏的一些基本特点。

克拉思诺(Krasnor)和佩培拉(Pepler)认为游戏行为具有四个主要特征:

- 灵活性:指游戏活动在形式上与内容上的多变化性。
- 肯定性的情感:指游戏者的情绪体验总是快乐的,笑容是这种肯定情绪的标志。
- 虚构性:指游戏总带有想象的因素。
- 内部动机:指游戏不受外部规则或社会性要求的制约,游戏者是为游戏而游戏,玩即为目的。

克罗伊斯(Roger Caillois)认为游戏行为具有六个特点:

- 自由:游戏不是被迫进行的,否则游戏就失去了吸引力和快乐的性质。
- 松散:游戏不是精确的,没有事先预定的限制。
- 易变:没有预定的进程或结果,游戏者具有随机应变的自由。
- 非生产性:从游戏开始到结束时,不增加任何生产的物质或任何新因素,除去物品在游戏者之间的转移和变化。
- 由某种规则和玩法所支配:这种规则代替了通常的法则,而且有独特的意义。
- 虚构的:游戏者清楚地知道他在经历着真实的情况,甚至是与日常生活截然不同的虚构情况。

网络游戏具有灵活性、虚构性,有游戏法则(玩法),也可以激发游戏者激动的情绪体验,符合了游戏的一般特征。那么人为什么游戏,游戏的基本价值和作用在哪里,游戏给人的成长发展带来了哪些影响,就是游戏理论要揭示的问题。

（一）早期的游戏理论

早期的游戏理论是指18、19世纪出现的游戏理论,亦称古典的游戏理论(Ellis,1973),比较有代表性的是"剩余精力说"、"预演说"、"复演论"以及"松弛说"。

剩余精力说。德国思想家席勒(H.spencer)和英国社会学家、心理学家斯宾塞(Schiller)提出了游戏的剩余精力说。该理论将人类的活动分成两种:一种是有目的的活动,被称为工作,一种是无目的的活动,被称为游戏,即精力发泄。并认为:游戏是一种摆脱了强迫,摆脱了自然力量的支配的自由活动,但是,无论是动物还是人,进行游戏首先需要一个物质的前提,是在基本的物质生活满足的前提下释放剩余的能量。席勒称之为"充裕的精力的无目的的消耗"。斯宾塞发挥了席勒的观点,认为消耗剩余精力的游戏活动是随着种系进化而变化的,种系的进化程度提高,为满足原始生存需要所提供的时间和精力相对减少。因而,较高级别的动物比起较低级别的动物,更多地花费精力于非生存所需要的活动上。席勒对自己游戏理论的总结是"从游戏得到快乐,并不在乎游戏的方法,只不过因为精力的使用和自由"。

松弛说。德国学者拉查鲁斯(Mlazarus)和帕特里克(Patrick)认为游戏不是剩余精力的发泄,而是精力的恢复。他们认为人们个体在持续工作以后丧失了大量的力,需要有一种能使有机体放松,并使失去的精力得以重新恢复的活动,这个活动就是游戏,因此游戏是使失去的精力重新恢复起来的一种活动。也就是说,游戏是发生在精力亏空的情况下,而不是精力过剩的情况下。从这一点上说,网络游戏也具有了缓解精神疲劳、放松心情的作用。

预演说和复演说。这两种理论都在强调"生活演习"的理念,预演说的代表德国生物学家和心理学家格鲁斯(Groos)否认了儿童游戏仅仅是一种过剩精力的发泄,而更多地是对未来生活的预演练习。他认为游戏是儿童将来必须承担的更为成熟的活动的低级形式,儿童自发地将自己投身于这样的活动,目的是为未来的生活做准备。在复演说的主要倡导者霍尔(Hall)看来儿童的游戏是对人类祖先生活的"回忆"。原始人的打猎、追逐等构成了现代儿童游戏的基本结构和内容。

以预演说的角度看待网络游戏,有研究者认为网络游戏的角色扮演功能可以帮助青少年适应、感受未来的或想象中的生活角色,以促进社会化的发展。以复演说的角度,可以解释网络游戏中打猎、部落战争等游戏题材受青少年喜爱的原因。

(二)现代游戏理论

现代游戏理论是指在 20 世纪 20 年代以后出现的游戏理论,包括了精神分析学派的游戏理论、皮亚杰的认知发展游戏理论等。

1. 精神分析学派的游戏理论

精神分析学派的游戏理论是在弗洛伊德本我、自我、超我的人格理论基础上发展起来的。本我和超我之间不断地发生冲突,游戏就成为了调节本我和超我矛盾的平衡机制,尤其对于儿童来说更是如此。游戏的调节机制表现在两个方面:一是实现现实中不能实现的愿望。游戏使个体避免了现实的紧张感和约束感,所以为个体能够发泄那些在现实中不被允许的冲动提供了安全的环境,以实现自己的愿望。二是控制现实中的创伤事件。当儿童的本我在现实中受到了超我的挫败时,会有痛苦的体验,如恐惧、伤心、愤怒、焦虑等。为了控制、排解这些痛苦的体验,儿童便在游戏中通过重复那些引起痛苦体验的创伤性事件的各个环节,将痛苦的体验转嫁到同伴、娃娃或假想的游戏对象上,从而将痛苦的体验转化为愉快的体验。

继弗洛伊德之后,帕勒(Peller)对个体游戏的角色选择问题进行了研究,认为角色选择完全出于内部动机,即受情绪的驱使:如爱戴、尊敬、羡慕或者嫉妒、畏惧等。蒙尼格(Menninger)则强调了游戏对发泄内在冲动和焦虑的作用。他把宣泄定义为攻击性行为或敌意的宣泄。蒙尼格认为,攻击性是人类的自然倾向性,必须要发泄出来才不会形成病症,而游戏就是释放这种攻击性的合理合法的途径,如运动、体育竞赛等。

2. 认知发展学派的游戏理论

认知发展学派的代表人士瑞士心理学家皮亚杰(Piaget)认为游戏是随儿童的认知发展而进行的,游戏的过程体现出了"同化"和"顺应"的特点。所谓同化,是把新异的刺激纳入到已有的认知模块中,表现为主体从自我的需要与愿望出发去改变现实,而很少考虑事物的客观特征。所谓顺应，是有机体在环境因素的作用下使自己发生变化以适应环境，顺应在游戏活动中表现为模仿。皮亚杰认为游戏的功能主要表现在两个方面：(1)对新的刚刚出现的、不完善的心理机能进行练习、巩固，使它得到丰富和发展；(2)帮助有机体解决情感冲突，实现在现实生活中不能实现的愿望。

在认知发展学派中，游戏被视为一种象征性的活动，个体因为难以适应周围的现实世界，又为了达到必要的情感和智力(认知)上的平衡，所以要采用游戏的方式延伸到网络游戏行为中。青少年在生活中遇到如人际交流障碍，学业不良等挫折行为时，往往产生对现实的不适感，于是依靠游戏来完成同化或顺应，用虚拟世界中的互动和游戏中的成功，满足自我在情感上的需要。

3. 游戏的觉醒理论

觉醒(arousal)是觉醒游戏理论的核心概念。它是指中枢神经系统的机能状态，或机体的一种驱力状态。它与两个因素有关，一是外部刺激或环境刺激，二是机体的内部平衡机制。觉醒理论认为：环境刺激是觉醒的重要源泉。新异刺激，不仅为学习提供不可缺少的线索作用，还可能激活机体，改变机体的驱力状态。在新异刺激(即觉醒水平增高)时，它是由外部刺激所控制的，其作用在于获得关于外界物体的信息，消除不确定性，降低觉醒水平，维持最佳状态；在缺乏刺激(即觉醒水平低)时，就要去寻求刺激，避免厌烦等不良的状态，提高觉醒水平。

该理论认为游戏也可以成为一种认知的探究活动，游戏的产生是建立在一定的适宜刺激上，通过降低或增高觉醒状态保持内部机制平衡。从这个角度讲，网络游戏中要度过一道道险关、发现一个个玄机，也可以理解为一个寻找新异刺激，消除不确定因素的认知探索过程。

(三)动机需要理论

需要是机体内部生理或心理的一种不平衡的或是缺失的状态，这种状态刺激个体产生某种行为去寻求满足，消除不平衡。这种行为产生的内在动力就是动机，需要先于动机存在，是动机产生的内在诱因，同时动机也受外部环境即诱因的影响。动机包含了情感和认知的成分，它具有引发功能、指引功能和激励功能。在很多情况下，动机和需要是作为同义词来使用的。

动机需要层次论包含的基本要点是：

(1)动机是人类生存和发展的内在动力，需要是动机的基础和源泉；需要往往是多种多样的，但只有一种或几种最占优势的需要成为行为的主要动机。

(2)人类的需要是似本能的需要，"似本能"的概念是马斯洛对以弗洛伊德为代表的本能理论的反驳。似本能与本能的区别在于，似本能不像动物本能那样强烈；似本能不像本能论者所认为的那样是恶的，而是中性的；似本能的需要与理性之间并不存在像弗洛伊德本能论中所论述的那种本能与理性的对立；似本能的需要不像我们理解的生物本能那样，在物种发展的阶梯上相互排斥，而是"在一个强度有差异的层级序列里能动地互相联系"。这种似本能只有在适宜的社会条件下才会顺利表现出来，需要的层次越高，与本能的区别就越明显，似本能的性质也就越突出。

(3)人类有两大需要，一是包括生理需要、安全需要、爱与归属需要、尊重需要在内的基本需要，二是自我实现的高级需要。高层次需要的出现以低层次需要的满足为前提。在马斯洛的后期理论中又提出了用匮乏性动机与成长性动机来区分基本需要和高级需要的观点。对匮乏性需要的满足来说,是为了缓解紧张和恢复平衡,或是为了避免疾病,在匮乏性满足的过程中,个体总是关注于自我的,需要的满足所带来的仅是一种宽慰性的偷快;随着某种匮乏性需要的满足,该种需要强度不断降低,进而被另一种更强、更高层级的动机所取代。而对于成长动机来说,满足滋生出的是更多的动机,满足增强了而不是减弱了成长的欲望。成长性动机满足的过程中,个体是超脱的,成长动机满足后个体体验到的是丰富的、高层的且具有更大的稳定性、持久性和不变性的愉快。

(4)高峰体验。这是一种瞬间产生的压倒一切的高昂情绪,也可能是转瞬即逝的强烈的幸福感,甚至是欣喜若狂、如醉如痴、欢乐至极的感觉。高峰体验又分为两类:普通型高峰体验和超越型高峰体验。处于不同需要层次的人都可以体会到普通型高峰体验即所有人在美妙时刻极端愉悦的情绪,而只有自我实现者可以体验到超越型的高峰体验即一种宁静和沉思的愉悦心境。

对各层级心理需要的解释:

● 生理需要:也称生理驱力,是为了满足体内生理的平衡或满足生理的匮乏而产生的需要,如饥、渴、性欲和休息等。

● 安全需要:指对安全、稳定、依赖、免受恐吓、焦躁和混乱的折磨,对体制、秩序、法律、界限的需要;对于保护者实力的需要等。

● 归属和爱的需要:渴望同人们有一种充满深情的关系,渴望在一个团体和家庭中拥有一个位置的需要;否则就会感到孤独感和爱的缺失。

● 自尊的需要:是一种对于自尊、自重和来自他人的尊重的需要或欲望。这种需要可以分为两类:一是对于实力、成就、适当、优势、胜任、面对世界时的自信、独立和自由等欲望;二是对于名誉或威信的欲望。自尊需要的满足导致一种自信的情感,使人觉得自己是有价值、有力量、有能力、有用处和必不可少的。

● 认识和理解的需要:被马斯洛称为基本需要满足的前提条件,是一种获取知识、认识世界、满足好奇心的需求。马斯洛认为得到对宇宙系统化的认识在某种程度上是在世界上获得基本安全的方法,因此它成为了基本需要满足的一个前提。

● 审美的需要:也是基本需要满足的前提之一,而且与认知需要是重叠的,如对称性的需要,行动完美的需要、规律性的需要以及结构的需要等。

● 自我实现:是对自我发挥和完成的欲望,也就是一种使它的潜力得以实现的倾向。这种倾向使一个人称为越来越独特的那一个。"自我实现也许大致可以被描述为充分利用和开发天资、能力、潜能等。这样的人似乎会竭尽所能,使自己趋于完美。

第二节 青少年沉迷网络游戏的原因

一、网络游戏迎合了青少年发展的需要

(一)青少年发展的自身需要

青少年的身心发展特点决定了他们在这一时期的几种典型的心理需要:

1. 独立自主的需要

进入初中阶段,青少年开始出现强烈的独立自主的需要,到了高中后又进一步的发展。由于身体迅速地成熟,儿童进入青春期后,从外表上看,一下子似乎由一个儿童变成了一个成人,他们好像突然地意识到自己是个大人了。随着这种成人感的产生,他们一方面更加自觉地希望参加成人的活动,另一方面也希望别人把自己当成年人对待,让自己享有成人同样的权利,扮演新的社会角色。这时,如果家长或老师仍把他们当作小孩子对待,他们会产生强烈的不满情绪,以为这是家长和老师故意看不起自己,是在对自己加以束缚和监视。父母的关爱和呵护被视为唠叨、啰嗦和刁难;老师的教育和指导,被看成是小题大做,故弄玄虚。他们向往独立自主、自由自在、天马行空,常常自以为是,不知"天高地厚";他们需要人们的理解,给予他们更多的自由,更多的信任,更多的理解;他们希望无论在生活上、还是学习上,家长和老师能放开手脚,让他们独自去做自己的事情,试试自己的能力和本事。青少年的这种需要在现实生活中当然是不可能完全满足的,于是他们发现网络游戏恰好可以给他们一个独立自主的机会,在游戏中他们可以根据自己的意愿选择所扮演的角色,选择虚拟世界中的"人生道路",这种当家作主的体验让他们十分畅快。

2. 平等交往的需要

青少年有强烈而普遍获得朋友的需要。由于"成人感"的产生,独立性的发展,青少年要求在平等的基础上重新建立新型的青少年与成人的相互关系。对于青少年的这种变化,成人一开始往往难以理解和接受,仍把要求独立、要求受到尊重的青少年当作孩子看待,使青少年感到自尊心受挫,同时,由于两代人的兴趣爱好以及对事物的观点不同,更加让青少年觉得与成年人之间有代沟而不愿与他们交流,在成人面前不再像儿时那样外露与直爽,表现出闭锁性。与此相反的是,由于青少年与同龄人之间的关系原则上是平等的,因此他们青睐于以与同龄人的交往来弥补与成年人交往的减少,对家庭的依恋逐渐转向伙伴群体。在交往的过程中,他们交流思想、取得相互理解与情感的共鸣,并在此过程中寻找自己、表现自己、塑造自己,从而形成了相互坦白与谅解、互相关心、真诚坦率、保守秘密的深厚的友谊,形成亲密的伙伴关系。网络游戏给青少年提供了一个可以说是无限的交友平台,他们在游戏的过程中与世界各地的玩家进行交往,而且这种交往也不同于一般的网上聊天交友,游戏中结伴的玩家通常是要为完成同一任务而结成的团队,因此这种交往更注重玩家相互间的相互交流与合作。联机作战使得他们可以在网络游戏中共同奋战,形成一种亲密的人际关系,而不用去考虑性别、年龄、身份、社会地位和兴趣爱好的问题。这满足了青少年与人平等交往的需要。

3. 自我实现的需要

心理学家马斯洛认为,人人都有生理需要、安全需要、归属和爱的需要、尊重的需要和自我实现的需要。青少年因自我意识的发展而有了强烈的自尊心,要求别人尊重自己、认可自己。他们希望得到同伴的认同和悦纳,获得家长和老师的赏识和表扬。他们想出类拔萃、高人一等,无论对自己在班集体中的地位、学习的成绩、在老师心目中的形象、在文体活动中的表现,还是自己的仪表长相、言谈举止,他们都十分关注、"斤斤计较"、"求全责备"、要求更高、更强、更好。但青少年的社会价值感极易走极端,当社会评价与其自尊需要相一致时,他们往往会沾沾自喜甚至得意忘形;如果社会评价不能满足其自尊需要或相矛盾时,他们就可能妄自菲薄,情绪一落千丈,甚至出现不负责任的自暴自弃。青少年还渴望以各方面的成功来体现自己的价值,满足自己的自尊心。无论是在赛场上还是在学习中,他们都希望自己是胜利者,成功的喜悦和由此获得的同龄人的尊重是他们继续前进的无穷的动力。一名普通的学生在网络游戏中可以成为"盖世英雄",如果拥有高超的游戏技巧、高级的装备或宝物就会引起其他玩家的崇拜,因此许多青少年付出大量的时间和精力以求在虚拟世界中获得现实生活中缺少的成就感和他人的尊重。

4. 追求个性的需要

青少年喜欢标新立异,与众不同,这实际上是他们自我表现的一种形式。特别是近年来,西方文化的渗透使青少年更加注重追求个性。青少年期是自我意识发生突变的时期,是自我意识发展的第二个飞跃期。这一时期的青少年把探索的视线对准自己,比以往更加关注自己,产生强烈的自我体验,对自己的评价比童年时期更为全面和深刻。同样他们也希望别人能关注自己,赞赏自己,于是他们追求个性,渴望展示自我,爱"出风头",但由于知识经验不足,理论思维能力弱,独立判断能力差,有时会以错误的形式来表现自己的个性,如打扮得奇形怪状,学会一些坏习惯(如抽烟、喝酒),甚至故意尝试一些被禁止的行为,以在同龄人面前显示自己的与众不同。

(二)网络游戏迎合了青少年自身发展的需要

1. 网络游戏引起青少年的好奇心

集中体现了各类新生事物的网络游戏很容易引激起青少年的好奇心。与传统的游戏方式不同,网络游戏是以高新技术为基础,在网络时代发展起来的一种新兴娱乐形式,它从多方面体现当今社会的最新潮流。网络游戏常常是最先进的电脑和网络技术的代言人,每一项电脑和网络技术的革新都会被以最快的速度使用到网络游戏中;它的画面场景、人物形象、背景音乐充满着最时尚的元素,现在许多网络游戏还根据当红影视明星的形象来塑造游戏人物的形象,以吸引更多的追星族;网络游戏的内容也具有极强的时代感,如游戏中人物的职业及其职责都与实际生活中相似,买股票、炒房产等也是游戏中的投资方式。这种种新奇的事物再配合上不确定的情节和变幻莫测的结局,大大地激起了青少年的好奇心,使他们对网络游戏欲罢不能。

2. 网络游戏激起青少年的好胜心

网络游戏富有挑战性,容易激起青少年的好胜心。网络游戏中的各项任务都是有一定难度的,并且随着级别的升高,任务的难度逐级加大,完成这些任务需要有一定的技巧和水平,因此每一级任务就是对玩家的一次挑战。要完成这些任务,玩家要有一定的电脑操作水平,反应速度要快,手、脑、眼要密切配合,在大型的角色扮演类游戏中,还要有一定的协调作战能力。若想取得更高的经验值、获得更多的宝物或金币、升入更高的级别,就要不断地练习、不断地摸索,而且由于网络游戏设计公司不断地开发游戏功能,因此可以说网络游戏中的任务是无止境的,能够长时间地吸引青少年投入其中。此外,游戏中无处不在、各式各样的竞争也迎合了青少年争强好胜的心理,牢牢地吸引了青少年玩家。

3. 网络游戏满足了青少年独立自主的需求

前文已分析了青少年有独立自主的需求。现实生活中,老师和家长处于领导地位,是经验传授者和规则制定者,青少年处于从属地位,是规则的被动接受者,只能被动服从而不能反抗,他们的行为要受到许多的限制。而在网络游戏中可以让青少年体会到许多独立自主的乐趣。首先他们可以自由选择游戏的时间:不用担心天气的好坏,不用迁就其他玩伴,不用顾虑场地的限制,只要能上网,就随时可以开始游戏;其次,他们可以自由地选择游戏的内容,历史传奇、神话故事、军事战斗都可以一一展现在他们面前;更重要的是,他们可以自由选择自己所扮演的角色,确定自己要走的道路,而且在前进的过程中会遇到种种困难,需要他们依靠自己的判断和经验来完成各个任务,这些都给青少年以"我的事情我做主"的良好感觉。

4. 网络游戏满足了青少年的交往需求

网络游戏特别是角色扮演类网络游戏中,身处世界各地的玩家可以同时登陆到游戏中,创造自己的角色并通过控制这个角色行动与其他人对话。实时的在线交流实现了玩家之间的实时互动,满足了青少年交往的需要。哈贝马斯的交往理论要求交往双方要平等、自由、相互信任、理解,强调双方相互平等,网络游戏恰恰为青少年提供了现实生活中难以遇到的互动和平等交流的机会,在并肩作战、共同对付敌人的对抗中,他们以诚相待,结下了比在现实生活中更为深厚、牢固的友谊。一些大型的作战游戏还需要玩家发扬团队精神,共同作战,这对于平时在现实生活中生活圈子狭小、向往集体生活的青少年来说也是非常有吸引力的。

5. 网络游戏满足了青少年自我实现的需要

在网络游戏中,是以青少年产生成就感的方式来满足青少年自我实现的需要。心理学的操作制约理论提到,当学习被分割成小步骤,同时很快被增强时,学习是最强而有力的,成就感也是最强的,而这恰恰就是网络游戏的特点。当下大多数的网络游戏是针对玩家的求胜心理,利用升级模式制造商业卖点的。网络游戏设定一个个的任务让玩家去完成,玩家在完成一定的任务后就可以升到更高一级或闯到下一关。任务难度逐级渐渐加大,其难度增长幅度适中,让玩家感到既有希望获得成功,但又必须付出相当的努力,就像是"跳一跳,摘桃子"的感觉。正是这种可望而又可及的目标激起了青少年的挑战心,促使他们花费大量的时间和精力来修炼"武功"、购买装备,以提高自己在游戏中的能力,不断地升级、闯关,从而获得进步感和成就感。

6. 网络游戏满足了青少年追求个性的需要

网络游戏的设计极具个性化。在内容方面,网络游戏的种类很多,有经营型的,有打斗型的,有益智型的,也有搞笑休闲型的,每一种游戏都有自己独特的风格;在角色方面,每一种网络游戏都为玩家提供了多种选择,玩家可以根据自己的喜好选择所扮演的角色;在情节方面,不同的角色有不同的发展路线,即使是同一个角色,也可以选择不同的发展路线;在人物造型方面,个性化的发型、服饰、语言风格都能给人留下深刻印象。

二、青少年沉迷网络游戏的外在因素

(一)教育因素

恩格斯指出:现代社会"是纯粹以个体家庭为分子而成的一个总体"。家庭是社会的一个基本单位,是社会构成的基础。现代文明发展的结果产生了当今家庭的基本模式一由一对夫妇和未婚子女构成的核式家庭,大部分是一个或两个小孩。孩子们在家庭中度过他人生二分之一的时间。随着时代的发展,家庭在整个社会中的作用有缩小、减轻的趋势,然而对孩子的教育起着主导作用。家庭教育的成败甚至影响到孩子的一生。家长由于自身素质的参差不齐,在教育孩子的过程中存在着不少偏差和问题,缺乏与孩子沟通,导致孩子迷失在网络游戏中。

另外,家长教育子女的方式也多种多样,例如关爱型、严格型、朋友型、严厉型、打骂型、放纵型、溺爱型等等。其中关爱型、严格型、朋友型,属于比较明智可行的教育方法。平等和谐的家庭气氛、孩子与家长很好地沟通,都会促进孩子的良好成长。而严厉型、打骂型、溺爱型、放纵型是不明智的。这些都会导致青少年在得不到家庭温暖的情况下,想方设法寻求途径来满足自己的愿望和需求,于是,网络游戏成了青少年逃避现实和发泄最好的去处。

(二)社会因素

随着经济的快速发展,上网冲浪成了获取信息的重要手段。目前,我国除了单位和家庭上网,一些地方还建立了网吧,以满足网迷们上网的需要。目前的网吧为了满足上网人员的需要,配置越来越高,而且也越来越便捷,甚至还为通宵达旦的网民提供其他服务,可以使网民在足不出网吧的情况下能得到很多服务。同时,这些网吧为了索取丰厚的经济利润,引诱未成年人进入网吧,使这些青少年轻易的接触到任何类型的网络游戏,这种情况下,这些青少年就可以和成年人一样任意翱翔在网络游戏的世界里,尤其是一些暴力游戏深受青少年的欢迎,成为青少年网络游戏成瘾的重要因素,并且很容易导致犯罪。

另外,目前适合青少年的网络游戏几乎是没有的,游戏开发商和运营商投资网络游戏是为了赚钱,他们制作和运营的游戏当然是越吸引人就越多人玩,也就越能实现投资目的,所以一款游戏从策划开始,首先考虑的就是如何才能吸引人来玩。因此,对商家来说,好的游戏、成功的游戏一定是"黏性"大的游戏。网络游戏作为这样一种商品,自然会吸引青少年源源不断地投入其中,也自然会有人被它"黏住"。

(三)学校教育因素

在当前应试教育的体制下,学校往往是以学生学业成绩的好坏来衡量、评价学生的,而学生在自我评价时所使用的标准也是学业成绩。这种评价标准给很多学生带来自卑感,尤其是对对于些学业成绩较差的学生来说,这种自卑感尤其强烈。在得不到学校教师的赞扬和认可的情况下,他们发现了一种可以得到认可的途径,那就是网络游戏。网络游戏可以满足青少年在学校无法获得的归属感、成就感。在网络游戏这个虚拟世界里,孩子们可以扮演心目中的理想角色;在游戏中,他们通过练习就有可能战胜对手、"通关升级",有可能获得虚拟的奖励,甚至虚拟的财产。虚拟世界里的成功帮助青少年摆脱了现实世界带来的自卑感,满足了对优越感的追求,这样导致越来越多的青少年沉迷在网络游戏那个虚拟的空间里难以自拔。

目前,大多数的教师还不能够全面地、深刻地认识这种新型学生问题,有相当一部分教师对网络更是知之甚少,他们所知道的就是这种现象不好,但要应对却缺乏理论依据和实践经验。他们只好用最原始的教育方法,实行"高压"政策,强行制止学生上网,然而,这更容易激起孩子的逆反心理。特别是个别教师对学习差和调皮的学生有偏见,助长这些孩子脱离正常的生活环境而沉溺于网络游戏。因此,这种治标不治本的方法是不适合解决这种新型学生问题的,反而会使问题变得更加严重。

三、青少年沉迷于网络游戏的生理机制

(一)奖赏机制

成瘾医学中的奖赏机制主要涉及神经系统的弓状核、杏状核、蓝斑、腹侧被盖区(ventral

tegument area，VTA)、伏核(nucleus accumbens，Nacc)，其中 VTA 、Nacc 是奖赏机制的最后通路。神经兴奋性传导介质多巴胺从 VTA 分泌而出，像一群怀抱指令的信使，携带着神经信号高速涌向"伏核"；而在"伏核"则有"多巴胺受体"等待着，随时接受多巴胺的指令，并继续向全身传导这种神经兴奋，从而产生快感。这就是奖赏性机制的生理基础。网络游戏成瘾也同物质成瘾的奖赏机制基本相似。网络游戏作为一种致瘾源有增加正性情绪的作用，一旦投入到游戏中的时间过长，达到一定程度，往往能有一种轻松、愉快的感觉。而下网后感觉不到生活的乐趣，出现焦虑、烦闷，从而产生对于上网的"渴望"。长时间的刺激大脑，使快乐积累在大脑中。善于记忆的大脑"海马区"将事务的时间、地点等信息记录下来，勤于辨识的"杏仁核"评价这一事件事快乐还是痛苦，而善于组织领导的"大脑皮层"则对这信息梳理之后做出判断。对网络游戏的迷恋在这种情况下是一种判断，当记忆中的网络游戏快感跟不上上网的理性判断并发生冲突的时候，人就表现出强迫性的上网游戏的欲望。

网络游戏成瘾者的致瘾源是网络的内容。阳性强化在网络游戏成瘾行为的初期阶段起主要作用，而阴性强化在网络成瘾行为的发展和维持中起了重要的作用，这种阳性和阴性强化的双重作用，促使网络成瘾，出现躯体依赖症状、心理依赖以及人格改变。

（二）物质基础

网络游戏成瘾同大脑的边缘系统或大脑皮层某些部位的化学物质 5-轻色胺(5-HT)产生失衡有关，因为 5-HT 在人体中的主要作用是与人类的情感、心境有关。由于 5-HT 在中枢不同通路功能之间有许多复杂的联系，所以网络成瘾患者体内 5-HT 的改变是复杂的。长时间上网游戏还会使大脑中的化学物质多巴胺水平升高。这种化学物质令成瘾者呈现短时间的高度兴奋，沉溺于网络游戏的世界。

第三节　网络游戏对青少年的危害

长期沉迷于网络游戏的最明显的危害就是视力急剧下降。调查显示。有50％的角色扮演类游戏玩家每天玩游戏的时间在 1～4 小时,玩 8 小时以上的玩家占了 14％,网络游戏成瘾者每次玩的时间更长,有的青少年甚至连续几天不休息。由于眼睛过久注视电脑显示屏,可使视网膜上的感光物质紫红质消耗过多,若未能及时补充其合成物质维生素 A 和相关蛋白质,会导致视力下降、眼痛、怕光、流泪、暗适应能力降低等等,网络游戏的画面是上下左右跳跃式的,而且画面变换频繁,在游戏过程中,眼睛要随着人物动作和背景的变化下不停地转动,极易造成视觉疲劳,严重的还可能造成视网膜脱落。

在肢体方面,网络游戏的操作一般都有高速、单一、重复的特点,由于在游戏时玩家处于高度紧张状态,他们通常是长时间保持一种强迫体位进行操作,久而久之必然会导致肌肉骨骼系统的疾患,容易造成腰部、肩部、颈部等多处的肌肉损伤,带来背痛、腰酸背痛等困扰,严重的还会造成脊椎骨损伤、压迫心脏、影响心肺功能,青少年处于身心发育的定型阶段,由于长时间玩网络游戏带来的身体伤害必将危害一生。

在神经系统方面,有研究表明,电脑的电磁辐射能引起神经衰弱症候群和反映在心血管系统的植物神经功能失调。由于长时间高度紧张地进行游戏,大脑长时间处于亢奋状态,久而久之会造成大脑疲劳、体内激素水平失衡,会出现睡眠障碍、食欲下降、体重减轻、精力不足、免疫力下降等,甚至诱发猝死。2002 年南昌市某 17 岁高三学生玩网络游戏猝死,2004

年3月湖南流江一名14岁少年玩网络游戏产生幻觉,从4楼坠落等新闻都曾引起了社会的强烈反响。

自从网络游戏诞生以来,人们更关注其消极的一面,有人把网络游戏称为"文化毒蛇",有人把网络游戏看作"电子海洛因"。的确,网络游戏对于心理发展尚未完全成熟,自我控制能力比较弱的青少年来讲,也有着消极的影响。

一、易混淆现实角色与游戏角色

网络游戏能够运用多媒体、美工、创意等先进的技术手段创造出虚拟却逼真的游戏环境,能够吸引人沉浸其中,甚至使人不知不觉把游戏中的元素带入到现实生活中。对于儿童来说,他们能够迅速地适应并区分现实生活和游戏的界限。但对于青少年甚至成年人来讲,互联网与现实生活的界限却不那么容易区分。这个界限由儿童时代一堵厚厚的墙变成了几乎透明的薄膜,非常难以确切地分离。网络游戏参与者虽然以虚拟的身份、角色参与到游戏中来,但对于角色的把握渗透着个人的行为习惯和其他因素。同时网络游戏提供了即时的游戏对抗,也让游戏参与者实际上是在与其他真实的人进行较量,即使在游戏结束之后,这种对抗也会在其记忆中留下深刻印象,并会不断引起回想。青少年虽然拥有了一定的自我调控能力,但不够成熟,他们不能够完全区分现实角色和游戏角色,甚至无法统一自我角色,形成人格障碍或造成行为失控。在媒体中我们经常可以看到有关青少年受网络游戏影响而犯罪的相关报道。网络游戏中轻点鼠标就可以杀死对手,也可以轻易地获得美女和财富。游戏中的暴力或色情给青少年带来了严重的危害。他们一旦习惯了使用暴力手段,就会认为不择手段达到目的是合理的,并形成了潜意识。一小部分自我控制能力较弱的青少年在不知不觉间把游戏中的暴力带入了现实角色,他们有可能不经意地在现实生活的小争执中使用游戏中常用的暴力手段,引发犯罪行为。

二、易对网络游戏产生依赖心理

网络游戏精美的画面、曲折的情节及丰富的场景常常会让人沉溺其中,甚至出现网络成瘾症。例如在游戏中可以得到数以万计的财富或至高无上的权力,但在现实生活中也许要面临并不富裕的家庭环境,而自身又处于学习阶段,不能像游戏中那样瞬间赢得财富,这时就会对现实的生活环境产生失望,迷恋网络游戏中作为"富翁"或者"王者"的角色。另外还有一部分青少年在虚拟的网络游戏人际交往中非常活跃,现实中却非常内向和封闭,只有在网络游戏的虚拟空间才能得到交流的满足感。即使现实中不是内向的性格,过度沉溺于游戏,也会大大减少现实生活中人际交往的时间和兴趣,从而在现实生活中显得十分孤僻和冷漠。网络游戏毕竟是虚拟的交流空间,人不可能时时刻刻生活在这样的一个空间内。因此当面对现实生活的人际交往的时候,沉溺于网络游戏的人会感到更加孤单,更加依赖网络游戏提供的虚拟环境,从而形成恶性循环。对于网络游戏的过度依赖将造成青少年感到孤独、惊慌、智力下降等严重后果,会使他们处于一种亚健康的状态,甚至形成心理障碍。

三、混乱青少年的自我认知

网络游戏给青少年提供了各种各样的角色扮演的机会,同时也为青少年自我同一性混乱埋下隐患。青少年正处于自我意识发展的重要时期。自我同一性是指个体对自己的本质、价值、信仰以及一生趋势的一种相对稳定一致和相对完整的统一意识。它是个体在寻求自我的发展中,对自我的确认和对自我发展的一些重大问题,诸如理想、职业、价值观、人生观等的思考和选择,通俗地说,就是个体在寻求"我是谁"这个问题的答案。自我同一性的确意味着青少年对自己要有充分的了解,能够将自己的过去、现在和将来整合成一个有机的整体,确立自己的理想和价值观,并对自己未来的发展做出思考和做出种种尝试性的选择,最后在自我认知和自我意识上建立起个体内部和外部的整合适应感,致力于某一生活策略。如果青少年没有形成一种积极的同一性,那他们就会产生角色混乱。角色混乱的特征是不能选定一个生活的角色,不能确定自己是谁、干什么等。在网络游戏中,青少年是以虚拟的身份,扮演虚拟的角色,生活在虚拟的社会中,他们可以随心所欲地选择自己扮演的角色,一个手无缚鸡之力的小女生可以扮成叱咤风云的大将军,一个游戏中的无所不能的法师在现实生活中可能是什么都干不好的人。网络游戏很容易让青少年在游戏中形成一个虚拟的、不切实际的"理想我",进而可能混淆游戏中的理想我和现实中的"现实我"。导致对自我的迷失,表现出网上和网下生活中人格的不一致、不统一。情况严重的,可能使青少年产生"角色认同"错误,或者不能选择生活角色,或者只是口头上承担一定的角色,但实际上很快又改变角色,甚至于放弃"现实我"的角色扮演,全身心投入到各类网络游戏"理想我"的角色模拟之中,将游戏中消极的对人处事方式应用于现实中类似的情景。

四、诱发青少年的人格障碍

个体一旦对网络游戏产生依赖,会无节制地"游离"于各种游戏之中;不惜增加游戏时间,忽视现实生活的存在,出现情绪低落、生物钟紊乱、思维迟缓、有自慰、自残的意识和行为等,严重影响其学习、生活、工作。有的青少年可能因此出现人格转变,甚至出现人格障碍。人格改变一般是原有的个人人格特征更加突出、表现得尖锐化,或者出现相反方向的变化。诸如平时的自信变为浮夸、敢干变为好斗、多言变为缄默、勤奋变得懒散、责任心强变得玩忽职守、和气变得暴躁等。严重的,个体会出现人格障碍,表现出情绪的爆发性和行为的冲动性强,行为缺乏计划性、对行为后果缺乏预见性,不断与周围人群和社会发生冲突,对自己行为不当缺乏自知之明,没有愧咎心,缺乏改正的自制力。青少年缺乏正常的社会沟通和人际交流,会影响正常的认知、情感和心理定位,常会有孤僻、冷漠、紧张、不合群、易怒等许多不良的自我体验,还可能导致其人格的分裂,形成网络双重人格。所谓网络双重人格,简而言之,就是个体在网络中的人格表现与其在现实生活中的人格表现有很大差异,甚至判若两人。这种人格的裂变将直接导致个体心理偏差,如社交恐惧、否定、逃避现实等,不利于个体人格的健康发展。

第四节　青少年沉迷网络游戏的学校教育对策

一、学校教育的缺失与青少年网络游戏成瘾

虽然我国从 2001 年开始在基础教育阶段推行素质教育,但由于应试教育的影响根深蒂固,其效果并不令人满意。著名的青少年网瘾专家陶宏开教授尖锐地指出,应试教育是导致青少年网络游戏成瘾的罪魁祸首。对于这种教育模式,著名教育学者许纪霖总结到:"除了

分数,还是分数,分数面前人人平等。于是那条通往大学的应试小道,犹如一条标准的流水线,无论你是什么样的性别、个性、兴趣和才华,经过数十年的应试培训,统统改变为同一个模式塑出来的标准产品:擅长适应、拙于创造,长于技术、缺乏想象,表面顺从、内心分裂。"具体地分析,它给青少年的学习、成长带来以下弊端,使得学校教育在与网络游戏争夺青少年的斗争中处于下风。

(一)课程内容和学习方式不能很好地引起青少年的学习兴趣

1. 从课程内容来看

相对于紧张刺激、动人心弦的网络游戏来说,学校教育的内容是枯燥乏味的,不象网络游戏那样容易引起青少年的好奇心。

脱离学生的生活经验和实际。课程是学生开展学校生活、认识世界、体验生活、了解自己、提高自己的媒体,是学校教育与社会现实生活联系的终结。从根本上说,任何课程内容都来自于生活,来自于社会,同时应当服务于生活,服务于社会,人们生活中的许多问题都可以抽象或转化为课程中的知识内容或某一学科的理论问题,课程内容若能与学生的实际生活很好地联系起来,将有助于激起学生的学习兴趣,有助于学生创造性的培养。然而在目前的学校教育中,课程内容并没有达到这一目标。我国传统的教育内容过分重视书本知识和间接经验的系统传授和获得,忽视学生直接经验的习得,学生在学习过程中总是觉得自己学的内容在实际生活中是"无用"的,这些在实际生活中看不见、摸不着、体会不到的知识自然无法引起学生的学习兴趣。

部分课程内容陈旧。青少年对新生事物的好奇心之强、接受速度之快是令许多成年人想不到的。陈旧的、过时的教育内容占据了教材的空间,使许多学生必须而又渴望掌握、了解的新知识、新事物、新技术如法律知识、科技知识进不了课程,不能及时反映科技、经济、社会的新知识和新进展,造成教育和时代脱节,学生与社会脱节。因此也就无法激发学生的学习兴趣。

2. 从教学方式来看

被动接受的学习方式没有很好地激起学生的学习兴趣。

过于强调接受学习、被动学习的教学方式造成了教与学、教师与学生相分离,学生没有真正的兴趣和主动的"求知欲"。教师被赋予绝对权威,把自己所设定的完美理想强加在学生身上。"专制"和强迫的色彩使学校和教室像"牢笼",教师像"狱长",学生像"囚犯",没有了正常交往和沟通。单纯的接受性的学习压抑了学生的好奇心和自主学习的愿望,学生不再积极探究,扭曲了学习的价值,丧失了创造力。在网络游戏中,玩家通常要自己摸索过关、升级的诀窍,在失败中总结经验,在不断的探索中将游戏进行下去。这种游戏方式比接受式的学习更富有挑战性、趣味性。

(二)为青少年提供的主动发展的机会不多

我国大部分学校采取的是以接受学习、被动学习的教学方式。在很多教师的心目中,教学就是"讲课",就是把书本知识传递给学生。这种教学观使得教学过程成为单向的信息传递,教师与学生的关系成为单一的传递信息与接受信息的关系。这就导致学生在学习时只能采用被动的、接受式的学习方式去记忆教师讲授的固定知识,而不能去自主探究、讨论和发现新知识,自己主动寻求问题的答案。这种教学方式能够培养学生很好的解题能力,却很难培养学生提出问题、解决问题的能力。

被动的学习方式强调对知识的机械记忆和死记硬背。对学生学业成绩的评价也主要是考察学生对教师传授的知识的记忆，而不去考察学生的探究能力、创造能力和动手实践能力。这样，学生感受不到学习的乐趣，而是觉得学习枯燥无味，因此无从产生学习的积极性，也无从产生学习的主动性，陷于消极接受的境地。

（三）没有充分满足青少年自我实现的需要

1. 在教育价值观上，过分强调教育的选拔功能，挫伤了大多数学生的学习积极性和自尊心。

教育有两种基本功能：一是促进人的发展；二是承担社会所赋予的人才选拔功能。目前我国的基础教育中将这两种价值割裂、对立起来，过分强调教育的选拔功能，选拔功能被强化为教育的根本价值，使得教育走向应试教育的轨道。应试教育把整个中小学教育纳入与高等学校招生考试对口的系列，只注重培养那些有希望考上大学的"尖子生"，放弃了大多数有待培养成合格劳动者的"普通生"。不少学生因长期得不到老师的重视，就会对自己的能力产生怀疑，产生自卑心理，当网络游戏给他们提供证明自己能力、赢得他人尊重的机会时，这些学生就有可能沉迷于此，以满足自己的心理需要。还有的学生因感受不到老师的关爱和集体的温暖，觉得自己在班级中是可有可无的人，而在网络游戏结成的团队中，各成员基于共同的爱好而自由组合在一起，每个人都有自己的责任，每个人都能为团队的进步做出贡献，由此让游戏者感到自身存在对集体的价值，找到归属感。

2. 以分数为唯一标准的评价方式，使青少年不能正确评价自己的能力。

传统评价过于强调选拔和甄别功能。"排队"式的量化评价就必然要分先后，虽然有激励作用，但侧重的是甄别。分数成为排名的依据，持续不断地用分数和排队来评价青少年学习的优劣，就容易使原本充满学习热情的学生开始怀疑起自己的能力，变得越来越不自信。这种给学生排名次、分等级的做法，给青少年带来了巨大的压力，特别是那些被视为"差生"的青少年，心理上产生了阴影，或自暴自弃，或忧郁孤僻，不少青少年就选择了网络游戏来逃避。

传统评价将所有的学生看成是按照统一的蓝图、统一的工艺加工出来的产品，要求这些产品达到统一的标准，把学生考试失败归结为基础差或学习不够认真，没有考虑到青少年的个体差异，这样的评价方式是始终让青少年朝着固定的目标努力或者是与其他青少年做横向比较，如果青少年长时间达不到此目标或总是不能成为优秀生，必将让他产生失败感，失去学习的兴趣。在网络游戏中，对青少年评价的标准是他自己，也就是说总是让青少年与自己的过去进行纵向比较，游戏为不同水平的青少年设置了不同的任务，每一级别的青少年都有可能完成该级别的任务，升入下一级，这种因人而异的评价标准显然比传统教学中的统一标准能更好地发挥激励作用。

（四）学习中缺乏交流与合作

不同于游戏中的团结合作，青少年在完成学习任务时经常是孤军奋战。长期以来，我国学校教育中精英主义的教育倾向严重，追求学业成绩突出，压倒学习同伴，否则"千军万马过独木桥"，你就可能落马。在这种导向下，学生的学习充满竞争，火药味甚浓，学生在完成学习任务时往往缺少讨论与合作。同样是在课堂上遇到一个困难的、很有价值的问题，我国的学生往往在下课后向老师请教,以免跟同学分享结果,给自己造成竞争;而国外的学生则当场在课堂上向老师请教,乐于把新知跟同学分享。在这方面,我国的学生采用的学习方式显然是一种封闭性的学习方式,与外界缺少交流,也很难产生思维的碰撞和创造的火花。引用一句哲人的话:"一个苹果跟一个苹果交换,得到的是一个;一个思想跟一个思想交换,得到的是两个,甚至更多。"封闭的学习方式造成学生不愿意跟同伴共同克服困难、分享学习的乐趣,失去了合作与交流的机会,也不能培养合作精神和团队精神。而在大型的角色扮演类游戏中,青少年可以和其他青少年实时在线交流,还可以相互结成团队一起游戏,让青少年感觉到身处于一个既封闭又开放的世界,他们一起交流游戏经验,探讨各种获胜方法,分享武器装备,由于他们在游戏中完全是以诚相待、真心地付出感情,因此他们在游戏中结下的友谊有的甚至比现实生活中的友谊更加深厚。

(五)注重智力因素的培养,忽视德育

由于应试教育的目的是让学生在考试中取得高分,所以它只注重对学生智力的培养,而不顾学生是有全面发展需要的人,忽视对其态度、情感、价值观的培养。因此,现在许多学生对学习、对人生缺乏正确的态度。2004 年,吉林省委宣传部协调省直 16 个部门对该省未成年人进行了调查。调查显示,有 34% 的学生崇拜歌星、影星和大款大腕。部分未成年人受功利价值观影响比较严重,还有不少学生认为,"什么都是虚的,只有金钱是实的","只要有了钱,干啥都不难"。这些错误的人生观、价值观使得不少学生没有明确的人生目标,意识不到学习的重要性,缺乏学习的动力,没有将主要精力放在学习上,而是沉醉在网络游戏等玩乐之中。

由于忽视学生心理素质的训练和健康人格的培养,心理承受力脆弱已成为这一代青少年的普遍特征。有不少青少年缺乏承受困难和挫折的心理准备,一旦在学习或生活中稍有不顺,就一蹶不振、灰心丧气,有的就投向了网络游戏的怀抱。

(六)学习的巨大压力,使青少年向往网络游戏建立的轻松乐园

应试教育中升学率是社会衡量学校办学质量的唯一标准。在一些升学率高的学校,差一分要交很多钱,明码标价,考试分数就等于金钱。在这种情况下,学生每天要付出大量的时间和精力完成老师布置的作业,在难得的休息周末还要进各种各样的补习班、提高班。

"我不喜欢这个世界。学习的压力真的很大,让我喘不过气来。——学习给我的压力真的很大——我希望你们都能够好好读书,考个好大学,有个好的将来,不要像我竟输给了学习。所以,我必须选择离开。"2004 年 3 月 11 日下午,重庆市忠县拔山中学的两名女高中生陈薇和陈艳玲,在写下上面这些遗言后,拥抱着从楼顶跳下。

从上述案例中,我们可以清楚地看到青少年们承受了多大的学习压力,他们是多么渴望放松、渴望快乐。一边是单调、枯燥的学习生活,另一边却是光怪陆离、充满刺激、变幻莫测的游戏世界,两相对比,学生们兴趣的天平又怎能不倾斜呢?只有在自由自在无拘无束的网络世界他们才能真切的感受到"动感地带"那句广告词:"我的地盘听我的。"如此看来,我们对孩子们沉迷于网络游戏的现象不是很好理解了吗?

二、学校教育对策

学校要采取"两条腿走路"的方式解决问题,一方面对于未参与网络游戏的学生应采取

积极的防御，另一方面对于沉入到其中的，应采取过往矫制的措施。网络社会是人的社会，人在创造网络的同时，也将各种道德观念带进网络，网络不是道德教育的真空地带。面对着网络游戏中多元的价值观念，学生在进行着各自的选择，这对学校教育也提出了新的道德教育挑战。

（一）加强学生入学教育

有部分新生对于学校新的生活不能很快地适应，导致其产生各种消极情绪，从而通过网游来寻求一种发泄情绪的途径，逐渐产生对网游的依赖情绪，以致沉迷于其中，对此我们学校能在学生刚入校时，采取一些措施引导学生过好学校生活是极其有必要的。笔者切身体验到以下几点：

1. 做好学生的入学辅导，进行思想观念的教育，主要措施有介绍校史、校情，宣传优秀学生事迹，从多层次多角度介绍我校在各个领域、各项工作中所取得的成绩，进行校风、学风教育，强调学校规章制度，以学风促考风。

2. 教师要对学生进行学习方法与学习手段的培训，使他们意识到要学会自主学习。如学会自主安排学习与休闲的时间，如何自我主动参与自主学习的全过程，而不是成为一个学习的被动者。

3. 从"软"（学习资料）、"硬"（网络）两个方面向学生介绍学校学习支持服务、学习资源建设及使用情况，让学生学习资源的合理利用在学习中的重要性，为学生的自主学习也创造条件。

（二）加强学生的道德素质教育

当代学生的教育正面临着一个前所未有的时代，加快推进社会主义现代化建设的实践，对当今的学生也提出了很高的要求。目前我国处于社会转型的变革时期，人们对待事情的是非、对错的看法、观点不尽一致，学生是现代社会生活中知识层次和文化素养都相对较高的特殊社会群体，从总体上看，绝大多数学生都有比较高的道德素质，这里所谓的道德素质，就是人们从一定的道德准则和规范出发，在处理个人与他人与社会的关系中所表现出来的稳定的特征和倾向，是人们道德意识和道德行为的统一。简而言之，道德素质就是做人的准则和标准。这不能表明所有的学生都不需要进行道德修养，因为学生时期是青少年成才的关键阶段，而且随着社会的发展，市场经济的多样性导致了其他方面的多元化，社会生活中也出现了一些道德紊乱现象，多元文化价值观的影响使得极少数学生放弃道德修养，放松道德素质的培养，崇尚个人主义的道德价值目标，缺乏基本的道德修养的文明行为。通过上述可知，在网络游戏的空间里，每个人都有着各自的目的和追求。有的学生在网络游戏中放肆宣泄对现实的不满，有的学生沉迷于其中，已经把网络游戏当成其生活中不可缺少的一部分，有的学生在寻求一种心灵的安慰，重新塑造自我，这些问题都说明学生缺少一种坚定的道德信念，加强道德修养也是极其必要的。

1. 引导学生加强道德自律意识

由于网络的技术特点，网络空间缺乏类似现实空间中的监督机制，因此在毫无约束和监督的情况下，应着重培养学生在网络空间中的"内省"和"慎独"意识。"内省"和"慎独"，即在内心世界开展对自己思想实行独立的道德评价和批判，在无人监督和独自活动的情况下自觉履行道德规范和准则。笔者认为这是每个人道德的至高境界，学生应该努力由他律转变到自律,这样才能提高遵守道德规范的自觉性,培养良好的道德素质。做到慎独,提高自律能力,不仅是大学生自己的事情,也是学校德育工作的重点之一。为此,作为学校要有明晰的网络道德准则为学生提供行为指导,以便于学生个体做出正确的道德判断,防止道德行为失范。

2. 增强学生的道德责任

所谓道德责任就是人们在处理相互关系时根据一定的道德原则对自己的行为评价所产生的一种义务要求。在市场经济条件下,道德责任调节着个人与集体、社会之间的利益关系,并调整着义与利、竞争与合作等关系。因此,增强道德责任感就是要把道德责任内化为义务感,并从中升华出道德觉醒的高尚光辉。

3. 加强大学生的道德判断能力

面对互联网上五花八门的信息,学校可以增加网络德育活动,引导学生进行正确的选择,使他们不断提高自己对是非、正误、美丑的道德判断能力,识别良莠,坚定信念,把握良知,努力避免道德的迷惘,尽快适应网络时代思想道德建设的要求。

(三)提升教育教学活动的吸引力

随着市场经济的发展,知识的不断更新,尤其是计算机网络技术的突飞猛进要求教育也要进行深刻变革,毫无例外,我国高等教育也面临着新的巨大挑战。由于教育与市场的脱节,我们的教育内容往往跟不上市场的需要,虽然从教育行政部门到各高校都在对教育内容进行改革,但由于市场的变化过快及教育内容自身的制约,我们的教育与市场还存在一定的差距。

目前,我们虽然进行了新课改,但是教学上还是有陈旧的观念,老师刻板的枯燥的教学,课前毫无实质性的点名,学生平时无须上课,考试前仅用几天时间复习就可以通过考试,对学生的评价仍是按照成绩的高低等问题,仍是现在高校中存在的问题。学生热衷于网络游戏的原因之一也不是校方给与过多自由,缺少纪律约束,而往往是因为学生应得的自由和人权受到的限制,故而试图通过网络游戏宣泄某种不满和压抑感。

因此,在高等教育改革中,我们的目标应是彻底转变教育思想,更新观念,改变人才培养模式,真正实现教学现代化,学校对学生进行共产主义、社会主义教育是极其必要的,但是空洞的政治教育理论会使学生产生厌烦,如果教学中能与学生生活紧密相关的话,将会产生实效,学生们也会很喜爱的;教师自身要不断增强自己的学识,以自己独特的人格美丽吸引学生,这样学生才一会有兴趣坐在课堂里听课,汲取营养;由于有的老师缺乏一定的责任心,学生有问题不能及时解决,出现后果便把学生开除出校,这需要学校对老师的工作应进行一定的"条件"限制;学校严进宽出的模式也使得学生进入学校后,学习积极性减弱,很多学生在课余时间不肯再花时间自主学习,而是多采取与老师搞好关系,考前突击的政策,"及格万岁,多一分浪费"的思想牢牢固定在学生的头脑中;学校的评价系统应是鼓励性的,采取宽容的态度,好的学校不仅仅需要教学水平、科研水平高的老师和成绩好的学生,而是海纳百川,把每个学生身上的优点放大,这样的学校氛围才会使每位学生充满自信,找到自己的位置,爱所在的学校。

(四)开展丰富的校园文化活动

我们的校园文化建设(包括校园网络文化)的方向、内容、形式应该能代表大多数学生的要求,符合时代的发展,满足学生的真实需要。学校可以采取多种途径使每位学生都能积极地参与到其中,而不要忽略任何一部分人,像以往的球类比赛、知识竞赛等,其实这样一个系统在各个学校都是存在的,只不过面对的是大部分的学生,很自然地就会忽略一部分弱势群体,而我们所说的恰恰是需要一个更为特殊的系统来面对少部分难以适应学校生活的人。除了这些活动,学校可以征集同学们的意见,开展各类有意义的活动,让他们尽情地投身到建设丰富多彩的校园文化的努力中,如可以开展电子竞技比赛,国家都有专门的电子竞技比赛,电视上也有专门的解说,那么学校当然可以将电子游戏纳入校园文化活动,不要一味地禁止,而要正确地面对网络游戏的存在使学生具有归属感、成就感;可以成立不同的社团,社团的章程有可能使学生中的网络游戏从无序走向有序让学生认识到自己的存在,担负起集体中一员的责任。同时,开展丰富多彩的活动会有助于学生结实新的朋友,有机会和志同道合的朋友进行同一平面的交流,相互促进,相互成长,拓展了人际交往圈,学会与陌生人沟通,训练了学生的社交能力与技巧。

(五)转变心理教育内容

目前的学校心理教育内容主要侧重于指导学生提高心理适应能力和挫折承受能力,预防和减少心理疾患。但当把心理教育的重点转向全体学生的时候,这样的内容就不是很合适了,参与网络游戏是表象,内心充满了困惑和迷茫才是实质。现实的问题得不到及时解决,就会寻找心理寄托,就容易出问题。所以这时期的心理教育应该更侧重于学生创造力的培养、潜能的开发、健康自我形象的确立、自我减压的方法以及人际交往训练。这种训练最终要引导学生正确认识自我、接纳自我、规划自我、发展自我、调节自我,能够积极面对生活和学习中出现的各种压力。

(六)改善教育游戏者的方法

教师在对游戏玩家的教育方法上,不要强制性地说教,要站在学生的角度,以学生为本,把每一位学生都当成活生生的个体,采取有效地方法进行管理,根据参与网络游戏的不同动机进行引导:

(1)以弥补心灵空虚的游戏者,我们要多关爱。学校的辅导员或班主任应该多了解学生的近况,常关心他们的日常生活,当发现学生因为想家,不能适应学校生活的时候,要多送关心,表达老师对他们的爱,让他们意识到即使远离了父母,也有人在关心他们,因为人人都需要爱的温暖,这可以让身处异地求学的他们体会到爱的力量,也可以多组织集体活动,让他们当主角,充分地展现自己,得到同学们的认可和欣赏,使之感受同学们的爱,产生集体的归属感。

(2)以缓解学习压力的游戏者,我们要多推动。学校的学习与家庭中的学习不同,要有一定的自控能力,学会合理地安排学习和娱乐的时间,对于没有很快掌握学习方法的学生,觉得学校的学习比以往辛苦,从而投入到网络游戏中获得片刻的解脱,老师应该找其谈心,找出他学习方法的误区,给予正确的指导,他们会自然地投入到学习中,减少了玩游戏的时间。对于平时用功学习的学生来说,他们有时也会参与到网络游戏中,但是老师们可以不用担心,他们只是把游戏当成学习的催化剂,而且网络游戏较比其他的游戏,可以说是物美价廉,有人说过"玩时尽情地玩,学习时认真地学",调控好二者之间的关系,会在一定程度上促进学习,所以老师对于这样的学生不要采取高压的政策,而应借此机会为之提供更多的学习任务,创造更宽广的学习空间。

(3)以寻求自我的游戏者,我们要多引导。有的学生想要通过游戏中的角色来表现自己在现实中不能达到的或永远无法扮演的角色,也想实现自我重新的塑造。当教育者发现这类问题时,可以多组织丰富多彩的活动,培养他们的兴趣,尊重他们的想法,寻求适当的机会使他们能够从虚拟的角色转变到现实中,使他们珍惜现实的角色扮演。

三、提高青少年自身的免疫力

正如席勒所说:"只有当人充分是人的时候,他才游戏;只有当人游戏的时候,他才完全是人。"网络游戏作为游戏与高科技的结合物,应当是也已经是青少年娱乐生活的一个组成部分,因此,预防青少年网络游戏成瘾的关键不在于禁绝网络游戏,而在于怎样引导青少年正确对待网络游戏,怎样为青少年提供宽松的成长环境。前文已提到,造成青少年网络游戏成瘾的因素有很多,这些因素不是在孤立地起作用,而是相互交织在一起,造成青少年沉迷于网络游戏之中。因此,在寻找预防青少年网络游戏成瘾的措施时,应当将上述几方面综合起来,形成合力,才能取得较好的效果。

(一)引导青少年正确认识网络游戏

要让青少年树立远大的理想,树立坚定的奋斗目标,通过努力学习来实现自己的人生价值。要让他们认识到娱乐仅仅是生活的一部分而非全部内容,在网络虚拟世界获得的满足越多,离现实成功的目标就越远,要将注意力放在现实的学习生活中来,更不能把上网玩游戏作为逃避生活问题和调适消极情绪的主要工具,对一些现实生活中的困惑,要积极与外部沟通,寻求父母、老师、朋友等的外部支持,现实中的问题只能在现实中解决,逃避到虚拟的世界里只会使自己更迷惑。

在网络道德教育中,应告诉青少年如何正确对待网络游戏,认识到网络游戏成瘾的危害。要锻炼自己的自制力,有节制、有选择地玩一些健康的网络游戏,远离对身心发展有害的游戏,如暴力、色情和对健康有害的游戏等。学校要建设好适合青少年思想感情特征和学习需要的校园网,将青少年的上网需要和网络行为纳入到校园网中进行直接的管理与指导。青少年可以通过校园网接触有益的知识、进行课后复习,可以在校园网上对自己感兴趣的事情各抒己见,还可以利用校园网开通自己的博客,展示自己的才华,这样就为青少年在网络世界里开了一条安全、快捷、有效的绿色通道,使青少年接触网络游戏的机会和兴趣减少。学校和家长应引导青少年选择适合自己年龄段的游戏,在学校的计算机课程当中加入网络游戏的内容,帮助青少年分辨、寻找合适的网络游戏。开发教育网络游戏,将课内课外的学习生活与网络游戏这一强大的工具结合起来,赋予网络游戏以知识性,赋予教育以趣味性,促进青少年学习。

(二)培养青少年耐挫力

首先要指导青少年正确认识并对待挫折,减弱挫折感。要让青少年认识到挫折是难免的,关键是要学会以平常心态去面对挫折。社会生活极其复杂,充满矛盾纷争,个人的需要不可能完全得到满足,遭遇挫折是在所难免,只是轻重程度不同而已,所以,不必把每件事都看得过重,要学会以平常心态去面对挫折,这样,就不至于产生过度的消极反应。

其次要帮助青少年认识到挫折对个体的影响具有双重性,既要看到过度的挫折可以产生减力作用,更要看到适度的挫折可以产生增力作用,给人以勇气与力量,催人奋进,激励人们不畏困难、奋力前进,去实现目标。因此,面对挫折,要充满信心,不悲观、不气馁,要把它看成磨炼自己意志的机会,主动迎战并力求战胜挫折。

再次要帮助青少年确立适宜的目标,减轻压力。对经历长期失败、缺乏学习信心、丧失成功希望、自暴自弃、害怕挫折的青少年,教师要注意创设条件,帮助他们获得好成绩、取得进步,使他们体验到成功的满足与快乐,从而提高学习的自信心与抱负水平,鞭策自己努力奋斗,发挥潜能,获得成就感。在遭遇挫折时,也能经受得住,并善于从失败中吸取教训,获得成功。对盲目自信、自我评价过高而经常体验到挫折感的青少年,教师要引导他们客观分析自己,全面、辩证地认识、评价自己,提出切实可行的、经过努力可以达到的目标。青少年只有通过追求这种既包含成功希望,又有可能遭到失败的目标,才能培养起自己对挫折的容忍力,并克服一定的困难和障碍,超越挫折,获得成功。

最后,进行逆境尝试教育,增强青少年的耐挫力。心理学研究表明,生活经历是影响耐挫力高低的重要因素之一,如果一个人从小娇生惯养,各种欲望都能轻易得到满足,一帆风顺,没有经历失败、困难,就不能获得挫折经验,稍遇挫折,就难以承受;相反,如果一个人从小受到挫折教育,经历过多种逆境的磨炼,遭到挫折,就不会被挫折压垮。所以,家庭、学校、社会要多方面配合,加强对青少年进行逆境尝试教育,在学习、生活中要有目的地创设一些"逆境",布置有适当难度的任务,让他们尝试挫折、遭遇困难,学会在艰苦的环境中成长,在克服困难的过程中磨炼意志、掌握战胜挫折的方法、积累战胜挫折的经验,增强耐挫力。

(三)提高青少年的自控力

自控能力是指善于控制和支配自己行动的能力。它主要表现在以下两个方面:一是在应该行动时要善于使自己坚决克服一切困难,排除一切干扰去实现预定的行为目标;另一方面要善于抑制妨碍达到目标的心理困扰和轻率行为。要培养和提高青少年的自控力,应做到形成有利于培养青少年自控力的学习、生活环境;采取积极有效的教育方法、教育手段,使青少年了解如何调节情绪状态;鼓励青少年充满自信以及在困难面前百折不挠的信心和决心;养成良好的行为习惯。同时,要让青少年意识到自己是有主观能动性的人,不是被动的受游戏驱动的机器,要用坚强的意志抵抗各种诱惑。

(四)为青少年提供发展个性的空间推行素质教育,发展青少年的个性

在哈佛大学 350 年校庆时,有人问学校最值得自豪的是什么? 校长回答,哈佛最引以为自豪的不是培养了 6 位总统,36 位诺贝尔奖获得者,最重要的是给予每个学生以充分的选择机会和发展空间,让每一颗金子都闪闪发光。现在我们推行素质教育,就是要改变过去"千人一面"的教育模式,要发展学生的个性,使他们的兴趣、爱好、特长乃至潜能得到充分发挥。学校不应仅仅是学习书本知识的场所,还可以针对学生的特长和兴趣组织开展各项活动,包括文体活动、科技活动和社会实践活动等,培养他们广泛、健康的兴趣,有意识地将青少年的视线从网络游戏上转移开来。

(五)发挥青少年的积极主动性

在教学中,确定学生的主体地位,引导学生进行合作式、探究式学习。在知识爆炸的时代,掌握知识的多少已经不是最重要的,重要的是如何掌握知识。如果说应试教育是授人以鱼,那么素质教育就应当是授人以渔。要改变过去"满堂灌"、"填鸭式"的教学方式,使学习

过程由过去的被动接受变成学生不断主动提出问题、解决问题的探索过程,并能针对不同的学习内容,选择不同的学习方式,比如,接受、探索、模仿、体验等,使学生的学习变得丰富而有个性。要改变过于强调接受学习、死记硬背、机械训练的现状,倡导学生主动参与、乐于探究、勤于动手,培养学生搜集处理信息的能力、获取新知识的能力、分析和解决问题的能力,以及交流与合作的能力。这种学习方式能够引起学生对学习内容的好奇心,在探究的过程中,学生们互相帮助,能够加强交流和合作,在取得结论、解决问题后能够感受到成功的快乐,产生成就感。

（六）正确评价青少年,树立青少年的自信心

倡导发展性评价,突出评价促进发展的功能。保护学生的自尊心、自信心,体现尊重与爱护,关注个体的处境与需要,注重发展和变化的过程。注重对学生素质的综合考查,强调评价指标的多元化,对学生的评价不仅要关注学生的学业成绩,而且要发现、发展学生多方面的潜能。改变单纯通过书面测验、考试检查学生对知识、技能掌握的情况,倡导运用多种方法综合评价学生在情感、态度、价值观、创新意识和实践能力等方面的进步与变化。不仅要反映学生的学业成绩,而且要反映学生的学习过程和学习态度,应采用多种评价手段和评价工具,对学生的学习过程和学习结果进行评价,比如,采用开放式的质性评价方法,如行为观察评价、问题研讨、研究性学习、情境测验、成长记录等。

在平时的教学当中,教师应多给学生表现自己的机会,并及时对学生的优点正强化,使学生产生成就感。教师应当密切注意学生的进步情况和优点,及时通过口头表扬、物质奖励的方式对其进行正强化。每个学生都有自己的优点,教师应不吝惜自己的赞扬之辞,多给学生鼓励,让学生在学校获得成就感,以减少青少年沉迷于网络游戏的几率。

应多提供青少年参加各种兴趣活动、社会实践的机会,让青少年在参加活动的过程中不断地成长和提高,充分展现自我,实现价值,充实课外时间,并通过这些活动认识到集体和社会需要他们,产生价值感和集体认同感,体验到成功的乐趣。

（七）培养青少年的交往能力

首先要培养青少年对人际关系积极、全面、正确的认识。可通过与他们探讨中学生身心发展特点和人际关系的意义,形成他们健康的团体意识;通过指导阅读、交流、讨论、辩论等,引导他们正确认识和对待同学之间的矛盾,改变非理性的不合理的观念。

其次,要培养中学生良好的个性特点尤其要注重塑造豁达大度、克制忍让、温和亲切、正直诚实、委婉含蓄等优良品质;指导他们确立较高的人格目标,主动和同学交往。注意学习别人的优点,克服自己的缺点,帮助他们建立良好的团体气氛。鼓励他们参加多种文体活动,在丰富多彩的社会实践中增长知识、锻炼意志,促使其个性不断完善。

第五节　青少年沉迷网络游戏的预防和矫治策略

一、预防策略

在网络游戏蓬勃发展的今天,一味指责网络游戏这种客观事物的错误是无济于事的。针对网络游戏给青少年带来的负面影响,青少年、家庭、学校、社会应联合起来,组成一个立

体交叉式防护网络,让青少年能在网络游戏中得到正确、及时的引导和教育。

(一)加强青少年心理健康教育,鼓励其自我控制

要加强对青少年上网本身的心理健康教育,端正其上网动机,增强其自我心理保健意识,引导他们对网络游戏的利弊有一个理性的认识,学会一些基本的应对措施,增强心理防范意识,提高心理"免疫力",做到防患于未然。

此外,作为青少年主体,应注意自身心理品质的提高,加强意志品质的培养,学会控制和调节情绪和行为,学会与人相处,能在现实生活中找到成功、快乐和自信。如若依赖网络游戏,可有计划地减少玩游戏的频率与时间,控制上网行为,或者在想上网时,从事自己感兴趣的活动,必要时让父母、教师、朋友参与监督,接受外部力量的检查。

(二)营造良好的家庭、学校氛围

作为父母、教师应给青少年提供民主、平等、相对自由的生活和学习的环境,善于发现青少年在生活、学习、交往中遇到的障碍,注意青少年的网络行为并及时引导。面对迷恋网络游戏的青少年,要变"堵"为"疏",与他们进行平等的交流沟通,循序渐进地减少网络游戏对他们的负面影响。学校要多组织青少年进行有关互联网知识的学习和培训,多组织一些网络知识的讲座和选修课,或将网络应用到相关课程中,来提高青少年对网络的正确认识,以与网络教育相适应。

(三)教师、家长应加强对网络的学习和了解,丰富自身的网络游戏方面的知识,提高自身网络素质

社会的发展要求教师与家长应掌握计算机知识和网络知识,真正成为青少年网络生活的指导者。而要想给予孩子们正确的指导,老师和家长首先自己必须了解互联网,提高自己的网络操作水平。老师、家长作为青少年学习和生活中的长辈和亲密朋友,也应正确看待和对待孩子的上网行为。青少年接受新鲜事物的速度往往快于他们的长辈,而且也容易沉迷在里面无法自拔,所以家长和老师在这个时刻就应该担当起重要的引导员,一旦发现青少年沉迷在游戏中,要表明态度,帮助他们提高辨别是非的能力,并指导孩子合理分配学习和上网的时间。

(四)建立健全相应的法律法规,规范网络市场,并严格执行

游戏产业是我国经济的重要组成部分。因此,我们要扶持游戏产业的发展。但网游产业的快速发展,是建立在越来越多的玩家投入游戏的基础上的,这又会源源不断地造成青少年上网成瘾,这是一对无法调和的矛盾。要想处理好这对矛盾,就必须分清主次,衡量利弊得失。为保障未成年人健康成长,必须采取一些限制他们沉迷网游的措施,如果这些限制措施影响了网络游戏产业的发展,那也是值得的,因为青少年的健康成长更为重要。现在也有一些这方面的探索,比如让游戏运营商限制玩家的游戏时间等,不能寄希望于游戏运营商或开发商,而应寄希望于政府的监管,通过健全的外部强制力量,适当限制青少年玩网络游戏。因此,完善法律制度和监管力度就显得极为重要。我国在这方面已有一些相关的立法和实践。比如《互联网上网服务营业场所管理条例》规定:互联网上网服务营业场所经营单位不得接纳未成年人进入营业场所,接纳未成年人进入营业场所的,由文化行政部门给予警告,并可处以15000元以下的罚款。情节严重的,还可以责令停业整顿,直至吊销《网络文化经营许可证》。但在现实中我们看到,大量的未成年人正是在网吧染上网瘾无法自拔的。我们

的监管显然还不能令人满意。

2007年2月15日,文化部、国家工商行政管理总局、公安部、信息产业部、教育部、财政部、监察部、卫生部、中国人民银行、国务院法制办公室、新闻出版总署、中央文明办、中央综治办、共青团中央等14个部门联合印发了《关于进一步加强网吧及网络游戏管理工作的通知》(以下简称《通知》)。针对当前网吧和网络游戏市场存在的突出问题,《通知》积极创新管理制度和工作措施,创设了一批新的管理制度,填补这方面管理制度上的空白。

另外,中央文明办、教育部、公安部等八部委日前下发《有关保护未成年人身心健康实施网络游戏防沉迷系统的通知》,从2007年4月15日起,在全国网络游戏中推广防沉迷系统。由于防沉迷系统须与实名注册配套,因此网络游戏账号实名注册也同时推出。

(五)断瘾先断"友"

"近朱者赤,近墨者黑"。青少年在现实生活中的思想和行为很容易受到周围的人的影响。如果一个孩子身边有很多沉迷在网络游戏中的朋友或同学的话,那么这个孩子成瘾的可能性是很大的。尤其是面对网络游戏,很多人特别是认识人在一起玩的话,可以激发孩子玩游戏的热情,大家在一起打打杀杀或互相帮助、互相炫耀,这些都是引诱青少年沉迷在游戏里面的很重要的因素。

(六)国外经验的借鉴

美国的家长会陪孩子一起玩网络游戏,目的是更好地引导孩子如何正确地对待网络游戏,甚至当孩子完成家长要求的一件事情后还会把游戏中的虚拟道具当作是对孩子的一个奖励。这样的教育方式能让孩子更健康地进行网络游戏。美国没有"防沉迷系统",更多的是靠家庭和社会的正确教育来引导孩子。有的美国家庭甚至祖孙二代一起玩网络游戏,60岁的老人玩网络游戏目的是能和外地的亲人在网络游戏中交流感情。

二、矫治策略

目前,对于青少年沉迷网络游戏的矫治尚处于探索阶段,学校、家庭、社会都在积极努力,寻求各种办法和途径对这种青少年进行治疗干预。

(一)心理治疗

(1)认知疗法:找出成瘾者潜意识里的错误认知,并进行改变成瘾者错误的认知,重建对网络游戏的正确认知。此外,还要训练成瘾者做事要有计划,并且训练自我调节能力,养成"三思而后行"和在进行中养成"停停、看看和听听",进行自我调节。

(2)疏泄疗法:让成瘾者把对人、对事的不满和意见都讲出来,然后与家人一起分析,对者加以肯定,错者加以改正,以达到心情舒畅,同家人融洽相处和相互合作的目的。此外,建议多参加体育活动和社会活动,使其过剩的精力得到疏泄。

(3)行为疗法:行为疗法是基于实验心理学的成果,帮助患者消除或建立某些行为,从而达到治疗目的的一门技术。行为疗法作为一种心理治疗方法,在心理学的领域中的应用极为广泛。根据巴甫洛夫条件反射学说,行为治疗要着重于行为的强化。例如,在家中,要建立一种奖惩的管理办法,对于好的行为进行奖励来正性强化,坏的行为则给予惩罚,来达到对坏习惯的负性强化作用。

(4)认知行为疗法:心理学家们认为,认知行为疗法是目前治疗网络成瘾的主要方法,它吸取了行为科学的理论和分析性心理治疗技术而日趋完善和系统化。认知与行为不仅常常结伴而行,也有因果关系。认知是依靠各种精神活动,如概念化、感知、判断或想象获得知识的过程,指人们的认识活动或认识过程。认识活动包括人的信念和信念体系,思维和想象;认识过程又可分为接受和评价信息的过程,产生应付和处理问题方法的过程,预测和评估结果的过程。所有的行为治疗都包含着认知的改变,差别只是程度不同而已。认知治疗可以用于治疗许多心理障碍,如网络游戏成瘾症,其原因是网瘾的产生包括含有认知的偏差或歪曲。改变认知性偏差使心理障碍失去依存的基础,使治疗性改变得以产生并持续。

(二)住院治疗

对于那些网瘾十分严重的青少年需要通过住院治疗来使其摆脱网络游戏的束缚。住院治疗包括以下几个方面:

饮食治疗:住院期间,针对网络游戏成瘾的青少年调配适合他们营养状态的饮食。此外,多喝茶可以抵抗电脑的辐射。

心理治疗:通过观察法、访谈法、投射法、心理测量等方法,有利于心理医生对病人病情进行全面了解,特别是对成瘾者的人格扭曲等心理问题有一个多方面的深刻了解,从而进行认知治疗、行为治疗、团体治疗和家庭治疗。

药物疗法:通过有效药物来纠正患者神经内分泌紊乱,改善伴有的精神症状和躯体症状。

物理疗法:辅助进行多功能生理平衡仪治疗,进一步纠正体内神经内分泌紊乱。

(三)家庭、学校治疗

网络游戏成瘾是一种跟学校、家庭也有关的社会性疾病,大多数成瘾者存在不和谐的家庭和学校关系,故家庭和学校的治疗也是成瘾者康复和疗效巩固行之有效的矫治手段之一。

(1)家长必须严格控制成瘾者上网时间:上网前预先设定时间,明确游戏的内容和目的;每天游戏不得超过 2 个小时,通常连续游戏一个小时就应该休息 10 分钟左右;每天至少抽出 2～3 个小时与同学、家人进行现实交流,逐步摆脱对游戏的依赖。

(2)学校应该开展丰富多彩的活动,引导成瘾者积极参加协作学习和集体活动,鼓励他们多与人交往,培养多方面的兴趣,发挥他们的各种特长。

(3)家长、老师应对成瘾者进行交流沟通技巧的指导,让其体验到真实人际交往的成功,从而帮助他们重建自信,更快、更好地适应、融入现实社会生活,摆脱对游戏的依赖。尤其注重父母与孩子的沟通,调查结果显示,有近 40％的家长根本就不了解电脑,对于孩子沉迷网络游戏,63％的家长表示"很无奈",因为现在的很多家长自己就是个"网盲",根本无法正确引导孩子。所以,父母应该具有一定的网络使用知识。同时,学校的老师也要给予这些学生适当的关怀,要经常和其父母沟通,一起来帮助孩子走出困境。

(4)代际冲突是指两代人因思维方式和行为方式差异而结成的矛盾关系,称为"代沟"或"代差"。代际冲突问题涉及社会发展、变迁,也涉及青少年精神、心理和社会价值等多方面的发展。代际冲突带给青少年的危机主要有:在长辈的教诲与现实社会的冲突中不知所措;因不能得到成人社会的认同而苦闷和仿徨;被现实社会的新奇与不平凡所吸引,无法抵御随之而来的消极因素;在与成人社会的矛盾不断积累和自身成长的冲突中,情绪难以控制,甚至引发暴力冲突,或自我伤害;对于同辈文化的高度认同以及对同辈群体的依附,常常会使得青少年受群体文化的裹挟,有时会形成反社会的团伙。代际冲突突出表现为家长、老师与青少年的冲突。

据调查,家庭关系紧张,无法与父母进行有效沟通是青少年选择网络的主要原因。很多父母习惯于那种"家长命令式"的教育方法,忽视了青少年的叛逆心理,造成了青少年偏要和父母对着干的局面。许多家长对网络一无所知,或错误地认为上网是学知识,比看电视、玩好多了;或强行将孩子与计算机分开,以为那样可以保护孩子免受网络的影响。有的教师对网络知之甚少,强行制止学生上网,更容易激起孩子的逆反心理。特别是个别教师对学习差和调皮的学生有偏见,助长这些孩子脱离正常的生活环境而沉溺于网络。

（四）国外专家矫治方法

美国心理学家金伯利·扬提出了以下一些具体的帮助上网成瘾者摆脱成瘾的方法:

1. 时间管理技术（Time Management Techniques）这类方法的核心是通过提高个体的自我效能感和给予适当的支持,帮助个体发展一种积极的应对策略以取代消极的成瘾行为。

具体做法是:

➤ 打乱个体惯常的网络游戏时间,让其适应一种新的时间模式,从而打破其上网的习惯。

➤ 运用闹钟等外部手段促使个体按照咨询人员的安排准时下网,从而逐步削减上网时间。

➤ 设定合理的小步子目标。

2. 警示卡（Reminder Cards）在很多情况下,成瘾者由于有错误的思维方式,往往会夸大面临的困难,并缩小克服困难的可能性。为了帮助成瘾者将精力贯注在减轻和摆脱成瘾行为的目标上,可以让成瘾者分别用两张卡片列出网络游戏成瘾导致的五个主要问题和摆脱网络游戏成瘾将会带来的五个主要方面的好处。然后让成瘾者随身携带这两张卡片时时约束自己的行为。

3. 自我目录（Personal nventory）让成瘾者列出网络游戏成瘾之后被忽略的每一项活动,并按照重要性进行排序。然后,让成瘾者说出最重要的活动对其生活质量有何重要意义。通过这样的训练,可以让成瘾者意识到自己以前在成瘾行为与现实活动之间所作的选择。更为重要的是,可以让成瘾者从真实生活中体验到满足感和愉悦感,从而降低其从网络环境中寻求情感满足的内驱力。

4. 支持群体（Support Groups）让个体参加诸如互助小组、独身者协会、陶艺班等,提高个体结交具有类似背景的朋友的能力,从而减少网络群体的依赖。

5. 行为契约法（Behavioral Treaty）具体做法是让成瘾者与家人或朋友共同制订行为契约,接受外界的监督。

案例分析

角色扮演型网络游戏的案例分析

李刚是一名在校的初二年级学生,性格内向,喜欢玩"魔兽世界",最初总是沉浸在收集刀箭以及盔甲及其他虚拟的器械的喜悦中。每天上网玩游戏大概持续了几个月时间,学习成绩受到严重影响,只顾专注他在游戏中的"艾泽拉斯"（Azeroth）虚拟世界中的身份——法师的所作所为。法师则是掌握魔法的顶级职业。法师拥有完善的法术系统和最强的攻击力,可以通过超越空间的法术在各个大陆间瞬间移动。游戏中的每个职业都经过游戏开发商的精心设计,都承载了现实社会中人们或多或少的梦想。在玩家眼里,选择游戏中的一个职业,就像选择了虚拟人生的一个梦想,伴随着他在虚拟世界中扮演角色的变强,在现实世界中的学习成绩却在下降,刺激的游戏设置同枯燥、单一的课堂教学形式形成鲜明的对比。他想逃离现实,寻求在游戏中的成就感,导致他越来越远离现实中的课堂。网络游戏虽然是虚拟的,但毕竟上线的都是真实的玩家,从而在一起共同构建了一个梦想的国度。他在游戏中寻找到了现实中没有体验到的成就感。在游戏中首先制定了目标:尽快升到 60 级。只有这样才有资格去更多地方,从弱者变成强者,到更广阔的地方,打更多的怪物,得到更多的装备。魔兽的装备分为绿、蓝、紫、橙几种,越往后颜色的装备质量越好,能力也就越强,所以为了将怪物攻打成功需提高装备,如此循环反复,没有最终结果,使其对游戏的追求也就无止境。他在虚拟的游戏世界里找到了自信,感到现实与虚拟世界相比,宁可整天带在虚拟世界里,使欲望得以满足。

上述案例中,李刚沉迷于网络游戏的角色以及环境中,从而对真实的生活及学习产生了退缩。面对这样的情况,我们应该怎样处理呢?我们可以在自己的课堂中通过"角色扮演式"的课堂帮助学生。

例如给学生设定的一个角色扮演练习:"如果在第二次世界大战中轴心国胜了会怎样?如果林肯总统能够活着完成他的总统生涯会怎样?如果南方在美国国内战争中胜利会怎样?"对于学生来讲需要更多的情节,教师可以提供小组以可能的情节来使学生展开扮演活动;在选择队伍步骤中,如果一个角色扮演包括搜索,那么在对中超越这个情节的学术能力变得十分重要,而学生的个人能力必须在模式中考虑。角色扮演是个有效的方法,可以看到学生在不同观点下的情况,在某些学术问题中并没有成功的个体可以在这种活动中获得成功。所以选择队伍成员基于两点,一是学习程度,一是社会性格;在提出问题并解释任务的步骤中强调这是小组行为,学生们为了一个有效的目标共同工作,这个队伍必须选一个负责,负责同班级和其他同学进行联系。这个步骤强调了合作与沟通在过程中的重要性;准备角色扮演和选择选手的步骤十分重要,是描述角色的性格特点并指出可能的行动原因。队伍决定了要扮演的角色性格以及行为的直接的一般的方向。鼓励学生去探索,如果需要,对角色或者事件进行分类,然后学生确认角色的价值,并讨论这些性格如何与形势相关。对于低年级学生而言,教师需要帮助他们辨别不同的角色,以及他们行为的可能性;在对观察者布置任务步骤中,教师可以给观察提供不同的检查要点,或者布置特殊的任务给不同的个体,如给每个角色扮演者指定一个观察者。一系列的问题事先可以在小组扮演前提出,形成接下来班级讨论的基础,而观察者可以做与这些问题相关的笔记;在提醒他们的角色扮演步骤中要有时间限制并引导接下来的模式。教师可以引导学生进行小小的讨论,也可以放到结束后进行,教师引导大家描述体会;讨论角色扮演的经验环节中学生们回到自己队伍中讨论,组内的成员可以鼓励讨论他们在扮演角色时的感觉,以及如何表演才会更有效。如有可能,小组可以给一个机会重新扮演这个角色。在任何事件中,组长扮演一个主要的总结角色,在小组与班级进行分享;班级讨论环节中每个组的组长提供了一个暂时的总结。对于小组会议而言,教师引导讨论,对于角色扮演的情况进行总结,并鼓励学生归纳;在最后评估中,教师可以让学生完成评估,可以采访学生对这个表演的认识,关于这个行为的录像带可以由教师放给大家看,教师还可以提供有价值的信息。

第四章　青少年网络成瘾分析与防治

· 网瘾青少年:谁来拯救我

"我是一名初三的学生,面对网络,深陷其中。我想摆脱,但是回天无力,虚拟的世界太精彩……谁来拯救我?!"6月1日,登录百度"网瘾"贴吧,发现一个孩子的呼救帖子,从发布那天起点击率就居高不下。

互联网为青少年展现出了"天使"和"魔鬼"两副面孔。一方面,网络为青少年开启了一扇"探索之门",为他们提供丰富的知识,开阔了视野;另一方面,一些青少年沉迷于网络世界难以自拔,网上充斥的暴力色情内容使得他们性格变得孤僻暴躁、不思上进甚至出现一些违法行为。网瘾,成为困扰孩子家长的难题,也成为社会的顽症。

中国青少年网络协会公布的《中国青少年网瘾数据报告》显示,在青少年网民中,网络成瘾者占十分之一。几乎所有的网络成瘾者都点击过黄色网页。在青少年犯罪的各类案件中,有六至七成的少年走上犯罪道路是因为沉迷网络。《报告》显示,青少年网瘾患者中聊天、交友者的比例接近50%,网络游戏人数比例则超过40%。而在青少年网络成瘾患者中,网络色情成瘾者所占的比重也不少。充满好奇之心的孩子一旦接触到网上五花八门的不良信息,极容易被误导。

人们呼吁:是该想出有效的方法来拯救青少年了!

第一节　青少年网络成瘾的概念、症状及类型

一、网络成瘾的概念

(一)成瘾概念的界定

成瘾的概念源自临床医学中病人对药物依赖现象的界定,比如成瘾者对酒精、尼古丁或咖啡因等的依赖,称为药物成瘾。这些药物成瘾,都具有相应的生化机制和明显的生物学效果。世界卫生组织专家委员会于20世纪年代将成瘾定义为:"由于反复使用某种药物(天然药或合成药)而引起的一种周期性中毒状态。"它的表现有:

(1)强迫性用药并不择手段地去获得它;

(2)耐受性,即使用药量呈加大趋势;

(3)对该药的效应产生身体依赖性,停止用药会有生理上的不良反应。

生理生化研究证明,成瘾物质首先破坏了身体的正常生理平衡。人体内本身就有一种类似阿片类物质的存在,当从外部大量摄入阿片类物质时,外来的阿片类物质逐渐取代了原来内在的阿片类物质,遏制了原来人体内正常阿片类物质的形成和释放,从而破坏了人体内的正常平衡,形成人体在生理、心理上的依赖,只有不断的递增这种外来阿片类物质摄入,才能使人感到愉快。若突然停止使用,补偿机制就会失衡从而导致"停药反应"。就这样,机体的正常运行机制逐渐产生需要补偿这种外来物质的作用,即产生了身体对该外来物质的依

赖性。由于这些物质都是通过中枢神经系统起作用的,某些神经递质会使人产生一种愉悦感,这种愉悦感从心理上强化了对该物质的依赖。

成瘾严重的个体很难顾及一个正常社会人的各种责任和义务,使家庭、工作都受到严重损害,甚至做出违法犯罪的行为。随着研究的发展,基于药物摄入的成瘾定义已经受到了挑战。人们发现在一部分人身上存在着过度沉湎于某种事物或活动的行为,而在这些行为中并不像酗酒和吸烟那样包括药物的摄入。为此,对应于药物成瘾,行为科学提出了行为成瘾概念,常见的有:赌博成瘾、计算机游戏成瘾等等。这些成瘾行为,可能并不涉及任何具有直接生物效应的物质,而是以某些有强烈心理和行为效应的现象为基础。

现在,以行为定义为基础的成瘾概念被广泛接受,并应用于毒品及其他各种活动中。根据这种观点,"成瘾"是指一种异乎寻常的行为方式,由于反复从事这些活动,给个体带来痛苦或明显影响其生理、心理健康、职业功能或社会交往等,具体包括七个方面,具备其中的三条以上就可认为个体已经"上瘾":

(1)产生耐受性;

(2)出现戒断综合症;

(3)行为的不可预料性,即行为的时间、频率、强度都大大超过自己的预料;

(4)多次试图戒除或控制而不成功;

(5)花大量的时间为这一行为做准备、从事这一行为,或从其后果中恢复过来;

(6)基本停止或大大减少正常的社会交往、职业或娱乐活动;

(7)明知这一行为已经产生生理或心理方面的不良后果,但仍然坚持这一行为。

可见,新成瘾概念的核心更强调对个体造成的心理、社会功能的损害。不管是吸毒,还是赌博,如果个体强迫性地重复那种行为,导致个体不能完成正常的工作职责,不能完成在家庭中应尽的义务,失去工作或倾家荡产,那他就已经对这种物质或行为上瘾。这样,成瘾的研究范围就由最初的物质成瘾,扩大到一些行为成瘾,如赌博上瘾,游戏上瘾等,成瘾不再单纯指物质依赖,而被分为物质成瘾和行为成瘾。

(二)网络成瘾的定义

心理学家对于过度使用互联网所引发的心理障碍同样给予了广泛的关注,并提出了多种相应的学术概念。Goldberg借用了《美国精神疾病分类与诊断手册》DSM-IV中关于药物成瘾的判断标准,提出互联网成瘾障碍(Internet Addiction Disorder:IAD)的概念,主要是作为一种应对机制的行为成瘾,认为它是一种缓解压力的方式。

Kimberly Young则从DSM-IV对病理性赌博的判断标准中发展出病态网络使用(Problematic Internet Use;PIU)的概念,暗示着网络成瘾和药物成瘾的不同在于,网络成瘾更像是一种冲动控制障碍。

Hall,AlexS和Parsons,Jeffrey提出另一种网络相关障碍的概念——网络行为依赖(Internet Behavior Dependence;IBD)。网络行为依赖的并发症包括意志消沉、冲动控制障碍和低自尊。他们认为网络的过度使用弥补了现实生活中满意感的缺失,是普通人生活中都有可能遇到并需要克服的问题。他们认为IBD仅仅是一种适应不良的认知应对,可以通过基本的认知行为干预加以矫正。IAD和PIU是有关网络过度使用研究中运用最多的两个概念。

另外提出的有关概念还有 Pathological Internet Use、Internet Dependency、

on11neAddiCtion、Problematic Internet Use 等。

以上各种概念都强调了由于过度使用网络而导致个体明显的社会、心理功能损害,虽然所用的概念不同,但其内涵基本相同。综上所述,笔者认为网络成瘾指的是上网行为冲动失控,且这一行为失控并没有导致成瘾的物质的参与,表现为由于过度使用互联网而导致个体明显的社会、心理功能损害。

二、网络成瘾的症状

(一)网络成瘾是一种成瘾行为

它具有其它成瘾行为共同具有的特性,一是有致瘾物——交互式经验、体验、信息,并能通过这些致瘾物,让个体产生一种心理兴奋感,从而一再强化个体与网络及网络所属的这些交互式经验、体验、信息的关系;二是个体追求这些交互式经验、体验、信息的相关行为具有强迫性,耐受性(tolerance),戒断性(withdral)等特征;三是这种行为的后果常常会导致个体社会、心理、社会功能受到严重伤害。物质成瘾是通过生理化学作用让个体的生理、心理、社会功能直接受损。赌博成瘾则是在赌博过程中,强迫性的赌博行为降低甚至剥夺赌博者个体生存的物质基础——金钱,从而导致个体的心理、生理、社会功能受损。网络成瘾则是通过交互式经验、体验、信息让个体和现实脱离,导致个体出现一系列社会问题、生理问题和心理问题,最终致使个体的社会功能、生理机能和心理功能严重受损。

(二)网络成瘾行为的特殊性

其特殊性体现在成瘾物的间接性和虚拟性。

从前面的论证中我们知道,相对于其他成瘾成瘾,网络成瘾最大的不同就在于其成瘾物的不同。与化学物品成瘾相比较,网络成瘾的成瘾物具有间接性。化学物品成瘾,化学物品本身既是刺激物,又是成瘾物,在网络成瘾中网络虽是刺激物,但网络本身不是成瘾物,它只是一种提供成瘾物的中介物,真正的成瘾物是通过网络传递的交互式经验、体验和信息。

网络成瘾与赌博成瘾相比较,网络成瘾的成瘾物具有虚拟性。虽然在赌博成瘾中,赌博活动也是一种中介,真正的致瘾物是赌博活动中的金钱,但赌博活动的致瘾物是一种实体物质——金钱,而网络成瘾的致瘾物往往是纯精神性的(往往以一种虚拟物质的占有作为表征)。

也许有人会说,网络成瘾的成瘾物也可以是物质的,如网络成瘾中的赌博成瘾,其成瘾物就是金钱。但如果实体物质和虚拟物质都作为网络成瘾的致瘾物,这样定义网络成瘾,网络成瘾的外延就会很大。比如,除了赌博之外,一个吸毒者通过网络购买毒品、交流吸毒经验,并从此迷恋上网,以前面的逻辑进行定义,这种现象也就应当归为网络成瘾。并且,随着网络和人们生活联系的日益紧密,几乎所有的成瘾行为都可以和网络有着程度不同的联系,以此推论网络成瘾就应包括现有的全部成瘾行为。以此观之,网络成瘾就不是一种独立的'成瘾行为了,它无非就是现实的成瘾行为通过网络进一步表现而已。

但事实上并非如此,有一些网络成瘾,在现实生活中就没有原型,如网络游戏成瘾,它的致瘾物总体上来说就是纯精神性的。当然也有部分游戏成瘾与物质相关,如通过卖出虚拟装备获得金钱受益。但一方面这种现象很少,另一方面如果这部分个体能够通过这一渠道获得稳定的收益,其上网行为也就变成了一种谋生行为,如前面所述,成瘾行为是一种心理障碍,心理障碍必然会导致个体在和外界接触与交流过程种产生障碍和麻烦,不能有效地适应环境,也就是说其社会功能严重受损,然而前面所述的上网行为它具有最重要的社会功能——个体的谋生,只是这种谋生手段没有得到社会承认,不合法而已,所以这种上网行为也就不再是一种心理病态的表现。由此观之,真正的网络成瘾行为其致瘾物必定具有虚拟性。

（三）网络成瘾的直接原因——长期的网络不良行为

网络中并非所有的虚拟物都必然导致个体和现实脱离,也并非所有的网络行为都必然导致个体的社会、心理功能受到伤害。真正让个体的生理机能、社会功能、心理功能受到伤害的网络行为是导致个体脱离现实社会的网络行为。我们可以把网络行为分为两种,一种是有助于个体与社会密切联系的网络行为,即良性网络行为;一种是让个体与现实脱离的网络行为,即不良网络行为,但不良网络行为并非必然会导致个体网络成瘾。决定个体是否网络成瘾,首先应看他的网络行为是否不良网络行为,这是网络成瘾的前提,其次是看这种网络不良行为持续的时间,因为心理障碍是在一段时间较为稳定的心理问题。网络成瘾的界定,从起因来说既有质的界定,即个体的不良网络行为;又有量的界定,不良网络行为长时间稳定地出现。两者的结合必然导致个体和社会长时间脱离,致使个体不能良好地适应社会,从而引发心理问题. 网络使用和网络成瘾之间的关系不是纯粹的时间问题,也不是纯粹的网络功用问题,而是二者的结合,即长期的网络不良行为,正是个体长期的网络不良行为导致了网络成瘾,致使个体在网络使用中心理、社会功能受损。

（四）网络成瘾的症状表现——心理、社会功能、生理机能受损

正如其他成瘾行为会给个体带来个体心理、社会、生理机能受损一样,网络成瘾也会给个体带来心理、生理、社会功能方面的损害。物质成瘾是通过生理化学作用直接让个体的生理、心理、社会功能直接受损。赌博成瘾则是在赌博过程中,强迫性的赌博行为降低甚至剥夺赌博者个体生存的物质基础——金钱,从而导致个体的心理、生理、社会功能受损。网络成瘾则是通过交互式经验、体验、信息让个体和现实脱离,导致个体出现一系列社会问题、生理问题和心理问题,最终致使个体的社会功能、生理机能和心理功能严重受损。

三、网络成瘾的类型

网络成瘾是一个宽泛的概念,包含了大量的行为问题和冲动控制问题。概括起来,网络成瘾大致有以下五种最基本类型。

1. 网络性成瘾(Cybersexual Addiction)。此类成瘾者要么沉迷于观看,下载和交换色情作品,要么在成人幻想角色扮演聊天室中乐而忘返。

2. 网络关系成瘾(Cyber-Relational Addiction)。此类成瘾者将全部精力投注于在线关系或是虚拟偷情之中。在线朋友很快变得比现实生活中的家庭成员和朋友更为重要。在很多情况下,还会导致婚姻不和与家庭的不稳定。

3. 网络游戏成瘾(Net Gaming)。此类成瘾者将大量时间,精力和金钱花费在网上赌博,游戏,购物和拍卖等活动之中,并且往往丧失工作职责,破坏重要的人际关系。

4. 信息收集成瘾(Information Overload)。此类成瘾者花费大量时间致力于在网上查找和收集信息,伴随有强迫性冲动倾向和下降的工作效率两个典型特征。

5. 计算机成瘾(Computer Addiction)。此类成瘾者沉迷于电脑程序性游戏,以致影响了正常的学习和工作。

第二节 青少年网络成瘾的诊断标准及方法

一、Young 的 8 条标准

作为最早研究网络成瘾的心理学家,Young 认为在《美国精神病分类与诊断手册》(DSM-Ⅳ:American Psychiatric Association 1995)上列出的所有标准中,病态赌博的诊断标准最接近网络成瘾的病理特征。Young 在 1996 年设计了一套 20 题的调查问卷。在问卷调查中所得的分数越高,表明沉迷于互联网的程度就越严重。如果分数在 80 分以上,表明用户具有明显的成瘾症状,应该考虑互联网对其生活的影响。Young 使用该问卷对某大学的 49 人进行了调查,发现大约 80%(396 人)对互联网的依赖性很强。Young 对 496 例过度使用网络者进行研究,并对病态赌博的诊断标准加以修订,形成网络成瘾的测量工具,该成果《病态的网络使用——一种新出现的临床心理疾病》发表于美国心理学会 104 届年会上。该诊断标准为 8 个题项,如果被试者对其中的 5 个以上题项给予肯定回答,就被诊断为网络成瘾。

Young 诊断标准的八条选项

(1)我会全神贯注于网际或在线服务活动,并且在下网后总念念不忘网事;

(2)我觉得需要花更多的时间在线上才能得到满足;

(3)我曾努力过多次想控制或停止使用网络,但并没有成功;

(4)当我企图减少或停止使用网络时,我会觉得沮丧、心情低落或是脾气容易暴躁;

(5)我花费在网络上的时间比预想的还要长;

(6)我会为了上网而甘愿冒重要的人际关系、工作、教育或工作机会损失的危险;

(7)我曾向家人、朋友或他人说谎以隐瞒我涉入网络的状态;

(8)我上网是为恶意逃避问题或试着释放一些感觉诸如无助、罪恶感、焦虑或沮丧。

Bread 等在对 Young 的诊断标准进行改良后,提出了 8 条诊断标准。以下 5 条必须具备:一心想着上网;需增加更多的上网时间以获得满足感;多次努力控制,减少或停止上网,但不能成功;在努力减少或停止上网时,感到烦躁不安,闷闷不乐,抑郁或易激怒;上网的时间比计划的要长。以下 3 条至少要出现 1 例:因为上网,妨碍或丧失了重要的人际关系或工作,或失去教育与就业的机会;对家人、好友、治疗者或其他人说谎,隐瞒卷入上网的程度;把上网作为逃避问题或缓解不良情绪的方法。

Young 诊断量表的优点在于简单实用,便于操作,因此国内外研究者经常使用。但由于这一量表是用 DSM-IV 中有关赌博成瘾的评定标准直接转化而来的,它是否能够用于鉴别网络成瘾在国内外备受争议,因此并不能直接借用这一量表作为我国青少年网瘾的诊断依据。笔者认为该量表尚存在其他缺陷:①该量表未区别上网的目的性。上网目的分两类:娱乐性,实用性。对于实用性目的的用户,如从事网络相关工作者,我们并不能轻易诊断为网络成瘾者;②该量表未区别网瘾的类型及程度。不同类型的网络成瘾形成原因差异很大,预防和干预措施也应该有所不同。对于已经被界定为网瘾的个案,我们应考察他的网瘾程度有多深;而对于尚未成瘾的个案,我们还应考察他是否具有网瘾倾向,以指导干预工作。但是该量表中均无这些方面的体现,因此用作临床诊断,该量表还有待细化。Young 的量表虽然存在种种缺陷,但是由于其简单易行,笔者认为若用作临床工作者初步筛查、心理辅导者访谈纲要或一般网络使用者自我评价,该量表不失为一种好的测量工具。

二、Goldberg 的网络成瘾障碍标准

目前,国内的一些学者在研究中多借鉴 Goldberg 的标准,认为诊断一个人是否患有网络成瘾综合征,必须在过去的 12 个月里表现出下列七种症状中的三种以上:

①耐受性增强:病人要不断增加上网时间才能达到同样的满足程度,即网瘾越来越大;

②戒断症状:如果有一段时间(从几小时到几天不等)不上网,就会变得明显焦躁不安、不可抑制地想上网、时刻担心自己不上网会错过了什么,甚至在梦中也是有关网络的各种虚幻的事情;

③上网频率比事先计划的要高,上网时间也比事先计划的要长;

④企图缩短上网时间的努力,往往以失败告终;

⑤花费大量时间用在互联网有关的活动上,例如安装新软件、整理和编辑下载的大量文件等;

⑥上网使病人的社交、职业和家庭生活受到严重影响;

⑦虽然能够意识到上网带来的严重问题,仍然继续花费大量时间上网。

三、Davis 的在线认知量表

Davis 编制的《戴维斯在线认知量表》(Davis Online Cognition Scale,简称 DOCS)共 36 个题项,是一种 7 级自陈量表。如果被测出的总分超过 100 或任一维度上的得分达到或超过 24,则可认定是网络成瘾。

该量表的改进之处在于:

(1)量表的名称"DOCS"未明确告诉被试者要测的内容;

(2)题项不是对网络成瘾病态症状的简单罗列,所要测量的是被试者的思维过程(即认知)而非行为表现。

因此,该量表具有一定的预测性。初步研究表明 DOCS 有较好的效度,尚待更加严格的信度、效度测定。该量表包含 5 个诊断标准:安全感、社会化、冲动性、压力应对、孤独-现实。

四、陈淑惠的互联网相关成瘾行为量表

中国台湾陈淑惠以台湾地区大学生为样本编制了中文网络成瘾量表(Chinese Internet Addition Sccale,CIAS)。该量表将网络成瘾症状分为五个方面:耐受性、戒断症状、强迫性上网行为与网络成瘾相关问题,共 26 题,是一种四级自陈量表。这是目前国内经常用作网络成瘾问题研究的评量工具。初步研究表明,该量表具有良好的信度和效度。但是量表在编制过程中,其以总分排序最高的 5% 为网络成瘾高危险群之界定,是个人主观认定或有其客观依据,文中未有明确交代,在研究应用中,还有待探讨。

五、国内其他学者的诊断标准

国内崔丽娟等参照 DSM-IV 中赌博成瘾的标准和 Young 及 Goldberg 的诊断标准,加上实践经验,通过标准设定中的安戈夫(Angoff)方法编制网络成瘾诊断量表。该量表有 12

个项目,有 7 个题目做出肯定回答即诊断为网络成瘾。该量表经作者初步评定具有良好的信度和效度,与外在效标的一致性程度为 79.25%。相对于以往的诊断标准主要依据经验性确定界定分数,该标准以科学方法为依据,具有更高的可信性和有效性。在实际应用中值得借鉴。

欧居湖则从网络成瘾的定义出发,提出 4 个诊断标准:①成瘾行为以网络为中介;②致瘾物是虚拟的;③对这种虚拟物的追求是长期的;④个体的社会、心理功能受损,并严格遵循心理测量学程序,编制《青少年学生网络成瘾鉴别量表》。该量表的科学性值得肯定,而且量表摆脱了 Young 量表的传统模式,共设 51 个正式题项,每题按照 5 点评分制标准评分,更为精细地评量了网络使用者的行为及心理状态,具有较高的价值。但是由于其取样范围仅限于四川、重庆两地,因此在推广应用过程,还应进一步检验其信效度。

国内还有许多其他网络成瘾的"鉴定标准",如周倩等编制大学生网络成瘾量表,台湾学者亦分别以大学生和中学生为样本自编量表。陶然总结多年实践经验,提出诊断网络成瘾的 9 条标准。但是,目前对网络成瘾问题的研究仍停留在探索阶段,许多量表的编制存在方法学上的缺陷,如有的研究者采用网上取样的方法,有的研究者即使从现实取样,也因取样局限,所得样本缺乏代表性,研究结果不能真实地反映问题,量表的信度、效度指标亦不明确。另外大多数量表以上网时间来界定网络成瘾是不科学的,除了依据网络使用时间、频率外,还应分别从身心健康状态、人际互动等角度来界定之。因此,上述量表均未得到较大范围的推广使用,目前使用最多的仍为 Young 所制定的诊断标准。

目前国际上对网络成瘾的概念还没有统一的界定,诊断标准也不统一。不同的研究者根据自己的网络成瘾理论提出自己认同的诊断标准。现在有关网络成瘾的诊断标准的研究主要运用的是测验法。心理学上的测验法是指利用一套预先经过标准化的试题或图形来测量被试者的某种心理特征的方法,是进行心理量化的主要手段之一。现代心理学的基本研究方法主要有获取资料的研究方法(如观察法、问卷法、访谈法、心理测验法、心理实验法)和整理、分析处理研究资料的方法。网络心理健康研究作为心理学的一个方面,也运用心理学的基本研究方法,但现在鉴定网络成瘾的方法比较单一。

第三节 青少年网络成瘾的成因分析

凡事必有因,网络成瘾者亦然。国外学者 Grohol 则从发展的角度用"阶段论"来解释网络成瘾现象的原因。他认为,使用互联网的行为具有一定的阶段性:第一阶段是成瘾阶段,比如新用户往往更容易完全沉浸于其中;第二个阶段是觉醒阶段,用户开始减少对互联网的使用;第三阶段是平衡阶段,此时用户进入了正常的互联网使用状态。按照这种观点,我们只需对造成人们不能顺利通过第一阶段的原因进行探讨,分析这些人群的特征,探讨促使他们觉醒的条件和方法,就能帮其渡过觉醒期,最终达到平衡阶段。然而笔者认为,Grohol 所指的"成瘾"更多地是指对新事物的探索兴趣,侧重于当事人的内心喜好,而没有强调外在抗干扰性,与我们讨论的"网瘾"是有所区别的。

有些学者认为通过生理-心理-社会模式可以更好地解释网络成瘾。上网可以获得心理体验上的兴奋感,下网时会产生失落感,这可能对分析网瘾具有借鉴意义。互联网的使用让用户产生社会性分离,诱发人际关系冷漠,继而导致网瘾出现。网瘾现象可能是现实社会问题的一种表现方式,把问题完全归咎于网络使用者显然是不全面的。

即便如此,我们仍然有必要对青少年网瘾的成因做一个系统的分析,为我们下一步的预防和干预方案提供参考依据。由于青少年群体的特殊性,我们可以从家庭、社会及青少年自身三个方面出发对其进行探讨和分析。

一、家庭原因

由于独生子女、独门独户居住等原因,青少年与同龄伙伴交流较少,如果父母再忽略了与他们的情感沟通,那么在现实生活中缺少情感交流的青少年便容易趋近网络以寻找自己的情感归宿。

同济医学院公共卫生研究中心 2005 年公布的调查显示,成瘾的孩子中有上网 90% 是因为家庭教育环节出了问题,其他原因只占了 10%。该调查结果可能会让许多人感到意外,而实际情况的确如此,在造成青少年网瘾的原因中,家庭教育的作用举足轻重。

不健康的家庭教育培养出来的孩子,往往失去正确的人生方向,其向上的潜能被严重扭曲或挫伤。孩子的表现是网瘾,根子却在家庭教育,父母如果不认真反思自己和孩子的关系,改变自己的教育方式,是难以让孩子彻底戒掉网瘾的。

(一)放任型——家长疏于监督

现代人的生活节奏加快了,家长因为平时忙于工作,往往忽视了对孩子的家庭教育,再加上网络的监管本来就比较困难,所以就给孩子留下一块很大的空白地带。这时候如果家长对孩子网上行为不闻不问,甚至是顺其自然、放任自流,对于自制力较差的孩子来说,就很容易沉迷于异度空间而染上网瘾。

案例

初二男生张某,成绩中等。其父母都是普通工人,平时工作很辛苦,家庭收入虽不高,还是省吃俭用给孩子买了一台电脑,并接上了 ADSL。小张放学一回到家就关起门来打电脑。父母起先并不知道孩子在房间里干什么,还以为他在学习,后来知道是在打网络游戏也没有严加管束,虽然口头上说了孩子几句,心里想网络不管怎样也是高科技,孩子学习高科技总比浪费时间看电视要好。张某还常常邀请他的几个好朋友来家一起"复习功课",善良的张某父母认为孩子长大懂事,知道用功了,所以尽量不敲孩子的房门,怕打搅孩子。期中考试张某三门主课不及格,他的父母才警觉起来。

大多数父母平时只关心孩子的学习成绩,有的家长甚至连孩子的学习情况都无暇顾及,更别提过问孩子上网了。他们觉得,孩子不进网吧,在家里上网不会有什么问题,所以对孩子上网时间不加限制,孩子在网上做些什么也全然不闻不问,这往往是滋生孩子网络成瘾的温床。

(二)无知型——家长爱莫能助

案例

小刚以学习为借口,央求父母为自己买了台高性能电脑,并一门心思扑在了网络游戏上。父母感到苗头不对,有心想开导他两句,可是他们对电脑知识一窍不通,也不知道该怎样指导他。眼看着孩子的成绩急剧下滑，他们意识到都是电脑惹的祸，于是当机立断，将电脑锁了起来。小刚已经沉迷于网络游戏，他的生活中一下子没有电脑，无异于夺去了他生存的乐趣，他怎么能忍受这番煎熬？最后，年仅14岁的小刚离家出走，失踪于网吧9天。当警方通过各种手段最终在网吧找到他时，他已经是身无分文，面容憔悴。

如果小刚的父母当初懂得一些计算机或者网络知识的话，就可以指导孩子如何上网，该怎样有节有度，帮助孩子在网络世界体验学习的真正乐趣，而不是一门心思玩游戏。现在有些家长自己不学习电脑知识，对孩子上网管教不严，一旦发现孩子出现上网问题，马上又走向一个极端——把互联网拒之门外，他们天真地以为这样就能一劳永逸地保护孩子免受互联网的引诱和威胁，其实这是一种幼稚的做法。

（三）不当型——网络替代家教

美国著名精神分析学家卡伦·霍妮认为，如果父母抚育子女的方式不当，会造成子女无法与他人正常交往。这种人际关系的障碍可能导致青少年的基本焦虑，进而感到环境潜在地充满了敌意，感到被人离弃、缺乏安全感、无能为力。在这种心理背景下，他们往往需要一个随时随地都能够找得到的忠实可靠的情感宣泄对象，来减轻内心焦虑。这种对象在现实世界很难找，而网络的即时性、私密性、广域性正好具备这样的特点。于是，许多青少年就选择网络游戏来发泄，在一次次的紧张与放松的交替之中体验着现实中所没有的快感。

现在的青少年大多是独生子女，他们从小在家里娇生惯养，父母亲对其也是唯命是从，这样就容易养成他们倔强、任性、自私等性格弱点。当他们对网络产生浓厚的兴趣时，家长的说教、规劝往往不起作用，他们很容易沉溺于网络世界，不能自拔。另外，有的家庭对孩子管教太严格，处处限制孩子的自由，比如禁止孩子上网。等他们到了人生中最具有反抗精神的青春期阶段时，由于处于心理上的断乳期，他们内心很想通过对成人的逆反行为来实现独立，于是平时在家庭中的那些不和谐因素就导致亲子关系紧张，孩子就通过长时间上网来表达对家长的反抗，而一旦发现网络世界原来是如此精彩，他们就容易沉迷其中，乐此不疲，网络似乎成了他们的家教。

二、社会原因

（一）社会大环境的影响

互联网在现代社会青少年人格形成和发展过程中，扮演着越来越重要的角色。与传统社会主要依靠家庭、学校、同龄群体完成青少年的社会化过程相比，当今的互联网不但是传播信息的主要工具，也是青少年习得知识与技能，进而形成自己的价值标准和行为能力的主要途径。网络的虚拟空间实际上也正在一点点地挤占青少年的现实世界，再加上当前的某些舆论对于网络作用过度渲染，使得一些青少年将网络世界视为富有神秘色彩的精神乐园。

纽约大学史密斯和科恩教授在连续五年的追踪调查研究后认为，经常夸大网络界"一夜致富"的可能性，使很多青年人头脑混乱，迷失方向，把宝贵的时间和精力耗费在网络上，甚至到了痴迷的程度。如新闻媒体整日吹捧世界软件行业巨头盖茨和美国在线的董事长史蒂夫等人奇迹般致富的成功事件，导致很多人患上了"盖茨-史蒂夫崇仰症"。

类似的情形在国内也同样存在，新闻媒体大肆渲染各种网络传奇、网络神话，网络精英成为我们这个时代最受推崇的人物，成为无数青少年崇拜的偶像。他们年轻、富有，一些人在 20 岁出头就通过互联网一夜暴富成为百万富翁甚至千万富翁。这样的文字连篇累牍，充斥着各种报刊，并对青少年造成了潜移默化的影响。他们幻想在这个虚拟的网络世界，找到迅速致富的捷径，或幻想通过互联网掘到他们的第一桶金，他们迫不及待地要在 30 岁甚至 20 岁就成为百万富翁。为了实现这个虚无缥缈的梦想，他们把除了吃饭、睡觉以外几乎所有的时间都用来上网，地地道道沉迷于网络。

与日俱增的社会压力是造成青少年沉迷于网络的另一个原因。随着社会科技飞速发展，人们不得不承受比前人更多、更大、更新、更无从逃避的压力——竞争的压力、都市快节奏的压力、思维需要急速转弯的压力、人际关系越来越复杂的压力。遇烦恼便"泡"在网上，确实能够起到暂时逃避现实以减压之效果，久而久之，形成习惯，网络在某个角度上成了现代人逃避现实或追求超现实的工具。

（二）网络的相关法规不健全

吴增强等人曾在 2004 年对一所普通高中的学生做过一次上网状况的问卷调查（样本 230 人），结果发现上网的青少年中有 51% 的人选择网吧。去过"黑网吧"的人，都描述那里的环境恶劣、空气污浊，而且提供所谓的吃、喝、玩、睡"一条龙"服务。能够上网的青少年中有 700 的学生沉湎于此，一连数日足不出吧，85% 的被调查者在网上浏览过色情、暴力等不良信息，聊天室里的内容大多低级、庸俗。目前，有的营业性网吧无视法规，公然向 18 周岁以下的未成年人开放，无监护人陪伴的 14 周岁以下未成年人也进出自由，这在客观上为青少年网瘾提供了一个充满诱惑的条件。凡此种种，都说明我国网吧管理措施不得力，相关法规执行监督缺位，导致"黑网吧"屡禁不止，未成年人也屡"进"不止。

互联网具有跨国界、虚拟性的特征，确实也给互联网立法带来了新的挑战，但是只要我们思想上充分重视，相关的监管部门（如未保委、公安、工商、文化稽查等部门）加强合作，形成合力，就不会给网吧的违法、违规行为以可乘之机。另外，可以尝试做些补救措施来尽量减少"黑网吧"对青少年的影响，比如上海市虹梅街道落实"网吧"安全专管员、充实"网上警察"、印发手册或文明上网倡议书、丰富学生的课余生活等一些做法，对于预防青少年进"黑网吧"确能起到积极作用。

（三）网络世界的虚拟性诱惑着青少年

网络是时代发展的产物，它体现着时代的重要标志。它自身的很多特性对青少年具有强大的吸引力，容易使他们沉迷其中。比如：网络的自由性为青少年创造出自我实现的新空间，使其个性得到最大的张扬，追求一种自我的理想；网络的高新技术特征易造成青少年的技术崇拜，他们渴望成为信息时代的英雄，在互联网上呼风唤雨，做信息时代的弄潮儿；网络的时尚性符合青少年追逐时尚的心理，不上网的青少年会被视为"老土"，跟不上时代；网络的超时空性为青少年扩大了交往面，在网络上可以自由选择交流的对象，可以无所顾忌地吐露心声，倾诉成长中所遭遇的烦恼、困惑、孤独和痛苦，找到共鸣和理解；网上交友具有隐秘性，尽管不闻其声、不见其人却能实现零距离接触，可满足青少年的猎奇心理；网络的虚拟性对青少年网瘾构成很大诱惑，在网络虚拟世界里，青少年不需要面对现实中的挫折、失败和各种规则的束缚，能够做很多现实社会规范所不允许的事情，比如结婚、杀人、随意骂人等，可以随心所欲地宣泄自己的情感。网络使青少年进入另一个世界，强烈地体验各种不同寻常的"存在"，玩起来过瘾。

三、青少年自身的因素

青少年时期正处于生理上不断发育、心理上不断成熟的人生特殊阶段。这一时期的青少年对新事物敏感且容易接受、寻求自我并实现自我、好奇心强、渴望友谊和交流、自制力相对较弱。正是由于这些特点，再加上目前激烈的竞争环境，他们特别需要别人的理解、认同和支持。但由于受一些因素的制约，青少年对于人际交往、社会支持、自我实现等的各种需要难以在现实生活中得到满足，而网络为青少年提供了实现自身需求的最好舞台。当他们在这个神奇的虚拟世界里第一次获得快乐与满足时，便希望反复获得。当这种重复行为不能很好地控制，甚至失控时，便容易沉迷其中。

（一）好奇天性使然

青少年有着强烈的求知欲，对课堂之外的知识有着极强的兴趣，这也是青少年对互联网最为偏爱的原因。网上交流时，上网者会对所交谈的对方产生莫大的好奇心。这种好奇心引导着他们很想知道对方是谁，长得什么样子。越想了解对方，就越想跟对方交谈，尤其对于想象力丰富的青少年，就越不能摆脱这种诱惑。这样，网络成瘾悄然形成。当你与他交谈越来越快乐时，就会越舍不得，越放不下，有的甚至还设法与网友见面，彻底满足好奇心。

案例

吴某是一位职校二年级的女生，在网上认识一位名叫"快乐游侠"的网友，双方聊得十分投机。每当她有什么不开心时，对方总能想方设法为她排忧解难。随着时间的推移，吴某对"快乐游侠"的好感越来越强，甚至整日沉迷于上网聊天，对他有种"一日不见，如隔三秋"的感觉。最后，她很自然地萌生了与对方见上一面的念头，很想看看在网络善解人意的"快乐游侠"到底长得什么样子，像不像他所说的。这种好奇越来越强，为了满足自己的好奇心，她与对方相约见面，见面时吴某才发现被"快乐游侠"欺骗，还险些发生危险。

调查显示，男性青少年网瘾者比例（17.07%约比女性青少年网瘾者（10.04%）高出7个百分点，在具有网瘾倾向的网民中男性青少年比例同样高于女性。这可能与男性青少年更富好奇心和冒险精神而女性更为稳健保守有关。面对网络这一新事物，男性往往更易于被网上的新鲜事物所吸引。

（二）补偿心理需求

有专家指出，处于发育期的青少年和亲人、朋友及老师之间的交流并不顺畅，在工作生活压力较大的今天，他们的父母极有可能因忙于工作和生计而忽略了与子女的情感沟通。当前我国中学生多属独生子女，且城镇居民的住房以独门独户形式为主，这在某种程度上不利于身为独生子女的中学生与同龄伙伴交流。这些相对缺少情感交流的中学生，更倾向于在网络中寻找可归依的群体，迷恋于网上的互动生活。一位不愿透露姓名的学生坦陈："学习上经常遭受挫折，又得不到家人、老师和同学的理解。为宣泄心中的苦闷，逃避不愿面对的现实，往往在网上寻求安慰、刺激和快乐。"

当现实与理想之间出现偏差的时候，人总是希望能寻求到合理的补偿，而网络的虚拟性、自由开放性恰恰满足了这种需要。网络中个体可以根据自己的喜好扮演一个满意的角色，他们在真实生活中的某些缺憾可以通过网上制造出来的虚拟形象来弥补。网络游戏的高技巧性、复杂性,使游戏者能满足他在现实生活中不易取得的成就感、力量感和自尊感。匿名带来的多种身份感,可以使上网者把自己最好的一面展现出来,并展示自己人格在现实生活以外的另一面。每个人天生都有表达的欲望,只不过是没有遇到最合适的听众,网络提供一个最好的场所,尤其在现实中与他人沟通受到阻碍时,在网上能够寻求到宣泄渠道以达到心理补偿。网络能够带给他们以全方位的、最大限度的心理满足。

（三）缺乏自制能力

青少年身心发育尚不成熟,这个年龄段的孩子虽然自我意识强烈,但是自控能力欠缺,一旦上网往往会被网上光怪陆离且层出不穷的新游戏、新技术和新信息"网住"。他们的认知能力有限,很难抵抗网上新、奇刺激信息的诱惑。另外,网络上人人平等,在匿名的保护下可以畅所欲言,不用担心受到什么审查,带来什么惩罚。对社会道德责任感不高的青少年来说,更容易放松对自身的自制力要求。

案例

赵某是一所市重点中学的高才生,成绩列全年级第二名。面对儿子的成绩单,家长都沉浸在儿子的名牌大学梦里。有一天,赵某突然变得很晚才回家,问他原因,说在学校自习。接下来的日子,赵某回家越来越晚,有时甚至彻夜不归。即使回到家也是一副萎靡不振的样子,好像很久没睡觉一样。

一天,赵某的父母突然接到学校的通知,要他们去一趟。原来,儿子经常迟到、早退,而且常常连续几天旷课,跑到网吧玩游戏去了。这个曾经让家人引以为豪的儿子,如今竟要被学校勒令退学。在家长的百般恳求下,学校最终收回对赵某退学的处罚,办理休学手续,等他完全戒掉对网络的迷恋再重新回到学校。家长以为经过这次休学风波后,儿子会静下心来反思自己的行为。可没想到,儿子变得更加肆无忌惮,只要家长一出门,他便跑去网吧,而且一泡就是一整天,连东西也顾不上吃。为了拴住儿子,赵某的父母商量后决定买台电脑,也想当然地认为,时间一长,儿子总会对网络产生厌恶感。

一段时间后,儿子终于不再整天泡在电脑前了,吃过晚饭休息一会,他就早早地上床睡觉。家长以为他不再沉溺于网络,然而,正当他们喜于儿子的改变时,接着发生的事却彻底击碎了他们的幻想。有一次,家长参加老朋友的生日宴会,直到凌晨2点才回家。当他们蹑手蹑脚地摸进屋时,却发现儿子房里的灯还亮着。这么晚了他还不睡,在干什么呢?他们轻轻推开儿子的门,眼前的一幕让他们惊呆了,儿子正全神贯注地蜷坐在电脑前玩游戏。那一刻,他们突然明白,原来儿子远离网络都是装给父母看的。每天晚上,等父母入睡后,他就悄悄爬起来玩游戏。

家长在气急之下,给孩子断了网,可他们没想到,儿子陷得比他们预想的深得多。有一天,保姆突然打电话告知,称儿子在家自杀了。原来新出台的互联网上网服务管理条例中规定:未成年人不准进入网吧。儿子跑了多家网吧都遭到拒绝,一气之下,竟在家割腕自杀。经过医生的全力抢救,儿子终于脱离了生命危险,可每天寸步不离地守候在儿子病床前的母亲,只能终日以泪洗面。

国外的学者对网瘾者从生理因素进行研究,发现大脑中有一个叫做"享乐区"的区域,每当网瘾者上网时会在大脑进行化学反应产生刺激,从而释放出多巴胺,进而使人产生快感。如果这种刺激是经常性的,大脑会强化对自身的这种化学反应,从而产生成瘾行为(诺拉·

沃尔科）。如果真是那么回事的话，笔者认为治疗网络成瘾就不应是个纯心理问题，心理和医学要双管齐下。

（四）人格特质因素

在研究青少年网瘾问题时，绝对不能忽略青少年人格特质的因素，这往往是青少年网瘾问题的内在心理根源。台湾大学林以正教授指出，"具备有不同个人特质的网络使用者，会受到不同的网络功能特性所吸引，而产生不同的网络成瘾形态"，"网络成瘾现象的产生是网络使用者的个人特质与网络功能交互作用的结果"。在研究中，林教授发现高焦虑、低自尊、忧郁、自我概念不明确者容易网络成瘾，这四项程度越深者网瘾程度越严重。

根据香港相关学者研究发现，青少年沉溺网络的倾向与他们的个人管理及自律不足有关，沉溺者在情绪管理能力、办事集中能力的表现上都明显较一般上网人士为差。美国卡内基梅隆大学及匹兹堡大学的研究都显示，网瘾者往往具有以下人格特点：孤独、敏感、抑郁、倾向于抽象思维、警觉、不服从社会规范。事实表明，青少年网络成瘾者的人格特质不管是在自我概念、人际技巧方面都不太理想，寂寞感、忧郁感较强。

综合多项研究结果可以看出，网瘾者在人格特质方面往往具有敏感、忧郁、脆弱、多疑、焦虑、情绪不稳定、意志薄弱、自制力差、性格孤僻、认知能力差、缺乏自信、悲观、逃避现实、自卑、成就感低等人格因素。一旦具有以上特质的青少年上网，容易导致网瘾。

（五）缓解压力需要

网瘾的青少年在现实生活中遇到矛盾、冲突或不愉快的事件，如升学压力、学习成绩不佳、心情不好、与朋友吵架等，缺乏应对困境的合适方式和资源以及相应的勇气和信心，不积极采用有益身心的方式处理或调节，而是借助上网聊天、玩游戏来摆脱烦恼，最终是借"网"消愁愁更愁。

案例

2004 年 4 月 22 日，一则来自南昌的新华社通讯令人震惊，一位名叫余斌的 17 岁高三学生由于高考压力太大，在其他同学正在紧张复习准备迎接高考的情况下，他却每天背着书包在网吧"上学"，对网络游戏成瘾，不能自拔。几个月的网吧生活，使他完全沉迷于网络游戏，终于在某网吧玩网络游戏《传奇》时，因心理过度紧张、激动而猝死。事发后，余斌的母亲满眼通红地瘫坐在椅子里哀号："网吧害死了我的儿子，游戏害死了我的儿子！"

类似的例子还有很多。这些也从另一个侧面反映了当前学生的压力之大。"减负"的口号已经喊了几年了，但是只要高考的指挥棒还在，就不能回避残酷的竞争，学生压力仍然很大，而那些缺乏竞争力的个体往往会采取上网来缓解或逃避压力。

新精神分析学派人物埃里克森认为，青少年阶段正面临着同一性与同一性混乱的矛盾。所谓同一性，是指一个人对自己的认识、信仰和人生意义等存在一个过去、现在和将来内在一致性的连续之感。青少年时期由于自身发展，迫切需要重新认识自己，认识自己在社会实践的地位和作用，认识他人对自己的看法。在现实生活中，他们听到的太多声音是对于他们的否定，比如"你怎么搞的，只考了一点分数？""你现在学习不好，将来在社会上怎么混？""你长得不漂亮，将来谁喜欢你？"等等。这些使青少年们开始怀疑自己，开始产生莫名的焦虑，感到心中有巨大的压力。在虚拟的网络世界里，他们却可以找到属于自己的精神家园，比如在游戏里他们可以体会到少有的成功体验,可以找到聊以自慰的自信以实现自我;网络聊天给了他们倾诉的空间和对象,他们能够进行真正平等的心灵交流,得到来自对方的心理安慰。毕竟,他们的心理和人格发展还不健全,他们的自制力还比较薄弱,在缺乏有效引导的情况下,他们很容易过度沉溺于网络。

第四节　青少年网络成瘾的预防方法

青少年网络成瘾与其人格发展的完善程度和在现实生活中的状态密切相关,而青少年的人格缺陷属于发展中的缺陷,可塑性很强,在对青少年的网络成瘾做好行为戒断的同时,针对这种人格方面的缺陷开展专业性的干预,促进青少年人格完善性的成长,青少年的网络成瘾完全可以得到很好的矫治。但事实上,由于个性差异大,每个人遇到的问题都是不同的,因此,也就需要使用多样化、个性化的疗法才能满足每个人的需要。防治青少年网络成瘾是一项系统的社会工程,"治"永远是被动的,重在预防。要像研究网络技术一样,研究青少年网络成瘾的防治措施,形成社会重视、制度健全、措施得力、科学高效的防治体系。

一、宏观方面

(一)开展网络健康教育

在信息化社会,任何人都无法绝缘网络,网络健康教育要从娃娃(小学生)抓起,教育不只限于对网络成瘾学生的补救性措施,更重要的是对他们实施免疫性教育,用孩子容易懂的各种方式告诉他网络成瘾的危害,让他们自己提高免疫力。网络健康教育的内容包括:网络的作用、如何使用网络进行学习、如何避免不良信息、如何控制上网时间、如何平衡虚拟与现实的关系以及如何保护自己,防治网络成瘾的发生等等。在形式上要多样化、视觉化和兴趣化,避免简单的说教。如果网络健康教育与心理健康教育结合起来,可以达到更好的效果。

(二)健全法律法规

这是长效、规范管理的最重要手段,也是最广泛地保护青少年身心健康的有效保证,我国除了制定了一系列的保护未成年人和青少年的相关法律法规,还有更针对性的措施,如"禁止未成年人进入网吧""青少年网络文明公约""游戏分级"以及最新的"游戏限时"规定等等。新闻出版总署联合相关部门、教育工作者和家长等共同参与制定了《网络游戏防沉迷系统》,这个系统标准采用了国际上先进的"经验报偿模式",主要通过惩罚性削减不健康游戏时间内的游戏收益,迫使玩家合理地安排学习、工作、休息、娱乐时间。标准根据青少年的身心发育特点,通过对网络游戏特性和玩家消费习惯的调查,确定累计在线3小时以内的游戏时间为"健康"游戏时间;超过3小时就进入"疲劳"游戏时间,此时间段内如玩家继续玩游戏,其经验值和虚拟物品收益将被减半;累计游戏时间超过5小时进入"不健康"游戏时间,不健康时间内玩家的收益降为零。在不同的时间段内,系统要对玩家发出有效的提示信息。如果使用者累计下线休息时间已满5小时,再上线时即可重新累计上线时间。

在加强制度和法律建设的同时,如何进一步立法规范网吧业主和游戏开发商、如何将这些法律法规落到实处是当前社会应该重视的问题。

(三)社会-学校-家庭教育一致化

青少年网络成瘾的防与治是一个系统的社会工程,需要各方面共同的努力才能真正产生效果,要围绕青少年的成长环境——社会、学校和家庭,建立一系列的防治措施,并保持三者作用的一致化,强化正面教育的作用,提高青少年的心理素质,使他们生活在一个和谐、一致的成长环境中。家庭是学校和社会联系的纽带和桥梁,父母教养方式对于青少年的情绪调节策略具有显著的影响并有预测作用;学校是教育的关键,社会是家庭和学校作用场所,家长的急功近利教育观、学校的应试教育和社会的一味追求经济效益等都是青少年网络成瘾的直接成因,所以三者教育的一致化是防治青少年网络成瘾的重要策略。我们在调查中也发现,和睦的家庭、轻松的学习氛围和良好的社区管理下,青少年不良使用网络以及网络成瘾的现象大大减少。

（四）建立青少年网络成瘾矫治与研究基地

青少年网络成瘾研究已经引起了愈来愈多心理学家的关注,现有研究取得了一定的进展,但在其作用机理和矫治措施方面还存在很大的不足,有关部门应该充分整合各种资源,开展多学科、多方面、多角度的实践性科学研究;研究机构要经常进入学校、社区和家庭,经常开展咨询和讲座活动,有规律地开展青少年网络使用情况普查,及时发现问题和找到解决问题的办法;对一些比较严重的网络成瘾青少年,有必要在矫治基地接受全面的调适和干预。

（五）成立青少年网络成瘾志愿者队伍

国外的成功经验表明,充分利用社会资源的主要方法之一就是培训和组织志愿者加入到青少年网络成瘾的战斗中去,可以以网络为平台,向社会招募富有爱心、乐于助人、善于与青少年沟通、能熟练掌握网络知识的各界人士,担当网络辅导员和网络志愿者,帮助沉迷于网络的青少年树立正确的世界观、人生观、价值观,养成高尚的思想品质和良好的道德情操;志愿者的作用不仅仅限于力所能及地帮助网瘾青少年,最广泛地开展网络健康教育,同时还能唤起全社会的关注和重视!志愿者除了要有爱心、有热情和无私奉献的精神,还需要具备一定的专业知识、熟悉青少年心理并有相当的专业工作经验,有关部门要对志愿者定期进行培训和交流,使他们及时掌握科学的方法和最新的信息,保持较好的工作状态。

二、青少年个体方面

主要是指促进青少年提高自身素质,增强网络免疫力,消除网络成瘾产生的基础因素,这是变被动为主动的有效策略。

（一）树立青少年网络健康观

结合当前国家号召建设和谐社会活动,广泛发展青少年网络文明教育活动,组织学校和家庭对青少年开展多种形式的网络文明教育;组织中小学生开展生动活泼的同伴教育、体验教育活动,学习以网络知识、安全上网知识、文明上网知识、文明上网聊天等为主要内容的网络自护知识,培养法制观念和网络逆德意识,使青少年自觉远离网吧,自觉抵制网络诱惑,培养青少年安全文明的上网观念和能力。要通过各种渠道和方式,使青少年充分认识以下网络健康观念和知识:网络只是一种学习、生活和工作的工具,过度使用会对身体和心理造成严重危害;网络是一个虚拟社会,与现实会有很大的差异;网络信息良莠不分,需要辨别真伪;要自觉控制上网时间,每周上网次数小于3次,每次小于2小时;当发现自己的上网时间在逐渐延长,要及时告诉家长、老师,寻求他们的帮助,同时,积极参加集体活动、体育锻炼,以培养自己的生活乐趣和自信心等等。

（二）多彩的生活和丰富的爱好

受独生子女、应试教育、城市拥挤、社会治安等因素的影响，城市青少年与多彩生活和丰富爱好越离越远，这也是造成青少年网络成瘾的重要因素。家长和老师要引导、启发孩子建立良好的生活习惯，丰富课外爱好，社区可以举办相关活动，为青少年提供更多的活动空间。

（三）发展能力，提高自身素质

调查显示，网络成瘾的青少年不同程度地具有一些个体特质，如自卑、人际关系不良、自控力差、学习成绩差、兴趣爱好少等等，所以要特别培养青少年具备以下几种能力：学习能力、自我控制能力、运动能力、人际交往能力、适应能力以及心理承受能力等等。

这几种能力的培养，应当从提高青少年自身的素质，培养青少年的相关意识入手。

（1）责任意识

中学生应该对自己负责。社会的竞争日趋激烈，在这样的社会里如何给自己定位？少壮不努力，老大徒伤悲，逃避在虚拟的网络世界里只能自毁其身，只能让自己远离社会，远离大家。想着自己身上的责任，便没有时间去沉迷网络。

（2）感恩意识

要学会感恩。且不论国家、社会、学校、老师对中学生有多大的养育之恩，父母对我们的恩惠总是不能抹杀的吧，若不努力学习，拿什么来回报父母？沉溺网络，让自己自身都难保，何以报父母，何以报天下？

（3）自信意识

生活中，部分中学生缺乏交友能力，缺乏自信。因为缺乏自信，在同学交往中束手束脚；因为缺乏自信，放弃了许多原本可以展示自己的机会；因为缺乏自信；将原本可以干得很好的事都办砸了。生活中不能没有自信，它是我们前进的动力。无论何时，我们都要相信自己：我一定行。

（4）耐挫意识

学习遇到点挫折、生活中有些许不如意，那是人生常态。没点挫折、没点磕碰，那还叫生活吗？挫折是什么？挫折是上帝的赐予，它让你变得更加坚强、更加成熟、更加富有战斗力。温室里的花朵和大草原上的小草，你愿做小草还是花朵？这次没考好，那只代表这段时间学习不尽如意，好好地总结，下次再来。再说，任何人在竞争中所要真正打败的其实是你自己，要学会超越。超越什么？超越自己，将自己的潜能充分地发挥出来，你便能战胜一切困难。

（5）自强意识

锁定自己的人生目标，永不放弃，这就是自强。跌倒了爬起来，继续努力，这就是自强。生活不能没有目标，没有目标就没有方向。有了目标，还要锁定目标，坚持不懈地努力，实现自己的目标。

三、几种具体的措施

（一）一种有效的家庭疗法——家庭协议

家庭协议是指在专业人员或老师的指导下，以青少年为主体，通过双方互相制约，共同学习，使青少年与家长共同成长，以家长督促少年摆脱网瘾的方法。具体程序如下：

过　程	说　明
认知重建	家长:学习网络知识和对网络行为的理解,不采用歧视、批评、责备和命令的语气与孩子沟通;青少年:认识到网络的作用与负作用以及网络成瘾的危害
制定家庭公约	主要内容包括:把电脑放到家庭公共场所,共同制定上网计划,逐渐减少上网时间和频率,目标是达到每次上网小于2小时,每周上网小于3次。
换位思考	家长和孩子相互换位思考,思考主题:为什么孩子会沉迷网络?为什么父母会把网瘾想象得如此可怕?我可以为孩子/父母做些什么?
转移兴趣	家长为孩子提供条件,使他们有机会参加集体活动、体育锻炼,让孩子生活充实,有成就感。
激发潜能和自信	家长保持乐观和信任的心态,通过激励机制,帮助孩子发挥优势,建立自信。
建立目标体系,回归正常	学习不是青少年的唯一的生活事件,只是重要事件中的一项,娱乐、交友、爱好、锻炼等等都是孩子生活中不可或缺的部分,帮助他们在各个方面建立目标,充分体验生活的价值和成就感,建立规范的生活和学习秩序。

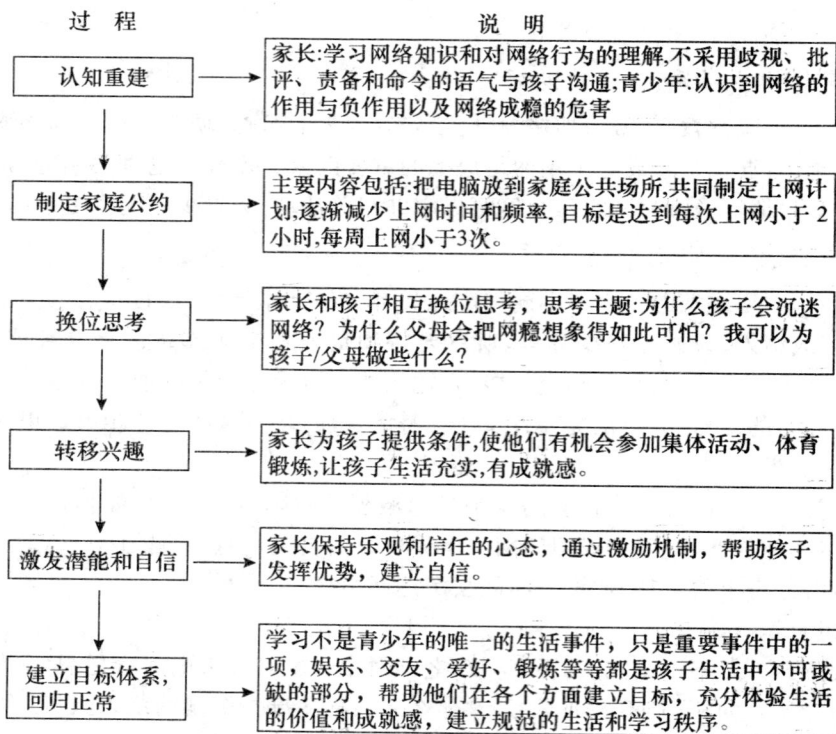

（二）青少年网络健康教育的内容和措施

（1）青少年人生观、价值观和世界观的辅导

（2）互联网基本知识、使用技巧、作用和负作用;

（3）与孩子共同制定适当的使用规则:上网目的、时间、地点、频率;

（4）与孩子平等、友好地探讨和交流关于网络的话题,给孩子推荐适宜网站;

（5）利用过滤或监控软件阻止不良网站和不良信息,监控孩子的上网行为;

（6）教育孩子如何自我保护:个人隐私内容保护、防止上当受骗、如何与人交往;

（7）帮助青少年自制能力的习得:自我控制、舒解学习压力、时间管理、情绪管理;

（8）建立良好的亲子关系和师生关系:

（9）发展广泛爱好,丰富课余生活,提高运动能力;

（10）如何防止网络成瘾、成瘾现象、如何求助。

（三）青少年网络成瘾心理咨询步骤

（1）承认成瘾

帮助青少年认识到自己已经过度使用或不良使用互联网,已经对网络产生了依赖感,并影响到自己的学习和生活,通过具体事例使青少年感觉到自己行为和生活方式不同于正常人,这种状态已经给自己和家人造成了不便和危害。

（2）解决障碍

网络成瘾的青少年都有潜在的学习、生活和心理问题,或者由于过度上网而造成这些问题。要帮助青少年分析问题产生的原因,协助他们克服心理障碍,特别是人际障碍、学习障碍、亲子关系障碍以及自信心的建立。这一步还要涉及青少年上网行为的处理:把电脑摆放在家里的公共场所(如客厅),帮助他们上网前设计上网目的、上网时间和使用的网络项目等。

(3)回归现实

改变青少年对互联网的态度和认知,是一个非常重要的步骤。研究发现,网络成瘾者持有对互联网积极评价的内隐态度,网络成瘾者内隐态度具有稳定性和易变化性特点,内隐矛盾态度(AAI)可能是提供解决该问题的整合性视角。帮助青少年面对现实,改变态度,回归正常的现实生活,进一步使青少年认识到逃避现实只能使问题更加严重,任何事情总有解决的办法,让他们有信心改变目前的状态,为他们回归现实生活清除障碍。

(4)行动计划

帮助青少年发展出改善网络成瘾的行为计划并加以执行和监督,要求青少年用文字的方式尽量详尽地写出因为过度上网而导致没有从事的行为,给他们分析这些事情的重要性和他们所能发挥的作用,使他们感到自身存在的价值,进一步建立自信心;帮助青少年执行这些行为并总结和讨论从事行为后的感觉,使青少年认识到生活中还有很多事情要做、可以做,自己还有很多的价值和能力可以发挥。

(5)巩固提高

协助青少年在摆脱网络后如何提高人际交往、自我管理、自我控制、建立目标的能力和技巧,体验回归和谐正常生活后的乐趣,进一步巩固咨询效果。整个过程一般需要持续2个月时间,每周1~2次,每次90分钟左右。咨询成功后,咨询师应该每隔一个月进行回访,表示对青少年的关心和激励。

世界其他国家对青少年网络成瘾采取的措施

[美国]

"五管齐下防网瘾":首先要让学校管理人员和教师了解青少年学生上网成瘾的危害,让他们在学校里更好地规范和管理学生的上网行为;其次,在健康教育计划中引入有关"网络成瘾症"的内容,让学生能像防范酗酒和吸毒危害一样预防网络成瘾;第三,一旦发现学生有网络成瘾的苗头,就应该多加疏导,并鼓励学生找专业的顾问解决问题;第四,鼓励学生发展多方面的兴趣,多参加校园团体和社会活动,避免与社会生活疏离;最后,围绕互联网这个主题鼓励学生进行深入讨论,让他们知道网络的益处和副作用。

[韩国]

韩国信息通信部和韩国信息文化振兴院早在2001年就成立了"网络成瘾咨询中心"。这个中心的任务主要有:以初、高中学校老师和家长为对象,开设"网络成瘾"预防讲座,实施预防教育,使他们能帮助孩子培养正确的网络使用习惯;面向个人和家庭提供有关"网络成瘾"方面的咨询,并直接向学校派遣咨询人员,对有"网络成瘾"症状的学生进行集体教育。

韩国信息通信部还提出了个人预防和治疗"网络成瘾"的一些建议:一、不漫无目的上网浏览,给自己定好上网时间并明确上网目的;二、尽量在公共场所上网,这样能预防在隐秘空间上网所容易造成的虚拟空间"成瘾"症;三、删掉电脑中的游戏,把电脑用作工作和学习的工具;四、做有规律的运动,不要在电脑前吃饭;五、即使去网吧也要同朋友一起去;六、寻找自己感兴趣的其他事情来做,以消除不上网所带来的空虚感。

[德国]

为了解决青少年在接触互联网方面出现的问题,德国政府部门一方面努力让青少年都有机会使用互联网,为他们开辟丰富多彩的网络空间,另一方面采用技术手段严防青少年受到不良网络内容的侵害。

[日本]

为了帮助青少年戒除网瘾,保护儿童青少年远离网络危害,日本有关组织会经常举行由家长和孩子共同参加的网上安全冲浪讲座,让家长与孩子一起上网。在体验网上冲浪乐趣的同时,孩子还能掌握避开危险信息的方法。而家长和孩子一起决定上网时间,还有助于孩子戒除网瘾。

日本文部科学省呼吁学校对学生上网进行指导,提高学生的网络免疫力。文部科学省下属的电脑教育开发中心向各学校发放了《信息道德指导案例集》,以有害网站、交友网站、电脑病毒为主题,用发生在青少年身边的真实案例,讲解青少年戒除网瘾和应对网络问题的方法。

[法国]

著名心理学家马克认为,电子游戏在一定程度上与鸦片有相似之处,适量的鸦片具有药用价值,而恰到好处的游戏娱乐能够起到调节身心、增强信心的作用,但沉迷于游戏则危害巨大。因此他建议:一、玩电子游戏,尤其是容易上瘾的网络游戏每天不要超过2小时;二、尽量在受到有关部门监督的正规网吧玩游戏;三、找到其他可以打发业余时间的活动;四、加强体育锻炼;五、与现实生活中的人多交朋友;六、即使对游戏非常喜爱,也最好由一个以上的同伴陪同一起玩,以便互相提醒适可而止;七、如果难以割舍自己构筑的网络游戏角色,可以尝试将"角色"有偿转让给其他网上玩家。瓦勒尔说,如果青少年对电子游戏欲罢不能,以致长期对周围事情不管不顾,就应及时去看心理医生。

第五节　青少年网络成瘾的治疗方法

一、心理学角度的治疗方法

(一)认知行为疗法

认知疗法是美国学者贝克创立的一种心理治疗方法。该疗法认为心理紊乱是由患者错误或不合理的信念和看法引起的,通过现实的评价,并矫正其歪曲的或功能障碍的想法,可以达到情绪和行为上的改善。认知疗法过程主要包括认知重建、自我辩论、自我暗示、自我激励等。认知行为疗法是心理治疗的常用方法,它包括认知和行为的成分,通常是使患者暴露于刺激,挑战他们的不适应性认知,并训练大脑以不同的方式思考。在治疗过程中,患者要接受心理医生教给他的观念和行为,并反复加以练习以使大脑得到新的学习,久而久之这种练习就变成患者们自发或习惯性的行为。认知行为疗法包括给患者布置家庭作业,并要求严格执行治疗方案。近来,认知行为疗法已被学者和临床医生用于因特网成瘾障碍的治疗中,成为治疗网络成瘾的主要方法。

1. Young 的认知行为疗法

Young 认为,考虑到网络的社会性功能,很难对网络成瘾采用传统的介质式干预模式。借鉴对其他成瘾症的研究和他人对网络成瘾的治疗效果,提出了自己的治疗方法:

(1)反向实践:了解患者原来使用网络的具体习惯,使他们打破习惯定势,采用新的方式上网。

（2）外部阻止物：把患者必须要做的事情作为帮助他们停止上网的督促者。

（3）制定时目标：即时间管理法，要求成瘾者制定在线时间表，采用逐步缩短在线时间的方法。为保证能够坚持，根据本人喜好进行适当的强化激励，逐步减少上网时间直到一个合适的水平。

（4）节制：如果某种特殊运用被证实且节制失败，就应该终止特殊运用，减少打开电脑的次数，使之经常处于关机状态。

（5）提醒卡：让患者随身携带两张卡片，一张写着由于网络成瘾带来的后果，另一张写着减少上网时间后带来的变化，随时拿出来提醒自己，通过多次重复来强化拒绝过度上网的选择。

（6）个人目录：让患者列出自己因上网而失去或忽视的活动，并按重要性等级排出顺序，以提高他们对现实生活向往的意识。

（7）支持小组：由于很多患者在现实生活中情感缺失，根据他们不同的背景让其参与到不同的社会团体中去，这样能得到来自现实生活中的帮助。

（8）家庭治疗：对由于过度使用网络而使婚姻和家庭关系受到负面性影响和破坏的患者来说，家庭治疗是必需的。家庭干预和治疗必须集中在这样一些领域：①教育家庭成员认识到网络成瘾严重性的事实；②减少对网络成瘾行为的责怪；③对家庭中不健康问题的公开交流，以避免通过网络寻求感情需求满足的发生；④通过新的嗜好、长的度假、倾听患者的感受等方式鼓励家庭帮助成瘾者恢复。

（9）解决现实问题和困难：澄清网络成瘾背后的潜在问题。成瘾者应该问自己是什么原因使自己逃避现实生活，在此基础上积极面对并寻求解决途径，即使暂时不能有效解决，积极面对本身也可以为今后解决问题做好心理准备。

2. Davis 的认知行为疗法

Davis 根据他的"病态网络使用的认知行为模型"，提出了相应的认知行为疗法。他把治疗过程分为 7 个阶段，依次是：

（1）定向：让患者了解网络成瘾的性质、产生原因等，详细列出戒断网瘾要达到的具体目标。

（2）规则：与患者讨论在治疗期间必须遵循的基本规则，包括一些与上网行为有关的具体要求。

（3）等级：帮助患者制定计划以消除与上网体验相联系的条件强化物。

（4）认知重组：重新建构对由于使用网络而产生愉快感受的认知评价。

（5）离线社会化：让患者学会在现实生活中有效地与他人交往。

（6）整合：与患者讨论上网时的自我和离线后的自我有什么相同和不同之处，发现理想自我，并使他们意识到上网只是探查自己理想自我的一种正常方式，引导患者在现实生活中把上线和离线的自我结合起来，形成完整的自我。

（7）通告：与患者共同回顾整个治疗过程，与他们讨论在这段时间中所学到的东西，在治疗过程中已经达到的具体目标以及他们的症状已经减轻了多少等。这种疗法强调弄清楚患者上网的认知因素，让患者暴露在他们最敏感的刺激面前，挑战他们的不适应认知，逐步训练他们上网的正确思考和行为。

3. 其他认知行为疗法实践

张朝、于宗富个案报道采用以认知治疗为主的综合治疗网络成瘾患者 1 例，经过认知治疗后，患者领悟到了自己过度上网来自于错误的认知，并且建立起了正确的认知方式，取得了一定效果。高磊，李振涛采用李振涛教授所创立的内观-认知疗法治疗患者 1 例，治疗前后分别进行文章完成法（SCT）、容纳他人量表、SCL-90、EPQ 等测查进行评定，结果治疗 7 天后，患者各项测查减分明显。结论是内观-认知疗法对治疗青少年网络成瘾障碍问题，有确切、良好疗效。

杨容、邵智等采用系统的认知疗法、行为治疗等心理方法对 20 例 IAD 中学生网络成瘾症患者进行临床矫治研究，认为系统的认知疗法、行为疗法等心理治疗对中学生网络成瘾的戒除有着显著效果。另外，他们还发现强制性措施对于戒除网瘾有一定程度的疗效。

■ 认知疗法之方法与技术

➤ 认知重建

改变其坚定而又顽固的信念，如"游戏真棒"，"上网真好玩"，"再没有比上网更刺激的事了"（可以采用苏格拉底问话、辩论法）；上网的动机、对网络的态度；不从感情上厌恶和排斥它，采取"导"而非"堵"的中肯态度、让其充分认识到成瘾后的严重影响（瘾发时用提示卡）。

➤ 自我提醒

将上网的好处和坏处分别列在一张对称的纸上，按程度轻重排好顺序，每天做思想斗争 10～20 次，每次 3～5 分钟，尤其是在网瘾发作时；也可以将好处和坏处分别贴在显眼的地方，如电脑上、卧室里、门上；每天多时段内默念或大声对自己念上网的坏处；战胜自己关于上网不合理的观念。

➤ 自我辩论

想象自己上网成瘾后的种种极端后果，如：成绩下降、被大家看不起、被别人羞辱、对不起自己的父母、亲人等，在瘾发时让"理想自我"与"现实自我"进行辩论，让内心的道德感、责任感与罪恶感、失败感斗争；从感情上战胜自己，痛下戒除网瘾之决心，增强自己的戒网动机。

➤ 自我暗示

如果又有了想上网的念头时反复自我暗示，如"不行，现在应该学习，等周末再说"，"我一定能行"，"我一定能戒除"，每当抵制住了诱惑，认真学习，度过了充实的一天后，就进行自我鼓励，如"今天我又赢得了一次胜利，继续坚持，加油"。这样不断强化，形成良性刺激，加强自己的意志，使上网的欲望得到抑制。语言暗示既可通过自言自语，也可将提示语写在日记本上，或贴在墙壁上、床头上，以便经常看到、想到，鞭策自己专心去做。

■ 行为疗法之方法与技术

➤ 强化法

自我奖励、自我惩罚，即视当天的进展情况而给自己一些小小的奖励或惩罚，但应注意其使用的内容应最好与上网无关。奖励和惩罚既可以由成瘾者自己执行，也可以请老师、同学、家长协助执行。如，当目标执行无误，就奖励自己吃一样喜欢的零食或买一件喜欢的东西，否则长跑 1000 米或做清洁等。

➤ 行为契约法

成瘾者与家长共同商定戒网的行为契约，成瘾者签定契约并成为契约的遵守者，家长则

青少年网络安全与网德教育教师读本

担任契约的执行者,从而规范成瘾者的上网行为,也培养其自我约束能力。

> 想象满灌法

想象自己上网成瘾后的种种极端后果,如成绩下降、被大家看不起、被别人羞辱、对不起自己的父母、亲人等,想象自己长时间上网后萎靡不振的颓废样子;让其厌恶"现实自我"的形象,并用"理想自我"激励自己。

> 放松训练

为应对戒网中瘾发时出现的紧张、焦虑、不安、气愤等不良情绪,采用肌肉放松法、想象放松法、深呼吸放松法以稳定情绪,振作精神。

■心理疗法中的辅助方法与技术

还有一些方法不易明确归为认知疗法或行为疗法,却在这两种疗法中都可能用到,主要有以下几个:

> 转移注意法

在其他活动中寻找快乐,如欣赏一曲优美抒情的音乐,去运动场跑步、打球,读一些轻松愉快、有趣味的书刊,或与朋友逛街、散步、看电影、郊游等等。对于一些因过度上网而产生孤独、忧郁等情绪的学生,应鼓励他们多参加体育锻炼,有助于促进大脑中神经肽物质的释放。

> 社会支持法

社会成员尤其是父母应更多地关心成瘾者,理解他们,帮助他们,为他们戒除网瘾营造一个舒适、安全的人际环境,让他们感受到现实生活中的人际温暖,满足他们人际交往和情感沟通的心理需求,从而改变去网络中寻求心理需求的满足的方式。

> 经济制裁法

大多数成瘾者均在网吧上网,直接控制无经济来源的成瘾者的零花钱,不为他们的上网行为创造经济上的方便。排除刺激法成瘾似乎有一定的传染性,故应尽力排除成瘾者周围实在和潜在的诱因的干扰,如同龄"网虫"的"言传身教"、网吧、游戏宣传等刺激与诱惑。

> 规范生活法

打破成瘾者紊乱的生活节奏,重新规范每天的作息时间,无特殊情况不打破规律,并在最易出现上网行为的时间段安排不同的活动,让更多更有意义的事充实他们的生活,使其感受生活的乐趣和意义。

> 生理反馈法

通过自己的主观努力和调节,或一定量的药物的治疗,眼睛、背、手腕等生理上的不适感会慢慢消失,精神面貌可能会有所好转,利用这些生理上的积极信息的反馈及时强化自己的进步,增加戒网的决心和信心。

> 计划时间表

可以制定一份时间表,合理安排学习和上网的时间,减少上网次数,每次不超过二小时,其间还要有一定的休息时间。另外,每次上网前花两分钟想一想要上网干什么,把具体要完成的任务列在纸上,然后用一分钟估计一下完成任务大概需要多长时间。假设估计要用 40 分钟,那么把小闹钟定到 20 分钟,到时候再看看自己的进展。还可以在网上设立"限时报警"服务,到时就自动下网或关机。

> 循序渐进法

对成瘾者提出一系列要求,通过连续不断的鼓励,使其逐步达到目标。根据目标行为的性质,有两种循序渐进的方式:第一,行为频率的循序渐进。如,让其将每周上网次数由七八次逐渐减为六次、五次、四次、三次……每次上网时间由五小时逐渐减为四小时、三小时、二小时,达到尽量在周末上网,每次不超过二小时的目标。第二,行为准确性的循序渐进。每个目标都应是其力所能及的,家长等要热情鼓励其做好朝目标渐进的每一步,确保其能通过不断取得进步而获得成功的体验,从而增强其自我效能感,也易据此来衡量其上网行为纠正的程度,制定好下一步的目标。但要谨慎地计划步子的大小:若步子太大,实现不了;步子太小,浪费宝贵的时间。

(二)团体心理辅导

团体心理辅导是在德国心理学家勒温提出的心理场理论的基础之上提出的。它是由心理咨询者指导,借助团体的力量和各种个体心理咨询理论与技术,就团体成员面对的心理问题与他们共同商讨,提供行为训练的机会,为团体成员提供心理帮助与指导,使每一位团体成员学会自助,以此解决团体成员共同的发展或共有的心理障碍,最终实现改善行为和发展人格的目的。在网络成瘾者中,他们对网络有着共同的心理体验和认知,也对存在的问题容易产生共鸣,这样,在心理辅导时就容易产生"向心力"和心理场。

网络成瘾的团体心理辅导有一套系统的咨询程序,它包括团体咨询目标、求询者网络心理障碍的预处理、确定团体的规模与结构、确认团体心理咨询的咨询间隔时间和咨询方式、制定计划和确定团体活动内容、团体心理咨询过程或称会面等。对网络成瘾者进行团体心理辅导的目的在于协助网络成瘾者从失序的上网行为与失序的生活中回归秩序与平衡,辅导的目标不是戒除上网,而是合理地上网,有控制地上网,以合理安排上网与非上网的时间,从而将网络世界与真实世界加以统合并达成协调与平衡。

这种方法于20世纪90年代被介绍到我国,近年来随着越来越多的青少年陷入网络而不能自拔,一些学者也将这种方法推广到防治青少年的网络成瘾上来,如崔丽娟、杨彦平、乐国林等学者,取得了比较好的效果。华东师范大学心理学系的杨彦平、崔丽娟等利用团体心理辅导,采取"认知-行为"模式设计了咨询过程,对20位网络成瘾者的3个月近20次的团体辅导,使上网成瘾者在生活无序感、心理防御机制和人际关系方面得到显著改进,说明团体心理辅导对干预网络成瘾者对网络的依恋时有着显著性成效。崔丽娟另外的研究表明:采取实验研究方式,在团体心理辅导中采取"认知-行为"模式,对巧名初中学生进行为期3个月的团体辅导后,实验对象在自我灵活性、人性哲学和网络依赖等方面得到了显著改进。

(三)解决焦点短期疗法

解决焦点短期疗法是由 Stev. deShazer 等在20世纪80年代成立的美国威斯康星州密尔沃基短期家庭治疗中心发展而来的。该疗法代替病理化的咨询模式,其治疗焦点重在"求解",而非问题本身,减轻了患者的焦虑和对其"症状"、"问题"的忌讳,提高了患者的自我效能感,使得他们调整力量,积极面对需要解决的困难,故易被患者接受。焦点解决短期治疗是近20年逐步发展成熟的心理治疗模式,在西方社会得到了广泛的应用。国内解决焦点短期疗法在临床上已开始应用,但解决焦点短期疗法的研究仍处于起步阶段。中南大学湘雅医院心理卫生中心杨放如等对52例互联网成瘾症青少年的心理卫生状况进行了调查,并对其采取以解决焦点短期疗法为主的心理治疗与家庭综合干预,在国内尚属首例。

（四）家庭治疗

陶然、李邦合提出了家庭治疗方法，他们认为医学治疗不是治本之策，家庭教育更重要。其理论依据是网络成瘾症可能是家庭功能失调的表现。因此，家庭治疗所要处理的问题就是修正、调整家庭成员之间的和谐关系，通过家庭成员的共同努力，改变网络成瘾症产生的家庭动力机制，使症状消失。家庭治疗的出发点是将家庭看成一个系统，这个系统成员所表现出的行为，既影响其他成员，同时也受其他成员的影响。家庭治疗可以说是心理治疗的一个种类，它是把整个家庭作为治疗对象。

1. 网络成瘾家庭治疗的原则

对网络成瘾者进行家庭治疗，其遵循的原则的有：

（1）针对整个家庭成员，进行集体治疗，纠正共同的心理问题；

（2）明确网络成瘾患者的症状只是外在表现，而其家庭病态情绪结构才是真正问题的根源；

（3）让每个家庭成员了解家庭的病态情感结构，以改善和整合家庭功能。

2. 网络成瘾家庭治疗的措施

（1）制定家庭公约

公约要建立在尊重、真诚、平等、信任的基础上，要求家庭成员营造轻松、和谐的家庭氛围、公约应要求家长强化鼓励孩子的长处，必要时可暗示不足之处，让孩子独立承担家务劳动，并长期坚持；经常与孩子共同完成其力所能及的工作；遇事征求孩子的意见，并采纳合理的建议；关心孩子的身心健康，及时协助孩子调整负性的心理状态。

（2）倡导正确的家庭教育

中国的家庭教育体系，有很多不完善之处。许多父母教育方式过于简单，要么一味溺爱、放纵，要么过于严厉。对孩子的溺爱、放纵，最终导致孩子性格不成熟，独立处理问题能力差，使孩子不能合理应对外界事物；对孩子管教太严格，动不动就打骂，孩子体验不到亲情的温暖，有事也不会找父母商量。这些对孩子的错误教育方式，都是导致网络成瘾的重要因素。事实上，对孩子施以正确的家庭教育，是改变网络成瘾问题的关键。

家长应该对"网瘾"有正确科学的了解，不要对孩子正常的上网活动横加阻挠，其次还要把握与孩子沟通的技巧，因为粗暴的教育方式，不仅不能正确引导孩子，还会影响孩子的心理健康成长，特别是处于青春期的青少年，自我意识正在增强，无端的指责会造成孩子的逆反情绪。

（3）家长要了解和学会使用网络

家长不懂网络，就不能正确引导孩子上网，督促孩子健康上网。家长应该注意发现孩子上网中碰到的问题，在上网过程中及时与其交流，一起制定有力的措施。

家长要善于使用网络，当好孩子的引路人，引导孩子选择有利于他们成才的网站，用自己对网络的处理态度带动孩子正确认识、使用网络。家长可以与孩子一同上网，甚至可以拜孩子为师，将网络作为家庭教育规划的一部分。

二、临床医学角度的药物治疗方法

就目前医学界关于药物防治的实践情况看，用于治疗网络成瘾的药物主要为抗抑郁药和情绪稳定药这两大类。就临床效果看，如果使用得当，能够取得比较理想的效果。

国外,在精神医师 ShaPira 的研究中,14 名使用抗抑郁药单一疗法的上网成瘾患者中有5 人(35.7%)报告明显或非常明显地减少了上网行为。而在 24 名使用单一或多种心境稳定剂的成瘾者中,有 14 人(58.3%)取得了较好的效果。北京网络依赖治疗中心的主任陶然对网瘾有两点主张:一是网络成瘾是一种病,二是网络成瘾必须用药物治疗。他们把网瘾患者分为网迷、中度的网络成瘾症和重度的网络成瘾综合症三类。对于重度的网络成瘾患者,单靠心理治疗是不够的,必须采取药物治疗为主、心理治疗为辅的方法。其中药物治疗是中西医结合,主要是调节心情。中药为枸杞子、酸枣仁等配方,而西药则主要为调节大脑分泌的精神类药。进入中心后,医生会根据对患者的测评和主观评价,决定治疗手段和日治疗次数,然后辅之以物理治疗(多功能心理平衡仪)和心理治疗。从目前已治愈的 20 个案例看,取得了比较好的效果。

总之,药物疗法之所以能在一定程度上起到戒除网瘾的作用,根据目前医学界的研究认为,人体内存在一个"奖赏系统",这个系统的物质基础主要是多巴胺、乙酰胆碱等多种神经递质,它可以起到调控人的情绪的作用,可使人在短时间内高度兴奋。毒品,如海洛因,是通过外源性的物质提高体内多巴胺等神经递质的含量,使人产生快感;而网络、赌博等行为依赖者是通过内源性物质导致肌体内多巴胺等神经递质的含量增加。采用抗抑郁类药和稳定心情类药则是通过抑制多巴胺等神经递质的产生,减少人的兴奋度,从而达到戒除网瘾的目的。在当前针对网络成瘾症尚无理想方法的情况下,有重要的理论和实践意义。但是需要指出的是,采用药物疗法对人体的神经系统有副作用,其有效性和副作用还有待于进一步研究和实践的证明。而且就我国目前的情况来说,网络成瘾者大部分为青少年,药物疗法不完全适合我国的国情,所以在采用这种方法时一定要谨慎。对于部分出现严重的抑郁症、神经失调症等症状的重度网络成瘾者可以适当采取此方法,但要把握好度。

三、教育学角度的治疗方法

采用教育学角度的防治研究在国外并不多见,从事这种角度研究的学者主要集中在我国,这主要是由我国国情所决定的。许多学者认为之所以我国的网络成瘾者绝大部分是处于学习阶段的青少年,主要是由于我国的教育制度、教育环境等原因造成的。这种视角的研究认为,由于我国的应试教育环境,社会、学校、家庭只盯住青少年的学习成绩和分数,造成青少年兴趣单一、压力大,他们一旦在学习成绩上出现波动并且得不到有效的释放以及外界的帮助,就很容易自暴自弃,进而将兴趣转移到电脑、网络游戏中,企图在虚拟的世界中找到自我安慰和心理认同。综合目前国内的研究来看,从事教育学视角的防治研究主要有陶宏开的素质教育法、周弘的赏识教育法、杜俊鹏的苦难教育法等。另外,袁荣亲、杨顺德、皇甫军伟等学者也根据其多年的教育实践经验提出了一些比较有效的方法。由于篇幅的关系,本部分仅对陶宏开教授的素质教育方法作简要述评。

素质教育法是陶宏开教授针对中国青少年网络成瘾而提出来的一种防治方法。他通过对中国青少年网络成瘾现象的观察、试验和总结,认为问题的症结在于中国的教育环境使然,主要体现在家庭教育、学校教育和社会教育三个方面。从家庭教育来讲,主要是父母及其他长辈在教育青少年的过程中由于过度的溺爱而使他们失去爱的感觉,没有建立起正常的亲子关系;从学校教育来讲,单纯的应试教育泯灭了青少年各种兴趣的培养和追求,造成青少年没有建立起对学习的正确认识;从社会教育来看,社会的不良风气使青少年受到消极和负面的影响,不能建立起对生活的信心。针对这几个方面的原因,陶宏开教授提出了自己的素质教育理论与方法。他认为素质教育中素质一词的内涵应该涵盖三个方面:第一是心理素质,包括思辨能力、自控能力和自我平衡能力三个方面;第二是专业素质,包括广博的技术知识、精深的专业知识和熟练的专业技能三个方面;第三是综合素质,是指人的适应能力、生存能力、社交能力、创新能力和实践能力以及在体育、文学、美术、音乐、舞蹈、语言等方面的特长。这三个方面综合起来,才是整体的素质,我们的教育必须实行整体的素质教育才叫真的素质教育。也只有推行这样的教育方法,才能从根本上防止青少年网络成瘾。而对于已经成瘾的青少年,他首先采取的是谈话教育法。谈话教育法主要分为四个步骤:让青少年认同谈话者——让青少年认同父母——让青少年认同学习——让青少年自觉认识到网络成瘾的坏处并自觉地戒除网瘾。从他一百多个成功教育案例来看,这种方法是比较适合我国国情的。陶宏开教授不断在全国作巡回报告,社会反响热烈,效果显著。但陶教授也指出,他的这种谈话教育法只是一种治标的办法,要从根本上防止青少年对网络沉迷,必须改变当前的应试教育方式,推行真正的素质教育。

总之,从教育学的角度研究网络成瘾的防治,应该说是一种比较适合我国青少年学生的方法,因为这种方法比较契合青少年发展中的问题,而且充分利用了现有的优势资源,效果比较好。但是,需要指出的是,在运用教育学视角的方法进行防治研究时,必须考虑到青少年身心发展的特点,避免在进行教育时引起他们的逆反心理,这样才能起到良好的效果。

行为认知疗法个体案例分析
——摘自西南师范大学杨荣的硕士生毕业论文

一、A 的个人情况

(一)A 的个人基本情况

A 女,17 岁,独女,重庆北碚职教中心高二学生。从整体上来说,A 是一个性格较内向,情绪较消极、低落的女孩,但有较强的自制力,自己下定决心的事就会努力去完成,对自己生活中许多事都持无所谓的态度。A 家住重庆市北碚区渔塘湾,父母离异,现与父亲一起生活,父母对其管教的时间、精力都不多。父亲的管教虽少但很严格,对其行为控制和限制较多,希望她成天待在家以省心。母亲由于另组家庭,故对其管教更少,偏于溺爱,为弥补母爱常为其买衣服、零食之类,事后又埋怨花钱太多。A 交朋友没有什么原则,较随便,故一起相处的同学较多,但深交的很少,仅有一个知心朋友是现在的同学。A 平时怕老师,与老师的沟通和交流更少。高中前的学习成绩还不错,如今成绩位居班里面前 10 名之内,成绩呈学期初较好,随后慢慢下降的趋势。学习期间的作息时间较规律,但睡眠质量不高,一周常出现一两次失眠。平时对自己的各方面事情想得太多,比较在意自己的人际关系,情绪常出现低沉的状况,一周常有 4~5 天会出现情绪低落,且症状主要出现在上午,也常有看电视过度的情况发生。上网成瘾后身体方面受到很大的影响,主要集中在视力下降、睡眠出现障碍、背痛、腕痛、食欲不振、情绪低落等方面。此外,网吧里烟雾缭绕、空气混浊的环境严重影响了其皮肤的健康,以致脸上常长出小豆豆,影响自己的容貌,继而波及其自信和情绪。

(二)A 网络使用基本情况

A 初二时,在表妹生日当天,因没有更好的玩法,且以前对上网的好处早有所耳闻,故在好奇、好玩和试探的心态下走进了网络。自己对网络的好奇和探新的心理在网络精彩纷呈的强烈刺激下得到了极大的满足。随着网友的增多，A开始从最初的好奇发展为打游戏，并在游戏的逐级升级中体验到比别人厉害的成功感、优越感，即以另类的方式满足了自我价值感，一段时间后因在游戏中难以"棋逢对手"而从游戏转向网上聊天，并在聊天中找到了耐心的听众，弥补了现实生活中人际关系不良导致的友情缺失。高二的A能充分认识到网络的好处和弊端，能认识到上网应该有一个度，也能认识到沉迷于网络对自己各方面所造成的影响：学习成绩下降，上课也想念网上的事，静不下心听课，常为了上网逃课；生活不如以前规律，生物钟出现紊乱；生活中除了上网外对其他的事均无兴趣；情绪和心境状况越来越差；皮肤变坏、眼睛视力下降明显；上网后对金钱也造成极大的浪费。上网成瘾后常产生深重的负疚感、自责感，自觉对不起父母，又怕父母批评，担心发生因上网而受骗的事，内心很希望有一天能找回昔日自信的自我。

A来访前每天上网1～3小时，每周上网14～28小时，上网时最常进行的活动是聊天，属于关系成瘾。来访时的戒网动机较强，有10分制的7分左右。

二、具体矫治过程

◆ 第一次来访：2003年4月12日，星期六，A第一次来访，独自来访。

（一）基本情况了解

我们采用半结构式访谈的方法了解了A个人基本情况、网络成瘾的成因、成瘾后的危害等方面的相关信息，采用问卷测试的方法了解了其网络成瘾的程度及其部分人格特质情况，结果如下：

表1　A第一次来访时SCL－90量表得分表

分量表	原始分	平均分	参考诊继	均分±标准差
躯体化	36	3.00	中	1.37±0.48
强迫状态	35	3.50	重	1.62±0.58
人际关系	37	4.11	重	1.65±0.51
抑郁	53	4.08	重	1.50±0.59
焦虑	30	3.00	中	1.39±0.43
敌对	24	4.00	重	1.48±0.56
恐怖	22	3.14	中	1.23±0.41
偏势	25	4.17	重	1.43±0.57
精神病性	28	2.80	中	1.29±0.42
其他项目	23	3.28	中	

1. 网络成瘾程度调查"中学生网络使用情况表"的得分为18分，属于中度成瘾（14～18）各维度得分为：成瘾症状（9）；耐受性（3）；戒掉反应、反复（6）；网络成瘾相关问题（9）；人际关系与健康问题（4）；时间管理问题（5）。

2. SDS 抑郁自评量表

总粗分为 54 分（标准总分：67.5），有中度抑郁症状。

3. SCL-90 自评量表表

A 在 SCL-90 量表测试中，各维度的得分均在中度以上，其中强迫状态、人际关系、抑郁、敌对、偏执五方面呈现出重度症状，其余的躯体化、焦虑、恐怖、精神病性、其他项目各维度呈现出中度症状。此量表的测试结果与我们访谈所了解的相关情况基本一致，A 不仅是网络成瘾程度严重，而且有一定程度的伴随症状。

（二）症状总结

综合 A 的情况得出如下结论：来访者 A 因好奇而一步步迷上网络，现能很强地意识到成瘾后对自己各方面造成的严重影响，能较客观地认识到网络的好处及害处，有较强的自控力和一定的求治动机，故采用认知疗法为主的治疗方案对其成瘾行为进行矫治。

第一阶段我们为其布置的家庭作业主要有写日记、宣战书、作息时间表、阅读为其准备的上网成瘾的相关材料；为其介绍的方法主要是转移注意、自我激励、心理自助、认知重建等。

◆ **第二次来访：**2003 年 4 月 17 日，星期四，A 第二次来访，独自来访。

（一）进展情况了解

1. 家庭作业完成情况

A 网络成瘾程度较严重，但其自控能力较强，求治动力较强，或许还有戒网初期新鲜感的促进，来访者第一阶段完成作业情况很好。A 在第一次来访后基本能按照我们的建议行事，买回新日记本，坚持每天写日记；写好了决心彻底戒除网瘾的"宣战书"；拟订了详细而具体的作息时间表，分平时版和假日版两份，并基本能按照制定的作息时间完成每天的事情。A 此阶段中日记和宣战书的用心书写，使其从思想意识上重新认识和看待自己的上网行为，也坚定了戒网的信心和决心；其作息时间表的制定与遵守使其重新规范了以前散漫无约束的生活，用一种规律化的生活节奏重新唤醒其对生活的热情和珍惜。

2. 症状改善情况

A 第一阶段的上网次数显著下降，由第一次来访前的每天上网聊天到一周一次，精神面貌也有很大改善，本周内的前几天心情很愉悦，看见什么都想笑，后几天的心情虽不及前几天，但也属正常状态，再没有出现第一次来访前情绪低落的抑郁症状，开始将自己的时间和精力从上网转移到学习上，开始重新接触身边的同学和朋友了。

（二）活动与计划

1. 活动安排

此次来访的主要活动是与来访者一同找出其成瘾后所受到的严重危害以及戒网的好处。让 A 在我们事先制作好的"成瘾对照表"里按提示尽可能全面地找出自己成瘾所受到的危害和戒网后的好处，我们最后与 A 一起完善这张表。此表对照列出了成瘾后危害和戒网后的好处两方面内容。并要求 A 在此次来访后将这张表格贴在自己生活空间的醒目处，如卧室门上、桌上、文具盒里，以时刻提醒自己，或将此表中的内容分别制作成一些漂亮的小卡片，放在各醒目处以为警示自己之用。此外，我们对其将来的打算和考虑进行了一定程度的建议与引导，从而激发出其对美好未来的憧憬，激发其改变现状、戒掉网瘾的动机。

2. 计划安排

第二阶段的家庭作业主要有写日记、遵守作息时间、制作提示卡片,主要的方法有转移注意法(如逛街、爬山、唱歌、听音乐)、自我辩论法、自我激励法、排除干扰法等。由于A忙于准备参加北碚区为迎接"五一"而组织的歌咏大赛,借助这项强有力的活动来充实其课余生活,转移其对网络的关注,也因为"五一"放假之缘故,第三次来访定在一个月后的5月16日。

◆ 第三次来访:2003年5月16日,星期五,A第三次来访,独自来访。

(一)进展情况了解

1. 家庭作业完成情况

A第二阶段完成作业情况较好。主要表现在每天坚持写日记,虽然有时内容很少,但其写日记的态度和坚持性在很大程度上反应了其戒网的努力和坚持性;基本能按照制定的作息时间完成每天的事情:回家没有单独制作警示卡,但A坚持将第二次来访共同制作的表放在自己的文具盒里,每次想上网时便拿出"成瘾对照表"看看,也拿出自己的钱包看看,并对自己说"我的皮肤又会变坏,我又会因此花掉很多钱",达到了时常警醒自己、重新认识网络成瘾行为的目的。充分利用了注意力转移法,平时不开心就看电视,电视若不好看,就找同学、奶奶等人聊天,也在有空的时候与同学逛街、爬山,也与同学一起玩,如聚会、为同学过生日等,更重要的是将大部分空余时间投入到自己的歌唱大赛的准备中了;主观上努力排除外界刺激的诱惑,减少与网络成瘾的同学接触、尽量避免到网吧多的地方去;与另两个同学一起组成"互助小组",互相监督,若谁在规定的时间内控制不住去上网便受罚5元,三个人中惟有她没有违规,没有受罚,良好榜样形象激发出A更强的自我效能感。此外A也主动尝试其他适宜方法,还主动规劝成瘾程度更重的表姐戒网。

2. 症状改善情况

A第二阶段的上网次数急剧下降,由第一阶段的一周一次到一月两次,精神面貌有了非常显著的变化,脸上不再看到以前的忧郁和消沉,取而代之的是一脸的灿烂,或不无夸张地说,是那份掩盖不住的愉悦热情洋溢;一改以前的拘谨和谈话的被动,此次谈话非常主动,且一直兴致很高,说起话来滔滔不绝;看待事情更乐观、积极了;更注重自己的良好形象了,头发剪短了,给人一种青春焕发的感觉;以前一直恶化的皮肤也变好了,不再长让她烦恼的小豆豆了,肤色也大有好转,变得更光泽、红润了;身体状况明显变好,食欲大增,眼睛视力也有了很大恢复;失眠次数由以前的一周大约一次变为一月两次了,睡眠质量大大提高了;A以前不敢告诉同学有关她戒网之事,怕别人笑话,如今已能很坦然地接受事实,能理直气壮地告诉别人"我在戒网,且我也快戒掉了"。在同学们疑惑的眼神中,A心中充满了自豪感;看见低龄孩子上网那疯狂劲,开始担心他们的将来了。A在学习上投入的时间和精力更多了,学习状态日渐改善,上课能做到认真听课,睡觉、走神现象的发生率大大降低,且再没有因上网而逃学,也再没有因逃课而"享受"罚站的待遇了。A开始与同学们一起玩,与班里的大多数同学的关系有了改善,也能与男生很好地相处了,以前几年都一直没有什么深交的朋友,现在却一下有了很多能与之谈心的朋友;自己有什么不开心的事也愿意说给同学听,愿意接受他们的开导;有开心的事也愿意与同学一起分享,又感受到班集体的温暖了,而不再是躲在网上寻求那份虚拟而又短暂的安慰;与父母的关系也有了很大的转机。父亲一改以前下班后就找人打麻将的习惯,常与女儿谈心,还不时地带女儿出去郊游、野炊,一起看电视,有时去朋友家也叫上女儿。A也开始与奶奶等其他亲戚朋友拉家常、聊天了,大家对此感到很纳闷,都觉得她好像换了一个人,发现原来她是这样地可爱和讨人喜欢。她以前一直觉得是别人不理自己,有意疏远自己,现在终于明白原来是自己一直将自己封闭起来,是自己先主动疏远了别人,从而在各种人际交往中重新获得了心理上的安全感和亲切感。

(二)活动与计划

1. 活动安排

此次来访的主要活动是与来访者总结自己在戒网过程中所使用的有效方法和技巧,肯定其成果并鼓励其再接再厉。A前两阶段使用的有效方法主要有转移注意法、自我提示法(如日记、成瘾对照表)、自我辩论法、自我监督法等。

2. 计划安排

第三阶段的家庭作业主要有写日记、遵守作息时间,主要的方法是继续采用前两阶段的有效方法。为探查戒网疗效是否出现反复的现象,我们将第四次来访定在了两周后的5月31日。

◆ 第四次来访:2003年5月31日,星期六,A第四次来访,独自来访。

(一)进展情况了解

1. 家庭作业完成情况

由于A的网瘾在第二阶段结束时已经得到了实质性的控制,故其第三阶段放松了对家庭作业的完成。必要时写写日记,坚持运用适合于自己的有效戒网方法,更积极主动地投入到生活中,开始帮助身边的同学、朋友戒网了。

2. 症状改善情况

A第三阶段的上网次数由第二阶段的到一月两次到如今的零次,不但不再对网络游戏产生强烈的兴趣、爱好,而且也不明白自己当初为何如此那般迷恋上网,不明白为什么其他人还是对网络那样痴迷。精神面貌进一步得到改善,抑郁症状完全消失,开始理解父母,尊重父母,也能从别人的角度看待问题了,彻底从成瘾时的虚拟网络空间回到了丰富多彩的现实生活中,人际交往中不再出现以前的"自我中心"和自我猜疑。视力慢慢恢复到以前的最佳状态。睡眠更有规律,质量也更好了。食欲大增,体重有了明显上升。随着期末考试的到来,投入了更多时间和精力用于学习,能主动去看书和复习,即使效果不明显也能坚持。能意识到学习的重要性,学习动机增强了,慢慢找回了对学习的热爱和自信。与人交往更加友善,喜欢跟大伙儿一起玩,能融入到同学群体中,找到属于这个年龄阶段的归属感及友谊带来的乐趣感;与父母的关系也一直保持融洽状态,觉得每天都过得很开心,很实在,不再有以前的空虚和无聊了。情绪良好且稳定,脾气更好了,自觉现在的生活更现实、更充实、更积极、更健康,也更习惯于现在的生活,更喜欢现在的生活;为自己在短时间内就矫正了对网络的病态使用而由衷地感到高兴和自豪。

3. 对将来的打算

自信在以后能有节制、正确而理性地使用网络,并打算充分利用好掌握的网络知识和对网络的热情,如尝试做一些网络上的动画,广告设计等;在自己必须面临的继续读书和就业的选择中,更倾向于继续读书。

（二）活动与计划

1. 活动安排

此次来访的主要活动是再次进行"中学生网络使用情况表"、SDS抑郁自评量表、SCL-90症状自评量表的测试,综合各方面的情况决定是否结束治疗;对其日后的网络使用情况进行指导,使其认识到怎样正确地使用网络,怎样更好地预防再次成瘾,如事先计划、制作时间提示卡;为其准备一些怎样面对学习和生活的心理健康自助材料。

2. 计划安排

第四阶段的家庭作业主要有认真阅读为其准备的心理健康自助材料、总结自己戒网的经验、对自己以后的上网活动和生活进行大致的计划。据量表的测试结果及其各方面的症状改善程度,这次结束了对A网络成瘾行为的整个治疗。

（三）测试结果

1. 网络成瘾程度调查"中学生网络使用情况表"的得分为6分,无明显症状(0~9)。各维度得分为:成瘾症状(4);耐受性(2);戒掉反应、反复(2);网络成瘾相关问题(2);人际关系与健康问题(1);时间管理问题(1)。

2. SDS抑郁自评量表总粗分:25(标准总分:31.5);无抑郁症状。

3. SCL-90自评量表

表2　A最后一次来访时SCL-90量表得分表

分量表	原始分	平均分	均分±标准差
躯体化	15	1.25	1.37±0.48
强迫状态	13	1.30	1.62±0.58
人际关系	12	1.33	1.65±0.51
抑郁	14	1.08	1.50±0.59
焦虑	10	1.00	1.39±0.43
敌对	06	1.00	1.48±0.56
恐怖	07	1.00	1.23±0.41
偏执	07	1.17	1.43±0.57
精神病性	12	1.20	1.29±0.42
其他项目	08	1.14	

注:原始总分:104,总分:1.16,测试时间:2003年5月31日

◆ 随访调查

7月4日我们通过电话访谈了解到,A在结束"网络成瘾"治疗后,一直以积极、乐观的心态面对生活。先是积极参与了北碚区青年歌手大赛(因SARS之故而延期到6);放暑假后,A一直到处找工作,以体验生活,增长阅历,也为让自己的生活更丰富、充实、更有价值,而不再是以前那样沉迷于虚拟的网络世界中。7月初,A终于找到一份工作,开始体验另一种生活。

◆ 小结

来访者 A 在自己、家长及我们的共同合作下，前后历经四次来访共 49 天，终于走出了"对现实的不满、烦恼—上网—对现实更为不满"的恶性循环，成功地戒除了自己对网络的病态使用，各相关方面都表现出显著的变化。抑郁量表（SDS）的测试结果显示，A 走出了最初的中度抑郁状态；SCL-90 量表的测试结果显示，A 从重度的强迫状态、人际关系、抑郁、敌对及中度的焦虑、躯体化、恐怖、偏执、精神病性、其他醒目转变为所有维度均无症状。A 从外显行为到内在认知上都发生了显著的变化，其病态性使用网络行为已完全得到了矫正。回顾走过的这一个多月的戒网生涯，自觉最主要的有效因素有：对网络的重新深刻认识，对矫正病态使用网络的重要性和必要性的深刻认识，自己的主观意志克制，其他活动的注意力转移，良好人际关系的建立与中学生网络成瘾行为矫治研究社会支持。

附：中学生网络使用情况表

〔个人资料〕

学校：_____ 年级：_____ 性别：_____ 年龄：_____

〔调查表说明〕

该表共包含 40 个题项，答案没有对错之分，我们会对您的回答严格保密。本测试不计时间，请逐题认真回答，每题只做一种选择，不要遗漏。

（一）请在下面几题后符合自己情况的选项上打上"√"。

1. 我上网的地点一般在：A. 家里　B. 网吧　C. 学校电脑室　D. 其他地方

2. 我每天上网时间（小时）：A. 0~1　B. 1~3　C. 3 以上

3. 我每周上网时间（小时）：A. 0~7　B. 7~14　C. 14~28　D. 28~40　E. 以上

4. 我的网龄（月份）：

A. 1~3　B. 4~6　C. 7~9　D. 10~12　E. 13~18　F. 19~24　G. 25~30　H. 31~36　I. 三年以上

5. 我上网最常进行的活动是（从最主要到次之为多选）：

①玩游戏　②浏览网页　③聊天　④收发邮件　⑤查学习资料　⑥交友　⑦参与 BBS 发表见解，⑧其他（请注明）_____

6. 我上网经常用到的网络服务（从最主要到次之）：①娱乐（如游戏、下棋、电影）②关系联系（如聊天、收发邮件、交友）③信息收集（如下载歌曲、软件、事实新闻）④其他（请注明）_____

7. 我上网的主要原因是（可多选）：

A. 表现自我，寻求自信　B. 交朋友　C. 掌握计算机技术　D. 满足好奇心和求知欲　E. 娱乐　F. 逃避现实生活的压力（如：学习、人际关系……）　G. 其他_____

8. 你现在对改正自己不正确地使用网络的想法有多强烈（用 0~10 的一个数字来评价）：

（二）如果下列题项中描述的情形对您来说符合，则在其后的括号里填"√"，若不符合则在其后的括号里填"×"。

9. 我曾试过让自己花更少的时间在网络上，却无法做到　　　　　　　　　（　　）

10. 我只要有一段时间没有上网，就会觉得心里不舒服　　　　　　　　　（　　）

11. 由于上网，我和父母、老师及同学的交流、相处时间减少了　　　　　（　　）

12. 我曾不只一次因为上网的关系而睡眠不足五个小时　　　　　（　　）
13. 比起以前,我必须花更多的时间上网才能感到满足　　　　　（　　）
14. 我只要有一段时间没有上网,就会觉得自己好像错过了什么　（　　）
15. 由于上网,我花在以前喜欢的活动上的时间减少了　　　　　（　　）
16. 我经常上网　　　　　　　　　　　　　　　　　　　　　　（　　）
17. 我常常因为熬夜上网而导致白天精神不振　　　　　　　　　（　　）
18. 我每次下网后,其实是要去做别的事,却又忍不住再次上网　（　　）
19. 我只要有一段时间没有上网,就会情绪低落　　　　　　　　（　　）
20. 由于上网,我与周围其他人的关系不如以前好了,但我仍没有减少上网（　　）
21. 我习惯减少睡眠时间,以便能有更多时间上网　　　　　　　（　　）
22. 从上学期以来,我每周上网的时间比以前增加许多　　　　　（　　）
23. 我常常不能控制自己上网的行动　　　　　　　　　　　　　（　　）
24. 我非常喜欢上网　　　　　　　　　　　　　　　　　　　　（　　）
25. 由于上网,我的学习成绩越来越不如从前了　　　　　　　　（　　）
26. 我曾因为上网而没有按时吃饭　　　　　　　　　　　　　　（　　）
27. 我每天一有空,想到的第一件事就是上网　　　　　　　　　（　　）
28. 没有网络,我的生活就毫无兴趣可言　　　　　　　　　　　（　　）
29. 由于上网,我的身体健康状况越来越不如以前了　　　　　　（　　）
30. 我觉得自己花在网络上的时间比一般人少　　　　　　　　　（　　）
31. 其实我每次都只想上一会儿网.但常常一上网就很久下不来　（　　）
32. 每次只要一上网,我就会有兴奋及满足的感觉　　　　　　　（　　）
33. 我从来没有上过网　　　　　　　　　　　　　　　　　　　（　　）
34. 曾不只一次有人告诉我,我花了太多时间在网络上　　　　　（　　）
35. 我非常厌恶上网　　　　　　　　　　　　　　　　　　　　（　　）
36. 我曾不只一次因为上网而逃课　　　　　　　　　　　　　　（　　）

(三)根据自己的实际情况完成下面的题项,尽量写得具体、详细。

37. 你最初接触网络的时间、原因:

38. 你对网络有什么样的评价或看法:

39. 你上网成瘾后给自己带来了哪些影响(健康、学习、生活、与亲人同学的关系、经济等):

40. 你想改正自己不良的网络使用的原因是什么、有什么顾虑:

第五章 青少年网络犯罪现象与防控措施

青少年违法犯罪案件中与网络有关的占八九成
——中国青年报

2004 年 2 月,家住山西省孝义市的高三女孩梁某通过网络结识了一个网名"阳光男孩"的长春青年,二人很快成为无话不谈的朋友,并建立了恋爱关系。2004 年 8 月,在"阳光男孩"的游说下,梁某放弃了到北京等地读书的机会,考取了一所位于长春的高校。梁某到校报到的当天,两人就迫不及待地见了面。"阳光男孩"自我介绍说叫"高晓宇"。其后的日子里,"高晓宇"带着梁某游遍了长春的各个景点,梁某庆幸自己遇到了"知己"。这期间,"高晓宇"以父母有病,做生意赔了等各种借口,分多次从梁某处借了近万元人民币。

10 月 23 日上午 9 时,"高晓宇"以"带梁某见自己父母"为借口,将梁某骗至事先租好的出租屋,强迫其吃了三片"安眠药",并用绳子将梁某捆在铁床上,在其嘴里塞进卫生纸,封上胶带,再用棉被蒙上。然后,"高晓宇"用事先准备好的新手机卡给梁某家里打电话,索要 20 万元。

在警方的指挥下,梁某父母与"高晓宇"巧妙周旋,经过讨价还价,赎金降至 5 万元,又降到 1 万元。就在"高晓宇"准备去银行取钱时,警方将其抓获,将梁某成功解救。

据长春警方介绍,日前在青少年违法犯罪案件中,与网络有关的已经占到 80%~90%,其中被害人也以青少年居多。今年上半年,长春就发生了三起与网络有关的恶性案件:一起是几名家庭破裂的未成年人,为了上网,到社会上又偷又抢,一天他们将 15 元赃款交给一个只有 12 岁的小孩保管,被小孩贪吃花掉了,因此他们把这个孩子用砖头活活打死;另一起是一伙十三四岁的小网友,为了上网,抢劫一位在同一网吧上网的青年人,青年身上没带钱,几名孩子便挑断了其脚筋;第三起,是一个男孩通过上网认识了一个女孩后,将其骗到住处强奸,又将其掐昏,并放火"灭迹",致女孩重伤。

通过上面的案例,我们可以看出,年轻的生命,在不经意之间,不知不觉地已经被网络扼住了咽喉,花季少年最终变成了罪犯。这是多么令人惋惜,同时,也让我们为之震惊。对于青少年网络犯罪的防控措施,迫在眉睫。

第一节 青少年网络犯罪简介

一、青少年网络犯罪的定义

在人类体验着网络创造的一个又一个奇迹的时候,我们不得不承认网络犯罪越来越严重这一不争的事实。从 20 世纪 50 年代的美国计算机滥用事件到今天的黑客、红客的出现乃至网络病毒产业的恶性膨胀,都说明了今天的网络犯罪不仅形式多种多样,而且波及范围极广。而广大的网民中青少年群体是网络的主要受众,青少年由于受到心智发展的限制,其认知水平比较直观、简单和肤浅,在某种意义上容易受个人情绪的影响。网络中信息的无限量供应使得心理还未成熟的青少年不能做出正确的筛选和判断,此外,青少年时期广泛存在的攀比和盲从心理也使得青少年陷入追逐网络时尚的潮流中不能自拔。受到暴力、色情、淫秽、网络游戏等信息大量冲击时,青少年难以正确认知这些信息,而在未成熟心理的作用下盲目模仿,体验着现实生活中无法体会的行为,青少年网络犯罪随之出现。那么,何为青少年网络犯罪呢?本书认为青少年网络犯罪是指 14 周岁至 25 周岁这一年龄构成的群体通过网络这种通讯手段实施的具有社会危害性、触犯刑法的危害社会的行为。这一概念包含两层含义:一是传统犯罪形式通过网络手段在虚拟的网络世界中延伸,如通过网络进行诈骗、盗窃、抢劫、进行恐怖活动等。二是通过编程、解码等计算机技术或者利用网络信息供应商的角色在网络中实施触犯刑法的危害行为,如网络上的黑客软件的出现,网络病毒的传播和蔓延等等。

二、青少年网络犯罪的分类

2009 年 5 月 15 日,中国青少年研究中心向媒体发发布的《青少年网络伤害课题研究》的调查结果。根据该调查,青少年网络违法犯罪有增长趋势,已成为严重的社会问题。

近年来,我国青少年网络伤害和网络违法犯罪日益增多,青少年的生存与发展面临着现实或潜在的危险。为此,中央综治委预防青少年违法犯罪工作领导小组办公室与中国青少年研究中心合作,于 2008 年 5 月——2009 年 5 月开展了“青少年网络伤害问题研究”的课题项目。

课题调查报告指出,根据公安机关公开发布的数据统计,1999 年我国立案侦查的青少年网络犯罪案件为 400 余起,2000 年增至 2700 余起,2001 年为 4500 起,2002 年为 6600 起。上述数据表明,青少年网络违法犯罪已成为严重的社会问题。

青少年网络违法犯罪主要有四大类型。

类型一:传播色情、暴力、恐怖等网络违法信息。

网络色情信息以其独特的表达方式和传播方式具有诱惑性、隐蔽性和挑逗性,青少年由于心理和生理不成熟,自制能力和判断能力较弱,往往沉溺于色情信息的浏览,难以抵抗其诱惑,引发违法犯罪行为。

类型二:利用网络侵犯他人隐私权、名誉权、财产权等权利。

网络犯罪的一个显著特点就是传统领域犯罪逐步向互联网渗透。犯罪人在互联网上通过各种手段选择被害目标,进而伺机实施违法犯罪行为。其中,以网友见面为幌子实施偷盗、抢劫、敲诈勒索、拐卖妇女、强迫妇女卖淫等犯罪行为,是传统犯罪向互联网延伸的最常见犯罪形式。另外,青少年利用网络实施盗窃行为的案件也屡有发生。

类型三:非法破坏或者非法侵入计算机信息系统的网络违法犯罪行为。

违法犯罪行为人利用黑客手段和制造网络病毒的技术,攻击互联网,非法侵入或者非法破坏计算机信息系统,给国家和社会带来严重的危害。部分青少年利用技术手段非法侵入法律规定以外的计算机信息系统,窃取他人账号、密码等信息,或者对他人计算机实施非法控制,严重危及网络安全。为了打击此类犯罪行为,2009 年 2 月 28 日全国人大常委会通过了《中华人民共和国刑法修正案(七)》,在《刑法》第二百八十五条中增加两款规定,惩罚网络“黑客”行为。这表明计算机信息系统的刑法保护的范围扩大,保护计算机的各种文档、代码、用户的文件、银行账号和其他即时通信账号、邮件账号、网络游戏账号、QQ 等的账户和密码。

类型四：基于网络的诱因实施盗窃、诈骗、故意伤害等违法犯罪行为。

青少年受网络色情、暴力等不良信息的影响，产生犯罪心理，实施盗窃、诈骗、抢劫和强奸等犯罪行为，还有些青少年网民为解决在网吧上网的费用，实施盗窃、抢劫等犯罪行为。这些犯罪行为不仅严重侵犯了公民的人身权利、财产权利等方面的合法权益，破坏了社会秩序，而且使触法的青少年失足成为罪犯，影响了自身的发展。

三、青少年网络犯罪的特点

当前，青少年犯罪呈现出不同于以往的新的特点，现分别从青少年犯罪的主体、犯罪性质和实施手段三个方面加以分析。

（一）从青少年犯罪主体看，呈现低龄化、女性犯罪增多等特点。

1. 低龄化趋势。犯罪年龄提前，是当代我国青少年犯罪的一个显著特点。90 年代以来，我国青少年违法犯罪的初始年龄比 70 年代提前了 2～3 岁。据有关资料统计，青少年犯罪的高峰年龄 1958 年为 25 岁，1980 至 1981 年为 18 岁，1986 至 1987 年为 16 岁。进入 90 年代以来，我国犯罪主体的年龄又有所提前：10 至 12 岁开始有劣迹，13 至 14 岁走上违法犯罪的道路，14 至 17 岁成为犯罪的高峰年龄，18 岁以后成为犯罪主力军。违法犯罪的低龄化趋势潜伏着巨大的社会危害。

2. 女性犯罪增多。女性成员在整个青少年刑事作案成员中的比例不断增加。据有关研究材料表明，"文化大革命"前，女性与男性的犯罪比例为 1∶9；"文革"后，特别是进入 80 年代末以来，女性青少年违法犯罪的绝对数增加，目前增长速度大大超过男性。90 年代，女性与男性犯罪的比例已达 3∶7。过去，犯罪女青年往往依附男性作案，处于从属地位。90 年代以后，女性作案依附性减弱，支配性增强。据对武汉的 13 个犯罪团伙调查，女性起支配、控制作用的有 6 个，占 46％。

3. 闲散青少年违法犯罪突出。这也是一类特殊的违法犯罪主体。一些是辍学的"双差生"，由于缺乏教育和关怀，感到失落而自暴自弃，从而流向社会；另一些是经济困难，迫于家庭负担而退学的"困难生"；还有一些则是由于高等教育资源有限，社会就业压力大等原因，在接受完基础教育后，不得不闲散在家。这些闲散青少年往往法制观念淡薄、社会经验欠缺，容易受不法分子的引诱进行违法犯罪活动。

（二）从青少年犯罪性质来看，一方面是个人自身综合素质的问题，另一方面则是社会结构性问题。

具体地说，某些青少年因为处在社会结构中的特定地位，使其更加容易走上犯罪道路，呈现出突发性、多发性、恶劣性、反复性等特点。

1. 突发性。一些青少年法制观念淡薄，情绪不稳定，不善于控制自己的行为，当遇到某种突发事件的诱导和激发，往往缺乏思考，不计后果，从而导致违法犯罪。这些青少年犯罪人原来并没有劣迹，动机也不明显，其行为带有很大的偶然性和盲目性。据有关部门统计，在青少年犯罪中具有突发性质的案件约占 57％。

2. 多发性。近年来，青少年犯罪呈现不断上升的趋势，尤其是青少年犯罪行为的团伙化、隐蔽化，低龄和女性犯罪现象增多，使犯罪发案率呈高位运行态势。据有关部门统计，1950 至 1956 年青少年犯罪总人数占全国犯罪总人数平均为 20％～25％，1957 至 1965 年平均为 30％～35％，1980 年平均为 61.2％，1988 年平均为 75.7％，1989 年平均为 74.1％，1993 年平均为 60.4％。

3. 恶劣性。50 至 60 年代，青少年犯罪多系小偷小摸、耍流氓等轻微犯罪行为。而在当前，青少年犯罪不但犯罪率高，犯罪人数多，在重大恶性刑事案件中所占的比重也很大。据有关部门统计，在近几年中，青少年杀人案犯一直占全部杀人案犯的 50％左右，青少年流氓案犯占全部流氓案犯的 70％以上，强奸案犯占 55％以上，伤害案犯高达 67％。犯罪手段残忍，暴力性加重，社会影响恶劣，是当前青少年犯罪的又一重要特征。

4. 反复性。有的青少年违法犯罪分子被劳改、劳教后，受到交叉感染，由"单面手"变成"多面手"，以致成为惯犯；有的青少年犯罪时为从犯，在被抓获判刑后拒绝改造破罐破摔；有的在被劳教时表示要痛改前非，但劳教释放后经不起团伙的引诱、威逼又旧病复发；有的劳教释放后，带着报复社会的畸型心态重新走向犯罪。据有关资料统计，重新犯罪者达到青少年犯罪人数的 30％。

（三）从青少年犯罪的实施手段看，呈现出暴力化、成人化、智能化、团伙化等特点。

1. 暴力化。目前，在青少年违法犯罪总量中，仍以盗窃居多，但杀人、抢劫、强奸等暴力性犯罪明显增加，有的青少年犯罪分子集凶杀、抢劫、强奸于一身，有的作案手段疯狂残忍，后果严重，令人发指。据有关资料显示，1991 年末，青少年犯罪中暴力型犯罪案件仅占总数的 7.8％，1995 年底就猛升到 21.95％，增长势头之猛，令人忧虑。

2. 成人化。一些青少年犯罪作案手段日趋成人化，前期有预谋策划，案中行动有分工，案后破坏现场、转移赃物、毁灭罪证等。在一些商品贸易集中地区，有的青少年犯罪团伙公开充当经营者的保护人，受雇保护经营者人身及财产安全，负责经营者之间的债务关系，对债务人进行威逼、绑架、敲诈勒索等。还有的青少年罪犯甚至用行贿，用美色等手段腐蚀、拉拢国家工作人员。

3. 智能化。有相当数量的青少年犯罪分子能够使用现代化交通、通讯工具、各种电子设备、化学材料等先进手段作案，使得青少年犯罪犯案率增大，危害严重。随着犯罪分子作案技能的提高，设计型犯罪作案大大增多，青少年犯罪分子运用先进的知识和技术，逃避司法机关的打击，达到违法犯罪的目的。

4. 团伙化。在当前的社会条件下，犯罪分子在作案时，常常多人参与，协同作案。团伙犯罪在目前及今后仍然是青少年犯罪的主要组织形式，也是常见的、频发的犯罪形式，特别是抢劫、盗窃、诈骗团伙等数量上升更快。团伙犯罪已成为刑事犯罪中十分突出的问题，无论是数量还是危害程度，都远远超过以往。据有关资料统计，青少年团伙犯罪占青少年犯罪的 70％左右。

第二节　青少年犯罪的现状分析

中国互联网络中心 2006 年 7 月 19 口发布第 18 次互联网报告，报告显示，截至 2006 年 6 月 30 日，中国网民总人数为 1.23 亿，增加 2000 万人，与去年同期相比增长 19.4％。报告首次公布手机上网人数为 300 万人。网民的构成以 35 岁以下的年轻人为主，约占上网用户总数的 70％，其中 18 岁以下的未成年人在 1500 万以上。中国青少年犯罪研究会的统计资料显示,目前青少年犯罪总数占全国刑事犯罪总数的70％以上,其中14岁至18岁的未成年人犯罪又占到青少年犯罪总数的70％以上,有70％的少年犯因受网络色情暴力内容影响而诱发盗窃、抢劫、强奸、杀人、放火等几类严重犯罪。据统计,我国网络犯罪案件每年以30％的速度递增,有80％的罪犯年龄在18岁到40岁之间,平均年龄只有23岁。这已引起了社会各界的广泛关注。

(一)案发数量、犯罪人数不断攀升

据公安部公共信息网络安全监察局发布的信息显示,最近几年我国法院判处的青少年网络犯罪人数急剧上升。我国立案侦察的青少年网络犯罪案件1998年达百起,1999年增至400余起,2000年剧增为2700余起,2001年又继续上升至4500余起。以我国台湾为例,岛内未成年人(18岁以下)网络犯罪比率2002年至2003年间增长惊人,虽然警方破获案件数量增长比例达164％,但犯案人数增长比例更高达631％。以破获的未成年人犯罪案件数量来看,2002年岛内破获387件,2003年增至1023件,增长率高达164％。就破获未成年人网络犯罪案件人数而言,2002年仅154人,到了2003年暴增至1125人,增长率高达631％。"可以预料在今后5年至10年左右,计算机网络犯罪将大量发生,成为社会危害性最大,也是最危险的一种犯罪。"

(二)犯罪影响及危害大,辐射面广

网络无国界、无终结、覆盖面大。任何信息经过网络,瞬间可传递到任何一个地方。网络犯罪的蔓延趋势和传播速度是传统犯罪所不能比拟的,尤其在青少年中容易形成交叉感染,这不仅在经济上造成巨大损失,在政治上和文化上也会产生严重的危害,计算机网络犯罪"也将是未来国际恐怖活动的一种主要手段"。

在政治上,一些非法团体组织青年不法分子利用国际互联网制作、传播有政治色彩的有害信息、言论,散布政治谣言,大肆煽动和宣传,造成人们思想混乱,社会不稳定,政治影响恶劣,企图以此达到其罪恶的目的,甚至分裂国家。长期以来,尤其是20世纪90年代以来,我国境内外的"东突"势力为实现建立所谓"东突厥斯坦国"的目的,策划、组织了发生在我国新疆和有关国家的一系列爆炸、暗杀、纵火、投毒、袭击等恐怖暴力事件。他们雇佣青年网络人才利用互联网打着宗教的旗号鼓吹"圣战",进行反动宣传,情报搜集和进行颠覆活动等,对新疆进行思想渗透,严重危害了我国各族人民群众的生命、财产安全和社会稳定,并对有关国家地区的安全与稳定构成了威胁。

在文化上,造成黄色污染,破坏传统文化。一批不法青少年利用计算机网络或软件传播黄色、淫秽、反动、封建迷信、诬蔑、诽谤等有害信息,或者进行网络恶搞,对人们的文化生活产生了不良的影响。据报道,目前境外互联网上有淫秽色情网站十几万个,与色情有关的网页达2.6亿个。境内互联网上有淫秽色情网站700多个,与色情有关的网页上万个。网络色情已经成为青少年犯罪的直接诱因之一。浏览色情网站的同时,广大青少年也成为网络色情的重要的传播者。2006年8月,全国最大的色情网站"情色六月天"被警方查处,该案由于注册会员多,发布淫秽电影、图片多,网络点击数超过1000万而受到全社会的广泛关注。在9名嫌犯中,除1人50岁外,其他8人均为20岁左右的年轻人,其中贺某仅19岁。被告人利用租用的美国服务器,从2004年到2006年建立了"情色六月天"、"情色海岸线论坛"网站、"天上人间"网站、"华人伊甸园论坛"等多个色情网站,利用上述网站发布含有淫秽内容的电影、文章等淫秽电子信息，非法获利 20 余万元，严重污染了文化市场，造成了极坏的社会影响。

这些行为还破坏了和谐的社会秩序，影响了人们的生产和生活。如 2006 年 4 月浙江金华破获一起利用网络散布谣言扰乱社会秩序的案件，一名 20 岁的男子在网络论坛上发布题为"金华惊现多起连环杀人案"的帖子，将发生在金华的两起共 4 人被害案夸大为 8 人死亡，还虚构"该案犯已流窜到永康并在五金城内杀害一少女"的谣言，引起当地市民高度紧张，各种谣言以讹传讹，传得越来越离谱，严重破坏了当地和谐的社会氛围。

（三）财产型犯罪居首

在青少年网络犯罪案件中，利用网络进行的侵财类犯罪占绝大多数。据公安机关的统计，抢劫和盗窃等犯罪比例约占 75% 左右，远高于其他类型犯罪，这表明目前青少年网络犯罪的目的大多是为了获取不法利益。

许多青少年沉迷于网络游戏，由于其无经济来源，在金钱上出现问题时，马上想到的是去抢钱、骗钱，网络就成为其犯罪的工具之一。网络的开放性、便捷性以及网络行为的隐蔽性使这种犯罪变得轻而易举，犯罪成本大大降低，很容易满足一些青少年不劳而获的心理。如 2000 年黑龙江省发生的一起案件，几名青少年因辍学或毕业后无所事事，整日泡在网吧里聊天、打游戏。通过聊天认识一网友，在得知网友准备拿钱去哈尔滨市进货时，几个人便预谋实施抢劫，在以见面为由将其骗到东风新村后，几个人持砖头对被害人进行殴打，抢走手机、传呼机、现金等物，合计价值一万多元。在这起案件中，网络就成为犯罪工具之一，为其提供了信息，创造了条件，使其犯罪阴谋得以实现。类似的案例很多，如利用网络进行偷盗、敲诈、诈骗他人财物的案件时有发生，这严重影响了青少年的健康成长，也给被害人造成了极大的损失。此类案件中，以针对金融和商业领域的网络犯罪的危害最为严重。如发生在湖北荆州市的"龙腾传世"网络侵权案，涉案金额巨大、人数众多，堪称国内"第一大网络侵权案"，被列为 2005 年侵犯知识产权十大案件之一。23 岁的陆某利用在荆州市一家网吧当网络管理员的便利，私自架设网络服务器，利用侵权的网络产品，在网上出售网络游戏装备。团伙成员从一人发展"壮大"到 10 多人，侵权涉案金额近百万元。

（四）网络游戏及网络上的"黄、赌、毒"是此类犯罪的主要诱因

青少年时期是接受教育，树立正确人生观、世界观的关键时期，此时外界环境对其的影响相当大。网络游戏的泛滥、网络上的"黄、赌、毒"问题让人们对青少年的成长增添了更多的担心和忧虑。由于家庭、学校、社会疏于控制与管理，随着形形色色的充斥着"黄、赌、毒"三类信息的网站的建立，青少年到网吧浏览这些信息变得轻而易举。加上对网络暴力游戏的痴迷，网络赌博、毒品犯罪中青少年的介入，许多青少年深受其害。许多沉醉于网络游戏的青少年，易产生模仿心理，模仿游戏中打打杀杀的方式，在对被害人造成伤害的同时，自己也步入了犯罪的深渊。同时，长期的游戏大战，使青少年荒废了学业，成绩下降，在家长不知道怎么回事的情况下，孩子已偏离了学习轨道。北京"蓝极速网吧"失火案件就是我们最惨痛的教训，几名少年轻率的报复行为致使 25 人死亡，多人受伤。青少年由于自我控制能力较差，渴望冒险挑战，不计后果，因此由网络诱发的寻衅滋事、聚众斗殴，制作、传播计算机病毒、破坏计算机程序等犯罪活动比较突出。网吧也容易成为青少年犯罪的多发性场所。

（五）犯罪手段花样繁多，不断变换形态

1. 网络诈骗

网络诈骗是指以非法占有他人财物为目的，利用网络手段虚构事实或者隐瞒真相，骗取他人财物的行为。包括利用游戏装备交易进行诈骗，利用网上购物拍卖进行诈骗，直接利用网络虚构事实进行诈骗等。近期以来，网上骗子挖空心思，手段不断翻新。2005 年 1 月，安徽省联合四川等地警方破获 6 名犯罪嫌疑人开设的假冒"中国工商银行"网站，骗取用户账号密码，盗取用户资金 9 万余元，并通过网上购物诈骗 70 余万元的案件。又如 2005 年 4 月，25 岁的合肥青年方某以网络游戏装备交易为名进行诈骗，在骗得对方 4500 元后，并没有将买方所购买的装备交付对方，而将全部钱款挥霍一空。

2. 网络盗窃

网络盗窃是指以非法占有他人财物为目的，利用网络手段秘密窃取他人财物的行为。包括利用黑客手段盗取他人账号，进而盗取他人财物，如银行存款、股票账号，游戏账号，网络银行账号等。2006 年 7 月，深圳警方打掉迄今为止全国最大的互联网盗号团伙，抓获嫌疑人 44 名，平均年龄只有 21 岁，从 2005 年 5 月～2006 年 7 月，这个团伙共盗取 QQ 号码和游戏账号、装备 300 多万个，盗号团伙最多的一天盗号 30 多万个，已通过淘宝网站出售获利 70 多万元。单在重庆一地，就约有 10 万用户的号码和装备被盗。

3. 虚假、淫秽信息宣传，信息滥用

近几年来，青少年网络犯罪中利用信息网络传播有害数据和黄色信息、发布虚假商业广告、随意侮辱诽谤他人、滥用信息技术等方面的犯罪行为越来越突出。2006 年 9 月 18 口，一个关于"女大学生遭轮奸"的帖子惊现"西祠胡同"网站上，一时令众人唏嘘不已。随之，该帖子引起了江苏省公安厅的高度重视，但调查结果显示，所谓女大学生遭轮奸之事纯属子虚乌有，散布网络谣言的是常熟理工学院的两名大学生。

4. 网络侵权

网络侵权几乎无所不及，在此笔者主要阐述侵犯知识产权与侵犯个人隐私权、名誉权两个方面。随着信息技术的发展，大量的个人数据被各类计算机系统收集和存储，并通过网络传输和调阅，人们的通讯联系也将越来越多地表现为网上交流的形式，例如在线交谈、电子邮件等方式。网上收集、发布信息的便利性对公民隐私等个人数据构成很大的威胁，隐私是指个人信息中不想让他人知道的那部分内容。隐私权是一种不能加以分配、不能让与、不能买卖和讨价还价的权利。保护隐私权的目的并非是保护犯罪分子免受道德和法律的制裁，而是对个人人格、自由的一种尊重与追求。被传播、网络中侵害隐私权的行为方式包括直接侵害、信息的二次或多次信息的扭曲、电脑盯梢等几种主要方式，如在网上恶意捏造、传播侮辱或诽谤性言论，侵害名誉权的方式也很多，如冒用他人名义发布上述言论或信息，未经许可公布他人的隐私等。如 2006 年 7 月 11 日，在"虚拟空间"用网名肆意侮辱网友的南京青年俞某被判侵权，南京市鼓楼区法院责令其在网上公开赔礼道歉，并赔款 1000 元。网络中侵犯知识产权具体表现为侵犯著作权（包括软件著作权、文学作品著作权、影音作品著作权、商标权、专利权、域名权等）。知识产权的核心问题是权利归属问题，权利归属得当与否直接关系到各方的切身利益。由于网络中的作品多以多媒体的形式出现，信息发出与出版的界限不清，而网络中的信息具有共享性，因此网络中的信息很难用传统的知识产权法来保护，法分子侵犯他人的软件、专利、等知识产权成为可能。

5. 网络黑市交易

由于借助于网络的电子商务活动具有知识化、数字化、虚拟化、及时性与全球化等特点，同时消除了中介商，交易各方绝大部分是未曾谋面的，网上合同又是看得见、摸不着的无纸化合同，因此，传统社会中的商务规定无法约束网络中的商品、服务、劳工、资本、信息等方面的交易，即现实生活中的工商、税务、审计、公安局、法院、检察院的约束与管理在网络电子商务活动中可能会失去其效力。青少年利用网络进行的黑市交易主要包括毒品交易、贩卖人口、走私、赌博等。由于网络中的黑市是虚拟的，因此，现实社会中很容易被取缔的黑市，在Internet这无形的市场中暂时尚难以管理，给网络黑市交易留下一定的生存空间。

6. 网络攻击和破坏

网络攻击和破坏就是指利用对方信息系统自身存在安全漏洞及其电子设备的易损性，通过使用网络命令和专用软件进入对方网络系统，攻击和破坏对方计算机程序或数据。例如私自穿越防火墙、侵入计算机系统，以电磁铁使磁带或磁带上的数据或程序丢失，或者以程序设计的方式消除或更改原有的资料，使系统的操作不能达到设计的目的等，尤其以计算机病毒的攻击和破坏最为严重。2007年初，一个25岁的武汉青年李俊发布了一种名为"熊猫烧香"的病毒，该病毒攻击了上千家网站，在短短两个多月的时间里，数百万台电脑瘫痪，造成的经济损失无法估量。

7. 利用网络实施危害国家安全的犯罪

谈及此类犯罪，如东突恐怖分子利用青年网络人才建立反动网站，出版反动的电子刊物，发表反动文章，制造政治谣言和社会热点问题，攻击我国人民民主专政和社会主义制度，诋毁我国政府、党和国家领导人，挑起社会矛盾，企图制造社会混乱，破坏民族团结和社会安定。

第三节　青少年网络犯罪的动机和原因

青少年被认为是祖国的未来和希望，那么为什么在经济飞速发展的今天，青少年这一特殊的群体存在着如此之多的社会问题呢？尤其在网络出现和普及之后，青少年群体的网络犯罪问题会愈演愈烈，犯罪率呈现上升趋势呢？这一切引起了全社会不同阶层人们的深思，可以说，青少年群体是一个缺乏生活阅历、极易受暗示的特殊群体，互联网信息平台的高度开放不仅使青少年的思想观念、行为方式、思维方式、生活方式等发生了巨大变化，也使得青少年网络犯罪的原因呈现多元化趋势，主要包括以下几个方面的原因：

一、社会原因

人不仅是一个生理意义上的人，更是一个社会人，离开了社会，那么人也就不能称之为人了。社会在一个人的成长过程中是至关重要的，如果说"犯罪是细菌，那么社会就是这种细菌的培养基"。正如学者拉卡萨涅所说的那样，任何犯罪都与社会因素相关。青少年正处于社会化的关键时期，他们的犯罪行为也大多由社会因素引起。可以说，今天的青少年网络犯罪呈现上升趋势是与社会中的不良因素息息相关的。下面主要从四个方面分析其中的原因。

（一）社会经济结构的转型引发的新旧文化冲突

随着经济的发展，我国经济体制由计划经济向市场经济体制转型，在经济生活改善的同时，人们的行为方式、思维方式和生活方式也在发生着变化。传统经济结构下的社会规范和社会舆论已经不能够约束人们新的行为。随着环境的变化人们的欲望也在逐渐膨胀，而新兴的文化还未形成规模达到足以约束人们的行为、制约人们膨胀的欲望，无约束的行为和无约束的欲望会导致一部分人选择犯罪的道路。青少年缺少社会阅历，极易受社会影响，在这个不断变化的社会中成为弱者，他们往往面对日新月异的社会不知所措，尤其是网络的普及带来的巨大变化在某种程度上导致了青少年对社会主流文化的认知产生偏差。青少年由于涉世未深，其判断能力、自我控制能力在激烈的文化冲突中显得难以适从，在文化冲突中有的青少年选择了和主流文化规则不相符的行为方式，那么他的行为就已经脱离了正常的轨道，最终导致犯罪。现实中的人们的行为不得不受现实社会规范的限制，而网络中则不同，网络世界没有地域限制、没有国界、更没有现实中诸多限制行为的规则，在虚拟的网络中可以以不同的身份出现，也可以实施很多现实中所排斥的各种行为。当青少年无法对新旧文化做出正确的判断和取舍时，网络提供给青少年排解内心焦虑和恐惧的空间。在这种环境下，青少年难以对网络中的各种文化和各种信息进行判断，甚至将虚拟的网络行为规则作为现实生活中的行为准则，也有的青少年沉迷于虚拟网络中，认为网络世界才是真实的，是他们所向往的世界。可见，经济结构转型带来的新旧文化冲突是青少年网络犯罪的宏观原因。

（二）社会不良环境的污染

改革开放以来，中国打破了封闭局面，经济的迅速发展与法制建设滞后的矛盾使得社会环境中的不良因素有了存活的空间。迪厅、夜总会、电子游戏厅、网吧等都是新兴的休闲娱乐场所，有些游戏厅和网吧的老板为了赚取暴利绞尽脑汁、不择手段地诱导青少年沉溺于电子游戏中不能自拔。长期接触大量的暴力和色情信息必然对青少年产生心理暗示，让他们觉得这个世界就是充斥着武力、血腥的，人只要生存就需要流血牺牲。这些不良信息的污染必然造成青少年性格上的冷漠和残忍。另外，很多迪吧和夜总会都不限制心智还不成熟的青少年进入，很多毒品犯罪和色情服务在迪厅和夜总会中日益猖獗，青少年在这种环境下难免沾染不良习气。可以说，迪厅和夜总会成为了青少年罪恶的温床。

（三）网络的发展导致价值观念的转变

任何一个社会只要处于大变革时期都会出现价值观念的转变，我国经济的大发展使得传统的正直善良、重义轻利、刚健自强、立志求索、公忠爱国的价值观念已被人们淡忘，在一段时期内消费主义开始盛行，"一切向钱看"单纯追逐物欲，见利忘义、权钱交易的腐朽观念逐渐成为价值观的主流。网络的出现使得人们发现在传统现实社会之外还存在着一个虚拟的网络社会，在虚拟的网络社会中人们现实中的社会地位、社会身份都已经不复存在，人们的行为方式和交往方式也在网络环境下出现了新的变化。在这种情况下，传统的价值观念已经不能够充分约束人们的行为。而且网络中西方的信息垄断地位也为人们更多的接触西方的价值观念提供了可能。青少年由于心理上的缺陷，对新形成的价值观盲目崇尚，导致欲望膨胀，而青少年又缺乏相应的能力去满足自己日益膨胀的欲望。传统习俗在控制青少年欲望上显得无能为力，可见缺乏有效的价值观念调整的一些青少年在无约束的情况下选择了犯罪道路，选择了超出常规的方式满足个人的欲望。

二、网络亚文化原因

亚文化是指在一个特定的社会结构中,由个体互动而产生的特定的生活处理方式及各种观念。从某种程度上说亚文化是整个社会文化的一个分支,它是社会整体文化中不同于主流文化的那一类文化。亚文化是一个相对的概念,在现实中亚文化有很多不同的表现形式如同性恋亚文化、人种亚文化、民族亚文化、职业亚文化等等。不同的亚文化有着不同的发展趋势,一些亚文化可以在特定的环境下成为社会的主文化,也有的亚文化在发展中逐渐偏离主文化的发展方向,永远不可能融入到主文化之中。随着网络的发展,网络文化开始兴起,而网络亚文化是网络文化形成过程中不可避免的并在人们的社会交往中起到重要作用。网络亚文化通常是指网络中那些消极的、具有反社会因素的文化。往往以网络暴力、网络色情、网络陷阱、网络黑客、网络游戏为主要的表现形式。网络是信息的大舞台,网络中形形色色的信息源源不断,大量的信息冲击使得人们在判断过程出现障碍。传统现实社会中的价值判断和行为规范在网络中都显得苍白无力。越来越多的人对网络亚文化有了"认同感",尤其是青少年群体,他们已经把网络中的暴力、色情等文化作为自己在现实中推崇和追寻的行为方式并沉浸其中不能自拔。透过网络亚文化,我们发现网络亚文化中有两种表现形式与青少年犯罪有着密切的关系:

(一)网络游戏

网络游戏是萌发于电子游戏中的,对于青少年来说,电子游戏中有很多具有强烈挑战性的内容,游戏中虚幻的场景和情节、游戏中由简单到复杂步步为营的训练方式都具有强烈的诱惑力。很多在校学生在网络出现以前就迷恋于电子游戏,经常往返于电子游戏厅。网络出现之后游戏产业更发生了前所未有的改观,网络中游戏的场景更加逼真,情节更为复杂,网络游戏的设计题材不仅有科幻小说而且有惊险刺激的比赛更有暴力恐怖的搏杀,甚至融入了现实社会中真实的人和事,这使得网络游戏本身就具有无可比拟的吸引力。因此,网络游戏对青少年的诱惑力似乎已经超出了电子游戏所能及的范围。有人认为网络游戏的发展是全球化不可阻挡的潮流,诚然,网络游戏产业虽然带动了一些地方的经济增长,但这些经济增长却是以牺牲青少年的未来为代价的,网络游戏就像"电子海洛因"一样吞噬着青少年的身心。青少年群体是一个特殊的群体,他们的心理还未完全成熟,他们易受暗示、承受社会压力的能力弱、盲目从众,在网络中容易迷失理性的自我,沉迷在网络幻想中,甚至把网络游戏中的游戏规则带到现实中,还有的青少年在现实中模拟网络游戏的场景,这种游戏人生的态度造成了青少年轻视生命、冷漠残忍、缺少爱心等等心理问题,因网络而引发的暴力杀人、抢劫、强奸等犯罪以血的教训告诉人们过度沉迷网络游戏是致使青少年犯罪的诱因。

(二)网络黑客

提及"黑客",人们的感受是不同的,对于遭受黑客猛烈攻击的受害对象来说,黑客是网络安全的破坏者;而对于那些崇尚黑客高超计算机技术的人来说,黑客却是网络空间的主宰者。对于青少年来说,黑客是那么的神秘莫测,充满着神奇的色彩。青少年具有积极探索的先锋精神,他们对于网络技术的掌握较其他人群迅速,而他们喜欢挑战自我,喜欢编写高难度的程序,更喜欢破译各种密码。可以说,他们对网络技术浓厚的好奇心和占有欲是黑客群体年龄年轻化的重要原因。据调查,现在网络中的黑客年龄多在14~21周岁之间,他们的平均年龄是 16 岁,很多人是中学生、高中生甚至是大学生。在黑客眼中,网络中所有的信息都是"公共的",而通向计算机网络的路不止一条,在网络中任何区域、任何门户网站乃至所谓的信息禁区都是畅通无阻的。正是网络黑客的这种网络观念造成了他们无视网络中的社会秩序,故意入侵他人的电脑网络,浏览他人的计算机信息,甚至随心所欲地破坏他人的数据文件。对于黑客来说,运用自己的计算机技术和自己的智慧突破网络中严格的防范措施进入一些网络站点具有强烈的刺激性和挑战性。而青少年群体自身的冒险因素更使得他们积极投身于这一行列。青少年黑客从事攻击他人网络、窃取他人网络信息的犯罪行为从根本上说,并不具有明确的犯罪动机,往往出于恶作剧的因素而不考虑他们的行为可能造成的社会恶果,他们只求通过这种方式满足自己的虚荣心、征服欲和成就感。

（三）网络聊天

网络出现后,网络聊天成为人们人际交往的又一看点,在网络中人们都以代号的形式进行交往,网络行动者可以有一个甚至几个代号,可以以不同的角色出现在网络交往中,网络交往也不会受到身份背景、社会地位的限制,只要通过抽象的符号和字符就可以实现。网络的虚拟性和高度的仿真性导致青少年将虚拟的网络世界与现实世界混为一谈,根本无法区分网络世界中的虚假、丑恶的社会行为。他们沉浸在网络世界中所谓的真实、善良和美好中,但是他们却不知道在这些真实、善良和美好的背后隐藏着多少陷阱。很多青少年也恰恰是利用了网络的这一特点,通过网络聊天结交网友,为寻找犯罪对象创造条件,一旦时机成熟便将网友带到现实中实施犯罪活动。可以说,网络聊天这一前卫交往方式的出现改变了青少年的行为方式和旧的人际交往方式,青春期的青少年自我控制能力较弱,难以掌控自己在网络中的角色,容易在网络交往中迷失正确的方向走向犯罪道路。

三、家庭原因

有人这样说,家庭是青少年成长的摇篮,父母是子女的第一任"教师",父母的言行、品行和行为方式都对青少年心理、品行、世界观和价值观的形成起到榜样的作用。可见家庭因素在青少年成长过程中的重要作用。青少年的社会化进程是离不开家庭教育的,家庭的环境对青少年成长都有着潜移默化的作用,因此家庭环境的优劣是青少年能否走上犯罪道路的重要因素。家庭环境对青少年网络犯罪的影响主要体现在两个方面。

（一）"问题"家庭的出现

家庭在青少年心中应该是温暖、充满爱心,是一个能够遮风挡雨的港湾,是青少年学习社会知识的欢乐窝。家庭对青少年智力的发展,道德品质和个性的形成都产生全方位的影响。可以说,家庭在青少年心中的地位是任何社会组织都不能替代的。因此说美满、健康的家庭环境是青少年健康成长,远离犯罪的重要因素,存在问题的家庭环境往往成为青少年从事犯罪活动的诱因。

"问题"家庭通常表现为:一些家庭的家庭氛围紧张,整日都伴随着争吵声;一些家庭中存在着暴力,崇尚武力至上的观念;还有一些家庭支离破碎,家庭主要成员缺失。家庭心理学研究表明:如果家庭成员之间的关系是建立在互敬、互爱、互相信任、互相关心的基础之上,那么就会培养出孩子的人道主义和诚实、忠厚等优良品质。相反,如果家庭成员间相互之间的关系是冷漠和互不信任的,那么将对孩子的道德成长产生非常消极的影响,会让孩子变得冷漠、自私,更会妨碍他们形成友爱和善良这类重要的道德品质。

对于青少年来说,青春期心理随着外界的变化波动频繁,他们需要在家庭环境中合理调适,达到心理安慰和平衡,这样他们才会健康成长。但是,"问题"家庭的出现必然使青少年因为缺少家庭关爱和温暖而远离家庭,在家庭之外寻求慰藉。网络的出现则使青少年找到了避难所,凡在现实中体会不到的家庭温暖、家庭情感在虚拟的网络中都可以"找到"。网络中的虚拟家庭在表面上看似乎可以满足青少年需要关爱的心理需求,可以使那些离异家庭和单亲家庭的青少年走出家庭的阴影。长时间沉溺在网络中的青少年可能会忘记自己在现实生活中的角色,盲目认为网络中的一切都是真实的,这往往造成青少年日渐疏远真实的家庭成员,更无法专注于生命中珍贵的友情和爱情,在网络暴力和色情的影响下冷漠的对待家人、朋友和同事,从而引发部分网络犯罪的发生。

(二)网络环境下的青少年家庭教育存在缺陷

青少年在家庭中成长,必然受到父母的影响。家庭教育是全方位、多层次的教育,是青少年心理成熟的必经阶段。良好的家庭教育不仅是预防青少年犯罪的第一道防线,更是为社会培育良才的摇篮。家庭成员的品德修养、家庭成员的心理素质和性格特征都深深影响着青少年的心灵。因而说,不良的家庭教育可能会造成青少年不健全的人格和畸形的心理。网络这一新生传播媒介的出现更是为青少年的家庭教育带来了新的问题。网络中蕴涵了无所不包的信息资源而且以强烈的视觉画面吸引着青少年的眼球,当青少年在网络中接受的信息超过他们的承受能力时,他们不论在心理上还是在精神上都会出现紊乱,这个时候他们需要家庭的正确引导。有的青少年沉迷于网络,而家长在发现问题的时候不能够采取正确的教导方式往往以打骂甚至进行限制自由等暴力方法强行约束青少年远离网络,这些方式往往造成青少年的普遍反感。一旦青少年涉足网络甚深,强烈的反叛心理和网络成瘾心理必然会造成他们采用极端犯罪的方法解决与父母之间的冲突。如果说,青少年的先天遗传基因和生理的发展是青少年个性发展的物质前提,那么后天的家庭环境和家庭教育就是青少年心理发展的关键。因此,家庭教育方式失当必然致使家庭教育的功能丧失,而青少年在没有正确的引导会形成错误的道德观念和人格缺陷,这些因素很可能为青少年网络犯罪埋下祸根。

如果说网络环境下家庭教育方式不当是青少年从事网络犯罪的重要原因,那么生活节奏加快造成很多工薪家庭的父母疏于管教也是造成青少年网络犯罪的重要原因。造成家长对子女疏于管教的原因主要有:

1.错误的教育观念造成家长在不自觉中放弃了对孩子管教的义务。很多家长认为学校的责任在于对青少年进行学习教育,而家庭的责任在于供给青少年生活之需。这种观念造成很多家长认为只要将子女的生活管好就尽到了为人父母的责任,很多青少年便得到了心理暗示更加为所欲为。

2.家长投入大量的精力改变子女的物质生活,而忽视了子女的精神需求。青少年的健康成长需要一定的物质生活条件的保障,但是他们更需要的是家庭的精神关爱和健康的家庭环境。所以,我们说成长中的青少年在精神上是需要父母关爱的,只有健康的精神面貌才能让青少年健康成长。现实中很多家长忙于工作,缺少和子女的沟通,更不了解子女所接触的人和事,而青少年在缺少正确的宣泄渠道的时候,网络便乘虚而入。网络环境下的青少年如果没有正确的引导,很难判断哪些信息是应该接受的,哪些是应该排斥的。网络中大量的暴力和色情信息会使青少年养成自私、霸道的性格,为青少年走上网络犯罪道路埋下导火索。

四、学校原因

有人说家庭是青少年成长的摇篮,而学校则是青少年离开家庭之后登上的第一个舞台。青少年时期的核心任务是学习科学知识,培养正确的价值观和人生观。良好的学校教育可以推动青少年的社会化进程,使青少年健康成长。反之,学校教育中如果出现某种失误则会使青少年形成不健全的人格,造成青少年的畸形发育。网络环境下,学校教育主要存在以下缺陷:

(一)学校轻视青少年的心理健康教育

学习文化知识是青少年的成人、成才的必经阶段,学校是青少年学习文化知识的主要场所。因此学校应该重视文化知识的传授与考核。但是,当前很多学校片面追求"升学率",大力推行"应试教育",单纯重视青少年的智力教育,轻视了青少年非智力因素的培养,尤其不注重环境的改变给青少年带来的心理问题。应试教育的弊端就在于它忽视了青少年的心理教育,环境的变化造成很多青少年的心理处于亚健康状态。据有关部门统计,目前全国有3000万青少年处于心理的亚健康状态,其中中小学生心理和行为障碍患病率为 $21.6\%\sim$ 32% ;大学生心理和行为障碍率为 $16\%\sim25.4\%$,并且近年来有上升趋势。正是因为青少年缺乏正确的心理调试方法,在这种情况下他们的心理问题极为严重。网络的出现影响着青少年的行为方式、思维方式和生活方式,生活中诸多问题的改变会造成心理还不成熟的青少年处于新旧观念的矛盾中,不能对新出现的事物做出正确的判断,而学校在心理健康教育方面的重视程度不够,甚至根本没有认识到网络的到来对青少年的心理的影响。青少年由于缺少正确的引导往往产生与社会规范相背离的行为,最终导致犯罪。

(二)学校忽视了对"差生"青少年的关爱

在某种程度上,学校往往是通过学习成绩的好坏来区分"好学生"和"差学生",通过学习成绩给学生贴上"标签"。好学生由于学习成绩好可以获得某种优待,而差学生则因为成绩差受到老师和同学的"歧视",甚至部分老师和学生竟然将他们视为学校中的"害群之马"。学校的这种歧视性教育严重伤害了"差生"青少年的自尊心,甚至造成他们丧失了自信心,使他们对学校教育产生了强烈的抵触情绪。一些"差生"青少年在丧失心理寄托的情况下滑向了网络世界。虽然在现实中他们是"差生",但网络中并没有现实中的"标签",青少年在现实中失落的自信心和自尊心可以在网络中重新找到,这使得很多"差生"青少年完全沉浸在网络的自由世界中。这些"差生"青少年由于存在心理不健康的因素难以在网络中对大量的信息进行正确的判断,最后可能造成他们中的某些人在禁不住诱惑之后走向犯罪道路。因而,我们说学校忽视了对"差生"青少年的关爱在一定程度上造成了他们成为网络犯罪的主体。

五、个体心理原因

犯罪心理是指支配行为人实施犯罪时的心理活动和相关心理因素。犯罪心理因素主要包括认识和意志的活动规律以及心理学中的气质、能力、动机、性格等等和心理有关的因素。青少年心理发展过程中和社会化进程中的各种矛盾引发了青少年的犯罪心理因素。青少年是一个特殊的群体,青少年阶段又是青少年社会化的关键时期。在这一时期,青少年群体自身存在的生理和心理特点决定了他们在社会化过程中处理各种矛盾的能力薄弱,缺乏合理调节自己活动的能力,在认识能力和意志能力、自我意识内部各成分之间都存在着矛盾。而且青少年缺乏敏锐的辨别能力,容易情绪化,在遇到问题的时候不能够做出正确的判断,甚至会产生焦虑和不安,在这种情况下可能形成犯罪心理,实施犯罪行为。网络普及以后,网络中庞杂的信息连续冲击着青少年的思想,使得他们的自我意识出现紊乱。青少年群体自身具有强烈的好奇心、极强的挑战欲和敢于冒险等等特点,而这些有别于其他群体的心理特点是青少年网络犯罪的内因。

（一）青少年的模仿心理

模仿是指在没有外界控制的条件下,个体仿效他人行为举止而引起的与之相类似的行为活动。法国社会心理学家塔尔德(Jean Gabrel Tarde,1843～1904)在《模仿的法则》一书中指出了模仿心理在人格形成和人的社会化进程中的重要影响。塔尔德的模仿理论认为模仿是先天的,是人类生理特征的一部分。可见,模仿在人的社会化进程中起着重要的作用。青少年阶段正是社会化的关键阶段,也是他们模仿能力最强的一个阶段。青少年的模仿能力最初体现在家庭生活中青少年对父母语言和行为方式的模仿上,在他们成长的过程中也出现了他们对周边人和事以及接触事物的模仿上。青少年具有极强的模仿性使得他们在网络中大量的模仿各种行为,尤其模仿网络游戏中的各种暴力情节。现今沉迷于网络中的青少年绝大多数都是被网络游戏所吸引,而网络游戏中充斥着大量的暴力、色情、恐怖信息,青少年长期沉溺在网络游戏中造成了他们大量模仿网络游戏中的语言和行为,并将网络中虚拟的逻辑和原则应用到现实中。很多青少年的网络暴力性犯罪行为都源于青少年的模仿心理,由于最初的犯罪动机只是出于模仿和实践,在犯罪之后青少年很自然地淡化了网络暴力性犯罪带给社会的恶果。

（二）青少年的猎奇心理

猎奇似乎是人的天性,是人们强烈求知欲的表现。人人都有猎奇心理,只不过这种猎奇心理会随着年龄的增长、社会阅历的增多、心理的成熟逐渐减弱而已。青少年正处于生命的旺盛期,这种猎奇心理最为强烈,往往在这种猎奇心理的作用下逾越行为准则做出偏离正常社会规范的行为。青少年的猎奇心理在网络中更为严重。网络是新兴的传播媒介,网络中蕴涵着大量的信息,出于猎奇心理,他们渴望接触更多的人,体验更多新奇的生活,更渴望了解现实生活中无法接触的信息,青少年这种强烈的猎奇心理促使他们进行大量的尝试行为。例如,网络黑客最初攻击他人的电脑网络就是猎奇心理在作怪。网络中的青少年虽然具有强烈的猎奇心理,有着接触新事物,尝试新行为的敢做敢为的性格优势,但是他们还不完全具备辨别是非的能力,容易造成对犯罪行为的模仿。

（三）青少年的反社会意识心理

青少年的反社会意识是青少年犯罪者的基本心理特征,对犯罪者的犯罪行为往往起着支配性作用。在特定的条件下,这种反社会意识会驱使青少年走向犯罪道路。青少年的这种反社会意识心理的出现往往是在他们的家庭、学校等社会环境中的消极因素的基础上发展起来的。反社会意识主要表现在青少年反社会的人生观和道德观的形成上。我国青少年以独生子女居多,这些青少年在成长过程中往往形成了以自我为中心、惟我独尊的个性,造成了青少年在社会生活中极端的利己性。随着网络文化的兴起,网络中大量的暴力、搏杀、弱肉强食、个人欲望的急速膨胀等观念强烈地冲击着青少年的思想观念,造成青少年在网络中人生观、道德观的缺失。他们颠倒了善恶观念、没有了起码的道德责任,甚至也丢失了传统的行为准则。没有社会规范的约束必然造成青少年在网络中迷失方向,偏离正确的行为轨道,做出逾越社会规范的行为。

第四节　青少年网络犯罪的防控措施

青少年网络犯罪已经成为日益严重的社会问题,必须通过社会多方面的共同努力,采取综合治理的措施,建立和健全防控体系,既要从教育和德育入手,以人为本,加强对青少年的网络伦理教育,也要从技术、管理入手,加强社会对网络信息资源的控制,更要健全相关的法律法规,做到有法可依和有章可循。

一、技术防控

青少年网络犯罪是针对和利用计算机信息网络技术而实施的一种高科技、智能化的犯罪,从青少年网络犯罪的现实情况和成因来看,计算机信息网络系统的脆弱性以及网络本身的不完善性是使得犯罪得以顺利实施的主要原因之一,因而从技术角度研究预防和控制青少年网络犯罪是一个至关重要的方面,要有效预防青少年网络犯罪,首先就必须在技术方面占据制高点,达到"以技制技"的目的。

目前,网络犯罪的技术防控手段主要有以下几种:一是采用路由器把住 Internet 出口并在用户服务器上运用专门软件设置过滤网关以对抗利用信息网络传播淫秽内容的犯罪;二是运用预防与杀毒相结合的办法以对抗传播计算机病毒的犯罪;三是运用加密措施和设置防火墙以对抗非法入侵计算机网络信息系统以及泄密、窃密、盗窃软件程序等犯罪;四是运用主体意识和验证的技术以对抗针对金融系统的计算机网络信息系统的犯罪。当前的这些技术虽然成功地阻止了一部分网络犯罪行为的发生,但从更长远的角度来看,我们必须加大人力物力的投入,不断研发出更为先进的网络安全技术,提升网络在信息锁定、信息自动过滤、不良网站提醒或者屏蔽、监视访问网站记录、卸载保护、访问时间设定、网址过滤、预设定及信息自动更新等方面的功能,减少网络不良信息对青少年的毒害和引诱,并对已经发生的网络犯罪行为进行有效的侦查和处理,在技术方面震慑犯罪分子。

二、法律救助——完善青少年司法制度

中国的青少年司法制度就是指我国社会、家庭、学校依据法律之规定,教育与保护青少年健康成长,以及司法机关依法处理有关青少年犯罪案件的制度。在治理青少年犯罪中,司法的作用是至关重要的。可以说,科学地构建青少年司法制度是预防和治理青少年犯罪的重要保障。网络环境下,青少年网络犯罪问题已经成为青少年犯罪的新的犯罪态势。因而,青少年网络犯罪的法律救助在新时期就有了新的社会意义和法律意义。

(一)增强青少年的网络法律意识

青少年由于年龄和心理状况等方面的限制,对法律知识的了解很有限,缺乏对自身行为合法性的正确的判断。而网络环境下,青少年更是如此。很多青少年从事网络犯罪活动之后

竟然浑然不觉自己已经触犯了法律。因此，应当增强青少年的网络法律意识，帮助青少年了解相关的网络立法。只有了解和熟知网络立法，青少年才能够对自己的网络行为的正当性和合法性有明确的认识。目前我国的网络立法不够健全，不能真正从操作性意义上去约束人们的行为。因而，普及和加大青少年对目前网络立法的学习具有重要的意义。

（二）加快青少年法庭的建设

青少年犯罪问题是一个世界性的问题，因而世界各国在防治青少年犯罪方面都采取了积极的措施。由于青少年犯罪与成年人犯罪有许多不同的特点，因而世界上很多国家都建立了青少年法庭或青少年法院，专门从事青少年犯罪案件的审理。例如美国建立了世界上第一个少年法庭，日本建立了少年法院作为基层法院的一种具体形式。从世界不同的国家建立的模式各异的少年司法制度来看，青少年司法制度的建立对于完善司法机构，解决有关青少年犯罪案件缺乏专门机构处理的问题有重要意义。我国的少年法庭等司法制度还处于试验探索阶段，少年法庭或少年法院司法制度并没有正式成为我国的少年司法制度的主体。现今，网络环境下的青少年犯罪也为青少年法庭的建立提供了新的要求。因此，加快我国青少年司法制度的发展对于新时期，新的网络环境下青少年新的犯罪态势的研究具有重要的意义。

三、教育防控

（一）加强青少年正确的世界观、人生观和价值观教育

这是从思想根源上预防我国当代青少年网络犯罪的重要措施。由于经济社会的影响，传统的思想道德伦理观念受到了极大的冲击，社会价值体系开始出现了多元化的倾向，各种"主义"肆意横行，因此，当代的青少年只有树立了正确的世界观、人生观和价值观，才会心明眼亮，对世界、社会、人生有一个正确的看法，才能具有正确的政治方向和政治立场，从而掌握明辨是非、真假、美丑的正确标准，进而提高自己对网络中各种反动、腐朽、落后思想的认识、评价、辨别的能力，自觉抵御敌对势力和腐朽生活方式的侵蚀，做到在网络中既能吸收和借鉴人类社会创造出的一切文明成果，又自觉克服形形色色的影响青少年正确世界观、人生观和价值观形成和巩固的消极成分，才有可能树立起崇高的理想信念和良好的网络道德风尚，自觉遵守网络法律法规制度和打击网络不法行为。加强对青少年正确的世界观、人生观和价值观教育，首先就要引导青少年学会运用马克思主义的立场、观点和方法，在复杂的网络环境中正确认识人与社会的本质关系，正确认识虚拟世界和现实社会的联系与区别，正确理解人类社会发展的客观规律。其次，要引导青少年树立正确的世界观、人生观和价值观，自觉坚持爱国主义与国际主义、自我价值与社会价值的统一，处理好个人与集体，局部与全局的关系，引导青少年在计算机网络经济、政治和文化建设中，充分发挥自己的主观能动性，在为社会做出贡献的过程中实现自身的价值。

总之，面对变幻莫测的国家形势，面对物欲横流、诱惑肆虐的网络世界，我们应当加强对青少年正确的世界观、人生观和价值观教育，使得青少年在西方敌对势力"西化"和"分化"图谋面前，确立起科学的世界观、人生观和价值观，将远大的理想、坚定的信念和人生的追求有机统一起来，保持一个纯洁崇高的思想境界，自觉抵御腐朽思想的侵袭，从根本上预防网络犯罪的发生。

（二）加强网络伦理教育

在青少年网络犯罪越来越猖獗的情况下,社会首先想到的是采用刑罚的手段,对犯罪分子予以严厉的打击,从而保护和谐的网络秩序。然而刑罚的目的不仅在于惩治正在发生和已经发生的犯罪行为,而且还在于预防正在准备发生或即将发生的犯罪行为。刑罚表明了社会对犯罪行为的最严厉的谴责,它使每个人产生一种预防和警示效应,但这种一般的预防效力并不是无能的,单凭刑法的存在并不足以使犯罪分子彻底放弃犯罪的念头。社会学研究认为,从本质上讲,法律对策不可能实现对青少年网络犯罪的内化控制,也不可能从根本上阻止青少年在网络上的越轨行为。因此,要想比较彻底地减少和消除网络犯罪行为,应当以人为本,从教育入手,加强对青少年的网络伦理教育,培养他们的正确的网络伦理道德观念,使其在思想上建立起一道防范网络犯罪的屏障。

网络的快速发展,造成了相应的网络伦理道德大大滞后,甚至到现在也还没有引起社会的普遍重视。也正是因为如此当前大力着手网络伦理教育就显得非常必要。与技术、法律、管理等社会控制方法不一样,网络伦理教育是从人的内心形成良好的道德情感、道德信念和善恶是非观念,自觉的以一定的道德原则来规范和约束自己的网络行为,是一种自律的内化控制方式,而其他的控制方式都是从外部着手,调整人们的外部行为,具有被动性和强制性。因此,从思想上筑起一道自觉抵御犯罪的心理防线,是其他预防措施的有力利流。正如吉恩·史蒂芬斯在《信息空间的犯罪活动》一书中所指出:"展望未来,要通过技术和常规的立法程序去遏止信息空间的犯罪活动困难重重,最根本的解决办法只有一条,那就是道德和人生价值观,要让人们有这样的一种信念:偷窃、解密和私自侵入是不可取的。如果全部计算机用户都遵守这样一种信念,信息空间就如同缔造者所设想的那样,成为神奇美好之地。"

信息高速公路专家科尔里奇在评论莫尼克事件时说:"联网电脑操作社会活动,需要讲究准则。这实际是一种非常重要的现代技术活动或社会活动的准则,即使是将这种活动看成是一种游戏,那么这种有几万人参加的游戏,不讲规则肯定不行。""我们应该提倡一种'电脑道德',这是一种典型的现代道德观念,也是一种科技与社会相互融合、相互交叉的全新的伦理观念。"

美国波士顿学院的斯皮内洛是在信息技术论理学研究方面颇有建树的专家,他在《世纪道德:信息技术的伦理方面》的中文版序言中写道:"社会和道德方面通常都很难跟上技术革命的迅猛发展。而像中国这样的发展中国家在抓住信息时代机遇的同时,却并不总是能意识到和密切关注各种风险,以及为迅猛的技术进步所付出的日渐增长的社会代价。总之,技术的步伐常常比伦理学的步伐要急促得多,而正是这一点对我们大家都构成了某些严重威胁。技术力量所造成的社会扭曲已有目共睹。因而,完全被信息技术支配的危险以及置身于社会学家韦伯所谓的'铁笼'之中的担忧都是实际存在的。"

从总的方面来讲,当前网络领域的道德伦理应当包括两个方面的含义:一是每个网络用户对计算机网络的正确使用必须承担社会责任;二是每个网络用户除对自己的网络使用行为承担责任,还应该监督其他网络用户的网络行为,使得其他用户也不敢越轨,一旦发现了网络犯罪行为,就应该及时向有关机构报告,争取使不法行为尽快被披露、惩罚和打击。

同时,网络伦理道德是随着科技的进步所发展起来的一种新科学文化伦理规则,它是传统的社会道德的引申和强化,因此在加强网络伦理道德教育时,应当积极吸取中国传统文化中的优秀道德内容,以达到更好的教育效果。网络行为的匿名性和自主性导致了网络行为的弱社会性和弱规范性,这最需要"慎独"、需要"良心",最应该"己所不欲,勿施于人",而不应该采取不择手段的竞争。

网络道德伦理教育应当做好以下几个方面的基础性工作:

一是确定网络道德规范。网络道德规范可以分为两个层面:一是倡导性规范;二是限制性(禁止性)规范。在网络道德建设的初期可以先确定第二层面的规范内容,在这里提出网络道德的"十不"规范:(1)不散布谣言、小道消息等不良信息;(2)不作低级趣味的网上聊天;(3)不作虚假、虚伪的网上交友;(4)不点击网上文化垃圾内容;(5)不扩散网上黄色淫秽内容;(6)不利用网络损害他人名誉和人格;(7)不散布垃圾邮件;(8)不违反网站 ISP 安全策略和服务条款的网上行为;(9)不侵犯他人的知识产权;(10)不在网上发表不正确的言论。

二是加大宣传力度,引导青少年形成正确的网德观。通过大众媒体,正面宣传网络伦理道德,形成以网络道德规范为主线,以弘扬网德正气,营造讲网德光荣和违背网德耻辱的舆论环境为重点的网德教育,鼓励发布进步健康有益的健康信息,防止反动迷信、淫秽庸俗等不良内容。同时,要引导青少年自觉学习和遵守 2001 年 11 月 22 日共青团中央、教育部、文化部、国务院新闻办公室、全国青联、全国学联、全国少工委、中国青少年网络协会等 8 个单位联合发布的《全国青少年网络文明公约》,即:"要善于上网学习,不浏览不良信息;要诚实友好交流,不侮辱欺负他人;要增强自护意识,不随意约会网友;要维护网络安全,不破坏网络秩序;要有益身心健康,不沉溺虚拟时空。"积极倡导和营造一种健康有益的网络行为和网络文明。

第三,要开展一些专项主题教育,潜移默化地影响青少年网络伦理道德观念。如举办"网风"、"网德"主题教育,网络法纪教育和网络爱国主义教育,使得青少年认识到网络越轨行为的危害性,从而自觉地约束自己的网络使用行为。

(三)积极引导青少年形成正确的网络心理

通过前面的分析可以看出,消极的网络使用心理也是导致青少年网络犯罪行为的原因之一。因此,我们应当根据青少年的身心特征,教育和引导青少年以积极的正确的心态接受网络,帮助青少年淡化并消除有碍于科学评判、正确接受网络的心理误区,使之保持正确的认知协调水平,提高青少年对计算机网络的科学认识、评价和接受能力。

第一,要引导青少年正确的看待计算机网络。总的来说,网络时代的兴起对社会经济发展,提高人们的生活质量,丰富人们的生活内容都起到了很大的作用。但在当前多元文化并存的客观形势下,网络对青少年的负面影响不容忽视。对泛滥于网上的黄色信息、反动信息、宗教信息、迷信信息等,我们要引导青少年坚持正确的善恶评价标准,以是否有益于身心健康为准绳来接受信息,对那些有害身心健康的消极腐朽信息,要自觉远离。

第二,要引导青少年克服盲目仿效的心理。告诫青少年要抱着获取有用的知识信息内容、提高和锻炼自己的能力、为社会创造财富的目的去上网,避免简单盲目地追逐和仿效他人,要以符合社会主义人生价值标准的行为方式在网络社会中表现自己的文化素质和兴趣爱好的独特性。

第三,要引导青少年正确的上网心态。要利用网络内容的丰富性、实用性、多元性、娱乐性等特征促进自己学习和工作的效率,丰富生活的情趣,提高生活的质量的心态上网,而不能成为网络的奴隶,为"网"消得人憔悴,甚至染上"网络综合症"而不能自拔,既未能完善自我,又成为了计算机网络的牺牲品,这有违网络创立的初衷。总之,只有用这种理性的心态对待网络,才能促使青少年以开放的思维,吸收计算机网络中游戏的文化成分,减少不良文化信息的负面影响,以此防止滑向网络犯罪的泥坑。

（四）建立一支高素质的网络思想政治教育工作队伍

青少年网络犯罪不同于一般传统犯罪,它是一种高智能、高技术的犯罪,这就为网络思想政治教育工作者自身素质提出了更高的要求。网络思想政治教育工作者的计算机网络信息素质直接关系到思想政治教育水平。为适应网络教育工作的需要,网络思想政治教育工作者必须走专家化的道路:

第一,要积极学习和研究青少年的网络心理知识,较深入地了解青少年的网络犯罪心理,把握青少年的一般心理规律,有针对性地开展青少年网络心理教育,并对一些具有不良网络心理的青少年进行心理矫正,防上犯罪发生。

第二,要深谙思想政治教育理念和规律,破除旧的不适应时代发展的传统的思想政治教育的观念和手段,适时改进我们的教育理念和手段,使思想政治教育工作充分利用计算机网络资源和网络优势,大力抓好思想政治教育网络化工作。

第三,网络思想政治教育工作者要具备优秀的计算机网络信息意识、信息能力和良好的信息道德,同时抓紧学习现代信息技术、网络知识和网络信息道德规范,提高网络信息技术的使用技能,加快信息传播手段的更新改造,真正实现《教育部关于加强高等学校思想政治教育进行网络工作的若干意见》中所要求的那样,"培养一支既具有较高政治理论水平、熟悉思想政治工作规律,又能较有效地掌握网络技术、熟悉网络文化特点,能够在网络上进行思想政治教育工作的队伍"。

四、加强对青少年的教育与管理

在治理青少年犯罪的过程中,必须做好对青少年的教育与管理这项基础工程。在这方面,家庭和学校责任重大。此外还应建立家庭、学校和社会互动的教育、管理体系,加强三者之间的协调与配合。

（一）加强与完善青少年家庭教育

家庭是防范青少年犯罪的基础,也是预防青少年犯罪的第一道防线。家长应本着对后代、对社会高度负责的态度,抓好对孩子的教育。家庭教育必须在以下几个方面下功夫,才能达到社会治安综合治理的目的。

一是强化家庭教育功能。家庭教育是全方位的教育,是青少年思想道德形成的基础,尤其是早期的家庭教育,对一个人的素质优劣起着关键作用。在家庭教育中,家长要细心观察孩子的异常表现,及时严肃、认真地抓紧教育,防微杜渐。

父母对子女所进行的早期教育要遵循青少年身心发展规律的客观要求,注意教育的方式方法。既要严格要求,又要耐心教育;既不能百般溺爱,又不能简单粗鲁。要动之以情,晓之以理,使他们体会到家庭的温暖和父母的关心,不至于产生抵触情绪而失去教育效果。此外,父母对子女的培养要注意从品行、素质和性格方面抓起,坚持德育和智育并重,尤其要注意培养孩子分析问题、解决问题和适应社会的能力,帮助孩子树立正确的人生观、价值观。同时要关注单亲家庭子女的教育问题。

二是家长应努力提高自身素质。家长素质的高低决定和影响着其对子女的教育方式、教育内容和教育的结果,是家庭教育成败的关键,同时又由于父母是子女的第一任老师,他们的言行对子女具有潜移默化的影响,因此家长应努力提高自身的文化素质和道德素质,努力完善自我。"身教胜于言教",为人父母者要品行端正,克服各种不良行为习惯,在日常生活中以身作则、言行一致,以自身人格魅力感染子女。父母应尊重孩子的选择和追求,帮助孩子扬长避短,发挥自己的优势,根据社会的需要走适合自己的成才之路。

三是加强家庭法制教育。家长必须具有一定的法律知识和法制观念,创造良好的家庭法制环境,使孩子耳濡目染,养成守法行为和习惯,为日后的法制教育打下良好基础;当孩子走进学校、步入社会时,家长还应根据学校法制教育的要求和社会法制教育的需要,配合学校、社会对他们加强法制教育和管理。只有用法律武装青少年的头脑,才能有效预防犯罪。另外,家长要注意对孩子进行理想教育、道德教育,坚决纠正以金钱和物质刺激的错误方法。

与此同时,对于父母也要进行法制教育,使得他们明确什么行为是违法、什么行为是犯罪。父母发现子女有违法犯罪行为时,应及时检举、揭发,配合有关部门工作。而父母引诱、纵容、教唆、强迫子女违法犯罪的,则要负法律责任。经过法制教育后,青少年违法犯罪现象必定会大大减少,父母也不会由于包庇、窝藏或教唆子女等而走上违法犯罪的道路。

(二)改善学校教育,强化学校管理

改善学校教育,强化学校管理,应成为学校预防青少年违法犯罪的主要内容和措施。具体地说,必须抓好以下几个方面工作:

一是端正办学思想,加强思想政治教育。改变片面追求升学率的错误做法,端正办学思想,全面贯彻党的教育方针,积极推进素质教育,特别要加强对青少年的思想政治教育和法制、道德教育。通过思想政治教育帮助青少年树立正确的人生观、世界观和价值观。

二是对青少年加强素质教育,改进和完善教育方法。预防青少年犯罪的关键是全面提高青少年自身的素质。因此,学校教育要努力实现由应试教育向素质教育的转化,确立以人为本理念,把课内教育和社会实践、课外活动有机地结合起来,把家庭教育、学校教育与社会教育紧密结合起来。积极创造有利于青少年锻炼和实践的机会,大力开展青少年喜闻乐见、丰富多彩的课外活动。要把对有不良行为学生的教育、转化工作,作为考核学校和教师工作的一项重要指标,义务教育阶段不得开除学生,不得轻易将有不良行为的学生推向社会。总之,学校应全面提高青少年的思想道德素质、文化素质和身心素质。

三是加强学校法制课程建设,有效推进青少年法制教育。在各级、各类学校普遍开设法制课,落实计划、课时、教材、教师,改进教育的方式方法。这是改进学校教育工作,预防犯罪,培养学生健康成长的重要措施。通过法制教育,使学生分清合法与非法、违法与犯罪的界限。

四是提高教师素质,关心和爱护学生。教师应树立强烈的责任感和事业心,努力提高自己的思想、文化、业务水平,加强职业道德修养,用良好的言行影响和教育学生,帮助他们健康成长。对先进的学生和后进的学生应一视同仁,对有缺点的学生要循循善诱,实现后进学生的转化。无数事实证明,教师对那些缺点较多的学生的关怀和热爱,是转化这些学生的关键所在。因此,在当前的学校教育中,对待"双差生"、"问题生"、失足生如能采取正确的教育态度,积极挽救和转化他们,将会有力地预防和减少青少年犯罪。

综上所述,学校应始终如一地把培养"四有"新人作为加强综合治理、预防青少年犯罪的目标,实现"治本"的目的。

(三)建立家庭、学校和社会"三位一体"的教育管理体系

家庭、学校和社会都在各自职责范围内,采取不同的手段和方法对青少年进行教育和管

理。然而,三者不是孤立的,而应该协调配合、通力合作,建立家庭、学校和社会"三位一体"的互动教育管理体系,形成齐抓共管的局面。鉴于当前我国学校教育与家庭、社会教育失衡的现状,学校应承担起家庭教育指导者和社会教育组织者的责任。家庭和社会应主动协助学校做好青少年的教育和管理工作。

首先,学校应该通过进行家访、召开家长会等方式,保持与家长的密切联系。将家庭教育和学校教育连接起来,互通情况,全面把握孩子的成长情况和存在的问题,增强教育的针对性和时效性,从而收到较好的教育效果,力求从源头上控制青少年违法犯罪。

其次,学校应该主动争取社会力量的配合和支持,一方面,要如实地将从学生中反映出来的社会各方面的问题,向有关单位和部门及时反映。社会各有关部门也应抓紧调查研究,积极探讨解决问题的方案,采取有力措施,并尽快向学校反馈信息。另一方面,必须善于捕捉教育时机,创造教育条件,积极利用社会资源为教育学生服务。学校一定要废除封闭式的教育,打开校门把学生引向社会,使学生更多地接触社会上的先进事物。社会应发挥自身的优势,尽可能为学校创造教育时机。这样对青少年的教育将更直观、生动和形象。

总之,学校教育、家庭教育与社会教育三者应有机地结合起来,发挥各自教育职能的优势,形成合力,以增强对青少年教育管理的实效。

五、改变家庭教育和学校教育的模式

在网络环境下探究青少年网络犯罪的原因,我们不禁发现,家庭教育和学校教育方式的偏差是导致青少年网络犯罪的因素之一。为了有效预防青少年网络犯罪的发生,家庭和学校教育环境的转变是青少年网络犯罪社会救助的重要方式。

(一)家庭教育环境和家庭教育方式的转变

父母是青少年的第一任老师,而家庭更被人们喻为青少年健康成长的港湾。家庭教育环境的优劣、家庭教育方式的正确与否都影响着青少年的健康成长。因此,家庭教育环境和家庭教育方式应从以下方面改进:

1. 促进和谐家庭建设,减少"问题"家庭的出现

幸福和谐的家庭环境能够让成长中的青少年体会到家庭的温暖、家庭成员之间的关爱,能够让他们知道现实社会的美好与和谐。通过家庭的温暖教育使青少年对家庭有一种归属感,而且通过家庭的爱心教育,让青少年更注重现实社会中亲情维系的重要性。很多沉迷于网络的青少年往往是由于缺少家庭的关爱便在网络游戏和网络聊天中寻求慰藉,长期沉迷于网络必然造成青少年产生社会角色的冲突,在缺少正确的调试方式的情况下,青少年很可能步入网络犯罪中。因而,在社会环境中应当提倡和谐家庭的建设,减少"问题"家庭的出现带来的青少年的网络迷失。

2. 实行家庭成员的"榜样教育",规范青少年的行为方式

青少年时期是青少年社会化进程的关键阶段,在这一阶段青少年的模仿能力是最强的。因此,我们说家长是青少年的第一任老师也是缘于此。从孩子出生起,父母就是孩子学习的榜样。孩子最初是通过模仿家长的语言和行为,进而通过家长的言行举止明白做人的原则。古人云:"其身正,不令而从;其身不正,虽令不从。"家长对孩子的教育不能只谈理论,更重要的是通过自身的言行为孩子做出榜样,正所谓言传不如身教。在网络环境下,家长如何对青少年言传身教呢?我们认为,网络环境下家长不能完全阻隔网络与青少年,而应该采取正确的方式引导青少年进行网络活动。首先，家长可以在家庭中利用网络进行与工作相关的活动，让青少年知道网络不仅仅是网络聊天的工具、网络游戏的载体，更是人们进行工作活动的重要工具。其次，家长也可以有目的的引导青少年进入健康的网站、通过与青少年进行探讨上网的技巧和经验，及时发现和纠正青少年存在的不良网络习惯。

3. 注重教育感化，培养青少年的社会责任感

今天中国的青少年多是独生子女，而独生子女天生的优越性和优越的家庭环境会造成他们形成自私自利、惟我独尊的性格缺陷。在这种环境下成长的青少年必然缺少家庭责任感和社会责任感，在网络环境下势必造成青少年更加肆无忌惮，不考虑自己的网络行为造成的社会后果。例如网络黑客制作和传播病毒之时往往出于好奇的心理，根本不考虑他们的行为给社会造成的恶果。因而，对于网络环境下的青少年要注重感化教育，通过现实生活中真实的案例教导青少年增强社会责任感的重要性。

（二）学校教育环境和学校教育方式的转变

学校是培育良才的基地，家庭和学校是青少年社会化的两大环境。目前，网络环境下的学校教育环境和教育方式仍然存在一些不尽如意的地方，我们认为学校的教育环境和教育方式应当有所改进，主要体现在：

1. 智力教育与心理教育应刚柔并进，共同发展

很多学校注重应试教育，片面追求学生的学习成绩，忽视了青少年的心理教育。在网络环境下，大量的信息冲击着青少年，但是青少年并不能够完全实现对信息的筛选和识别，网络中大量的暴力、色情信息往往更能够吸引青少年的眼球，在缺乏正确的心理调试方式的情况下，很多青少年做出了超越社会规范的行为。在网络环境下，只有智力教育与心理教育的共同发展才能够有效预防青少年从事网络犯罪行为。

2. 加强学校网络建设，实现学校网络教育系统的有效监管

网络的发展也带给学校教育以新的启示，网络环境下要求学校应该开设一些网络课堂，进行互动教育，通过真真切切的网络教育让青少年认识到网络不仅是娱乐的工具，更是他们学习的重要帮手。学校网络建设的加强势必让青少年更加强化了网络的积极作用，主动远离网络中的不良信息。此外，学校也可以对学校的计算机实行联网管理，采用网络技术手段对那些影响青少年身心健康发展的网站进行屏蔽。甚至有可能的话可以通过采用远程技术，对学生家中的电脑进行监控，充分发挥网络对青少年的积极作用，避免青少年因为接触网络中的不良信息最终导致犯罪的可能。

3. "平等对待、不偏不倚"，积极帮助"差生"青少年

"应试"教育造成很多学校根据学生的成绩划分学生的类别，并按类别对学生实行"差别待遇"。很多被贴上"差生"标签的青少年由于长期受到歧视待遇，他们的自尊心和自信心严重受挫，并对学校的教育产生反感。为了寻求心理寄托，很多"差生"青少年便成为网络活动的主体。网络中人人都是以虚拟的身份出现的而且网络中没有现实中的好或坏、成功或失败的"标签"。为了在网络中寻找他们现实中丢失的自信和自尊，一些青少年成为了"网络黑客"，通过网络攻击他人的计算机系统以获得成就感和满足感。在网络中我们发现很多学校中的"差生"在网络中都是网络高手，由此我们知道学校教育中的"平等对待、不偏不倚"的重要性。任何一个青少年都有自身的潜能，如何激发青少年的潜能是学校教育的重要工作。学校只有采取"平等对待、不偏不倚"的教育方式，不能乱贴"标签"让学生过早地对自己的行为进行定性。只有这样才能帮助学校中所谓的"差生"远离网络犯罪，成为社会的"有用之材"。

第六章　青少年网络道德问题

第一节　网络道德概述

面对新形势,江泽民同志明确提出:"信息技术特别是网络技术的发展,为我们开展思想政治工作提供了现代化手段,拓展了思政治工作的空间和渠道。"他还进一步强调:"互联网已经成为思想政治工作的一个新的重要阵地,国内外的敌对势力正竭力利用它同我们党和政府争夺群众、争夺青年,我们要研究其特点,采取有力措施应对这种挑战。"为此,我们要对中学生进行网络道德教育,就必须深入研究网络道德及网络道德教育的特点,以切实提高网络道德教育的功效。

网络道德是 21 世纪的新道德,是随着高科技的发展而产生的,它依托于高科技发展的产物——电子计算机和电脑网络。网络道德是社会生产力的又一次进步所带来的新道德,是社会物质生产条件发展到一个新的更高水平之后出现的,是道德整体的一个重要组成部分。随着科技的进步、网络的普及,网络道德将是未来社会生活中起重要作用的道德形态之一。

一、网络道德的概念

对于"网络道德",《网络伦理》一书是这样定义的:"网络道德就是对信息社会中,人们通过电子信息网络而发生的社会行为进行规范的伦理准则。"

因特网是通过人们自觉自愿的互联而建立起来的,每个人既是信息的提供者,又是信息的使用者。每个人既是网络用户,又是网络管理者。任何人都离不开他人和社会,从而使无数用户和各种各样的网络组织组成一个网络社会,每一网络主体通过电子信息网络都处在自我、他人、集体、社会的种种复杂关系之中。一方面,每个网络用户、组织对网络社会都具有不可推卸的责任与义务,另一方面,网络社会(如管理者、教育者)对于一定的网络组织、网络用户、网络管理者也担负着许多职责与功能。网络道德就是这些人与人、组织与组织、人与组织等之间的双向关系。这里既有个人与他人、组织、国家和网络社会等的道德问题,也有网络社会、国家、组织对个人的道德问题。既然网络社会同样涉及人与人,人与社会之间的关系,那么在网络上交往、活动,同样必须遵守网络自身的"乡规民俗"。网络社会生活自然也应该具有自己的道德。因此,网络道德同样是一种规范,只不过这种规范是在人们遨游网络时才起作用。也就是说,网络道德是活动在网络上的个人、组织之间的社会关系和共同利益的反映。它指的是信息时代在网络出现后,对社会中新的生存状态和生活方式下所产生的社会行为进行规范的道德准则。

二、网络道德的性质

目前,在进行网络交往的过程中,与现实生活不同的是人们只看到电脑屏幕和键盘,交往对象也只是一个个符号，并不是面对活生生的与自己面对面对峙着的感性个体。现实社会交往对象的那些各种各样的、备受关注的特征，诸如性别、相貌、年龄、职业、财产、地位、名誉等等都不出现。在这里人们的个性特征、精神属性都表现的很不充分，人们的一切社会属性都被剥去了，人们的物理特征或自然属性也不见了。这就是说作为网络主体的人，在网络交往过程中是不充分不完整的。甚至代表着交往对象的"符号"也是不确定的、不统一的、可变的。因此，可以说互联网络技术的发展和应用，在现实世界基础上为人类构建了一个虚拟世界。

所谓虚拟，在这里就是指基于数字化，对现实的事物及发展过程进行模拟再现，这些模拟再现可以是基于现实状态的，也可能是客观现实基础上发挥人的想象力而产生的对于超越现实的数字化构建。

三、网络道德的特点

在特殊的"网络社会"中，网络道德主体是具有道德权利、责任和义务意识，依据自身的道德需要与能力而活着的人。意识到自己的道德需要、道德的"责、权、利"，并以之作为自己活动、行为的依据与导向，是一个人成为真正道德主体的必要条件，正是网络社会的这种特殊性决定了网络社会生活中的道德具有如下特点。

1. 网络道德的自主性。即与现实社会的道德相比，网络社会使人们的道德行为自主性增强了，依赖性减少了，一位品德高尚的人所具有的必定是"我要道德"而非"要我道德"。而在现实社会中，人们往往只是由于在乎别人的议论才不得不做有道德的事，或不做不道德的事，而难以做到"慎独"。这从道德上说是他律，而不是自律在起作用。这种在他律条件下发生的道德行为还处在道德的较低层次上，只有自律条件下的道德行为才是高层次的。

在网络社会中他律的作用在很大程度上被淡化，网民们在在道德上受到新的考验和锻炼。经受住考验和锻炼的道德主体，其道德意志品格将有新的提高，逐渐成为"自己把握自己"、"自己规范自己"、"自己创造自己"的充满道德主体精神的人。因此，随着计算机网络的普及和网络社会的到来，一种自主型的新道德有可能产生。

2. 网络道德的开放性。即与现实社会的道德相比，网络社会的道德呈现出一种很少依赖性、更多自主性的特点。在网络社会中，人的交往范围得到革命性的扩展，可通过一台电脑与整个世界、与所有的"网络人"进行交往。网络交往面的急剧扩大，交往层次的增多，交往内容的日益丰富，交往方式的多样，使得人们的社会关系，包括道德关系日益复杂化了。正如美国网络专家威廉认为，信息革命带来的最基本变化是，以很难想象的方式，使人们紧密地联系起来，消除了"这里"和"那里"的界限。计算机网络有力地打破了地区间的隔阂，地球成为小小的村庄，远隔天涯的人们可以通过网络互相交往，互相了解，一起工作，为消除各种生活和观念上的不理解、陈旧的思想意识做出了显著的贡献。交往范围的扩大必然使人们包括道德关系在内的各种社会交往关系经常化、多样化和复杂化，在这样的社会关系中，特别是在这些关系的冲突中，人们的道德需要必然实现新的觉醒。与社会的这种从封闭到开放的发展相适应，网络道德也必然出现从封闭向开放发展的趋势。因为，在信息社会中各种各样的价值观念、道德规范、风俗习惯、生活方式都更加频繁、更加清晰地呈现在世人面前，各种独特行为和奇风异俗都必须接受人们目光的洗礼。一方面，这使得拥有不同文化传统、不同意识形态、不同生活方式、不同生活经历的人们，可以通过学习、交往、阅读、教育等方式,增进理解互相沟通,从而更宽容更同情达理。另一方面,在这种及时、比较充分的信息流通前面,不同文化价值观念、不同道德规范、不同道德行为方式等等之间的冲突也日益表面化、尖锐化了。一些落后的、无聊的、非人性的、反社会的道德规范将受到来自各个方面的激烈抨击,一些先进的、合理的、代表时代发展趋势的道德规范、道德行为将日益受到人们的推崇与仿效。这就要求各道德主体认真地重新审视自己所认同的道德规范,除旧立新,使自己的道德与开放进步的世界道德趋势相一致,从而在世界道德观念、道德行为方式的交融中,逐步建立起符合网络社会特征的新型道德。

3. 网络道德的多元性。即与现实社会的道德相比,网络社会的道德呈现出一种多元化、多层次化的特点和趋势。网络社会使人们的道德意识更丰富。以往人们实践与交往以及由此发生的以利益关系为基础的道德关系具有明显的时空限制,其内容只涉及单一的或不甚复杂的社会关系。而计算机网络社会的出现,使人们有了另外一个天地,人与人的道德关系也不仅仅存在真实世界中,它还存在于网络的虚拟世界中:人不仅与自己真实世界中的熟人发生利益关系与道德关系,还与网上的他人发生此类关系,从而出现道德关系的无限扩展性。因此,人的道德意识也就较原来丰富。一个有道德的主体,他的道德影响不仅存在于真实世界中,同时也表现在网络世界中。只有在两个世界中实现了道德的统一,这个道德主体才是完整的道德主体。

四、网络道德与其他道德

(一)网络道德与传统道德相比较

我们知道,道德是调整人与人之间、人与社会之间关系的行为规范的总和,它属于社会意识形态的范畴。而网络道德则是人们在运用网络和网络运行中表现出的符合社会需要的价值观、人生观、世界观,它隶属于道德,是道德的一个组成部分。传统道德也是道德的一个组成部分,是人类长期以来形成的处理人与人之间、人与社会关系的准则和规范,它是历史的又是发展的。网络道德的出现,并不意味着一种全新的伦理道德的出现,因而可以抛弃传统道德从头做起。但网络道德的出现,却明明白白地表达了传统道德在网络社会这个环境中的应用是有缺陷和不足的,它们的适用是有差异的。传统道德对规范人们的行为是有效的,无论是网络人还是其他社会人,而网络道德则更针对网络人;但是网络道德也要以传统道德为基础,所以,这二者不是对立的关系,而应是一种相互协调、共同促进的互补关系。通过协调,可以使之整体发展为信息社会更高水平的道德,也正是我们所需要的网络道德。

具体而言,网络道德作为网络社会的伦理反映,与传统道德相比有以下不同。

1. 道德主体的低龄化

我们知道,任何一个社会中生存的人,都是传统道德的主体。也就是说,传统道德的主体具有广泛性,涉及各个年龄阶段,并没有主要人群与次要人群之分。而在网络社会中,虽然道德主体也具有广泛性,但却存在主次之分。据《中国社会科学院社会发展研究中心 2003 年互联网报告》显示,中国网民年龄结构为:24 岁以下占 58.20%;25～34 岁占 22.8%;35～44 岁占 11.10%;45～60 岁占 7.90%。由此可见,近六成的网民是 24 岁以下的青少年。他们是网络道德的主要体现者,也使得网络道德显示出主体低龄化趋势。

这些伴随着数字化成长起来的一代青少年被称作"网络世代"(Net Generation,简称 N 世代)。他们在生活方式、思维习惯、价值观念等方面都与上一代人有很大变化。他们生长的社会是价值取向日趋多元的社会,特别是当他们面临纷繁复杂、良莠并存的网络世界时,在好奇新与求知欲的驱使下,往往沉溺其中而不能自拔,产生种种失范现象,甚至会出现更严重的犯罪行为。

2. 道德选择方式的自律性

众所周知,传统社会由于交往面狭窄,在一定意义上是一个"熟人社会",交往对象大都是熟识的人,亲戚、朋友、邻里、同事等。依靠熟人的监督,慑于道德他律手段(社会舆论、利益机制、法律制裁)的种种外力,传统道德得到相对较好的维护。在这样一种"熟人社会"里,人们的道德意识较为强烈,道德行为也相对严谨。

然而,从某种程度上说,由于传统社会中人们的合道德行为常常是做给他人特别是可能对自己有影响的人"看"的,是一种"表演",所以一旦进入"反正没有人认识我"的网络社会,那条由熟人的目光、社会舆论和感情筑成的防线便很容易崩溃。网络社会的这个"自由时空",更要求人们按照自己的理性所确立的道德标准来选择自己的道德行为,它标志着社会道德的高水平和个人自我意识的成熟,是道德选择的高级形式。因此,现代社会尤其是网络社会的走向要求个人逐步抛弃他律型的道德选择方式,向自律型的道德选择方式过渡。

3. 道德规范的多元化

传统社会中,虽然道德因生产关系的多层次性而有不同的存在形式,但是每一个特定社会却只能有一种道德居于主导地位,因此传统社会的道德是单一的、一元的。

在网络社会中,既存在体现社会每个成员切身利益、维护网络社会正常秩序、属于网络社会共同性的主导道德规范,如不应该制作和传送不健康的信息、不应该利用电子邮件作商业广告、禁止非法闯入加密系统等;也存在着各网络成员自身所具有的多元化道德规范,如各个国家、民族、地区独特的道德风俗习惯等。与传统社会相比,网络社会更多地具有自主性。因为它是网络成员自主自愿互联而成的,除了必须遵守的共同道德外,他们不需要、也不强求具有类似于传统社会中的那种统一的道德。但是,由于网络是一个新兴事物,没有传统社会中那些既定的道德原则,使得人们的道德观念日趋显出个性化和多元化。随着交往的增多,那些处于经常性冲突和碰撞之中的多元化道德规范,可能出现两种结果:一是冲突和碰撞使交互双方增进了理解和同情,从而达到了某种程度的融合,形成一种新的道德。另一种可能是彼此无法融合,冲突和碰撞依旧,以至于社会生活中呈现出双重乃至多元道德标准并存的局面,让人很难做出准确的伦理透视和价值判断。

(二)网络道德与现实社会道德相比较的特点

网络是一个斑斓的社会,它的斑斓也正在于它的虚拟性,它跨越了许多现实社会不可逾越的障碍。而现实社会则是实实在在、可触可感的活生生的社会,作为虚拟社会的网络道德与现实社会的道德存在明显不同。

1. 道德主体的隐匿性

任何一种道德都有自己的承载主体,网络道德因网络交往的虚拟性而导致了与现实社会的道德在主体身份认同上的差异。

现实社会道德主体身份的确认,总是与一定的社会地位、经济状况、性格特征等因素直接相联,相对简单和直接。而对于网络道德的主体而言,由于网络的虚拟性,从而给主体身份的确认带来了一定的困难。网络为我们提供了一个新的交往平台,而在这个平台后面的交往主体却是未知的,交往者都不可避免地戴上了面具,使得其国籍、种族、社会地位甚至性

青少年网络安全与网德教育教师读本

别、年龄都模糊不清。在网络中，道德主体是隐匿的，是我们无法简单进行确认的。这也正是当前网络犯罪难以破案的原因之一。

2. 道德关系的不确定性

从道德关系上看，网络道德具有不确定性、简单性和互动性的特点。这是网络社会在伦理学上提出的新问题。

你只要轻轻点击鼠标，与网络中的任意一个人进行交往，那么一种道德关系就形成了。人们之间可以没有现实中的交往，但却仍然可以拥有友谊、爱情以及信任、帮助等等。这种关系相对于现实社会的道德关系而言更多直接性，更少功利性。像我们常说的"网恋"，两个连对方的面都没见过的人，却可以通过网络认识并建立一种特殊的关系，暂且不论其好坏，单就这种现象，这是现实社会中不可想象的。但网络却将这种关系得以实现，它简单、直接，也正因为如此，与现实中爱情关系比，"网恋"这种道德关系就显得脆弱和单薄，显出更多的不确定性。

3. 道德实现环境的差异性

任何一种道德都离不开特定的环境。我们知道，传统社会其道德主要是通过社会舆论、法律约束、利益机制等道德他律手段来实现。在实现环境中，人们的道德行为不能随意，道德约束也很方便。

网络社会不同于"熟人社会"。一方面，因特网是一种离散结构，它既没有中心，也没有明确的国界或地区界限，网络连接面广泛，传输速度快，搜集、处理信息效率高，人们的活动受时空约束的程度大大缩小，因而现实社会中那种分地域设卡、设点管辖、控制的管理方式往往作用不大；另一方面，从信息传播的方式看，网络行为具有"数字化"或"虚拟化"的特点，我们看到和听到的形象、图象、文字和声音变成了数字的终端显现，甚至人也是以一个"符号"在活动，彼此不再熟悉，因而很难对网民的行为加以确认、监管。这就给道德的实现环境带来明显不同。人们的道德行为随意，致使道德约束也很困难。网络道德只能靠个人的内心信念来维系，外在的社会舆论、传统习惯有时对网民如同虚设，网民是否遵从道德规范，也不易察觉和监督，给道德约束带来相当大的困难。

第二节　网络对青少年道德成长的影响

一、积极影响

网络的发展改变了青少年的生活、学习方式，导致其道德体系重构，使平等、尊重、独立、开放等意识深入内心。

（一）平等、尊重意识

网络具有平等性的特点，这种平等不仅表现在网络技术设计上的平等，主要表现在网络内容和上网者地位上的平等。在网络世界中，不管上网者在现实社会中地位如何、财富多少、威望多高，他们都是平等的一员，没有等级贵贱之分，没有中心和边缘地位之别。网络交流都是在被对方视为平等一员的情况下进行的，只有尊重别人才能够得到别人的尊重。在这种相互平等、尊重的交往中，青少年的平等、尊重意识也深入内心。

（二）独立意识

网络内容丰富,信息量大,交往比较随意,具有隐蔽性的特点;在这种人机对话的网络交往中,人是主动者,具有独立自主意识。这为上网青少年独立意识的发展创造了契机:首先,独立地选择。青少年上什么样的网站,获取什么样的网络信息,同什么样的网友交往,如何确定谈话的内容等都需要自己独立进行。其次,自觉地判断。对于纷繁的网上信息,青少年需要自觉地判断它们的价值取向和文化取向。再次,自觉地抵制。对于网上许多不健康的色情、迷信内容,反动信息,要求他们能够自觉地予以阻止和抵制。最后,自觉地评价和思考。对网上热点问题、重要信息、现实中的某些重大事件,自觉地进行讨论、评价和思考。这些网络活动,都为青少年独立意识的发展提供了良好机会。

（三）开放意识

网络是个开放性的世界,它对任何上网者都展示其丰富的内容和广阔的空间,从而增加了人们接触外界的机会。开放的网络使青少年打破了时空的限制,不仅拓宽了青少年的视野,更能打破他们封闭、局限的观念。而且,在网络中发表言论和抒发情感更无障碍,为青少年个性化发展提供了广阔的平台。在这个平台上,青少年可以尽情地展示自我,进行自我认识,加强自我评价,找到自我价值。

二、消极影响

科学是一把双刃剑。人类历史上任何一项科学技术的发明和运用,在给人们带来便利的同时,又不可避免地带来了负面影响。

不可否认,网络是个充满魅力的世界。它为青少年提供更大的群体环境,有助于青少年广泛地参与社会交往;它创造的"虚拟现实"环境能够为青少年提供角色实践的场所,为将来在现实社会中胜任某一角色打好基础;它使用又有助于突破传统的线性思维的束缚,培养青少年的非线性思维模式,等等。

然而,以信息技术为核心的电脑网络,在把不同地域不同国籍不同年龄的人聚在一起、似乎缩小了人与人之间空间距离的表象背后,隐藏的却是无情地拉远了人与人之间心理距离的事实,它给青少年的道德成长带来不利影响。

（一）在道德认识上,自我意识发展不健全,自我教育能力欠缺,易造成青少年自我迷失

健康的心理与健康的人格密切相关的。自我估计过高常导致人格的扩张,而自我估计过低又容易导致人格的萎缩。因此个体必须学会将自我放在与社会、他人及自身前后的对比中来认识和评价自己,在获得清晰而客观的自我知觉以后,进行自我教育才是行之有效的。

经常迷恋于网络之中的青少年,由于其对新鲜事物的易接受性和本身认知、分析能力的欠缺,对网络等媒体文化中那些"金元大亨"和"网络英雄",比如对比尔·盖茨的过度宣传,容易造成青少年对其盲目崇拜,对其传奇式的成功表示出无限向往,甚至亦步亦趋。效法他们中途退学,创办公司、企业,完全不顾环境的约束。同时,由于对他们的过度崇拜而易导致自己的自卑心理。这样,在现实生活中,他们不能客观地把握自己,不能摆正自己的位置,不利于青少年形成良好的自我意识,最终导致自我迷失。无怪乎清华大学人文学院教授刘书

林这样说:"越来越多的学生热衷上网,在网上沟通,利用高科技交流途径,假若把握不好自我,同样会走向某种精神迷失。"

(二)在道德情感上,个体同他人和社会的互动减少,不利于青少年道德情感的发展

青少年同他人或者社会的互动,是形成心理健康的一条重要途径。尤其是在当今独身子女居多、城市居住单元化的现实中,人际互动更是一条不可缺少的形成心理健康的途径。青少年正处于情感体验的高峰时期,他们情感当中的喜或悲、乐或愁、爱或恨都必然会有与他人或社会发生冲突的机会。他们不但要表现自己的喜怒哀乐,而且还要有选择地接受他人的喜怒哀乐。只有将自己置身于这种交互的道德情感氛围中,青少年才能够不断地完善和发展自我道德情感,并在这种情感的互动中完成其社会化。

在网络社会中,传统的交往模式被彻底解除。正如美国天体物理学家里斯马尔说的:"这是自古腾堡以来所发生的最根本的变化,这种相互联结的网络基本上是时空的破坏者,把距离和时间缩小到零。"超时空性不但使传统时间和空间的分隔独立性陷入模糊状态,而且使人现实的行动必须同时依附在时间上的"现在"和空间上的"这儿"的限制也一并解除,整个行动的环境成了一个虚拟和真实的混沌体。在这儿,他们可以无话不谈,只要遵守网络协议,网络就会乖乖地按照指令运行,按照自己的意愿来做自己喜欢做的事,说自己愿意说的话,和自己情感相投的人尽兴聊天。在现实生活中不可能的情感体验,在网络世界中却可以得到实现,避害就利的心理促使青少年将现实世界中的情感移植到网络世界中。以情感为纽带的人与人之间的互相依存、互相依赖的关系,被人与计算机之间的关系所取代。计算机的客体位置、中介作用逐步凸显,而人的主体作用却大大弱化。这样在现实的生活中,青少年不愿意或很少向他人表露自身的情绪或情感,更不愿意接受他人情感的表露。网络使他们变得沉默寡言,不善言谈;网络使得他们忘记了交友,忘记了赴约,忘记了丰富多采的现实生活。"跨文化的传播,使媒介文化的价值观念倾斜,弱化了青少年的道德意识,使青少年的人生观和价值观发生冲突并导致失落。"

(三)在道德行为上,只看不想的互动和"多媒体人"的思想倾向影响青少年认知能力的正常发展

青少年正处于身心飞速发展的时期,身体各部分器官(如脑、脊髓等)都在不断地发展和完善,特别是大脑左右两半球及各部分的功能也必须在各种有针对性的训练(如记忆、归纳、总结、推理等能力训练中得到开发)。此时,如果因为某种原因而缺少相应的行为训练,或者训练不足,那么其大脑中的对应区域就可能发展不完善。

网络的虚拟性和超时空性,使青少年一点击就能经历现实世界中根本接触不到的情境,无须进行现实世界中的诸多实践活动,极大地减少了青少年的道德行为训练。比如,你要在现实中制作一个飞机或汽车模型,通过其制作过程掌握其原理,你不但要动手、更重要的是动脑,在动手与动脑的过程中身心得到发展。而在电脑或网络虚拟技术中,你就只需要通过绘制软件进行简单的操作或直接在网络上寻找到相关模型点击即可。显然通过电脑或相关技术实现的过程明显不利于青少年认知能力的发展。

网络活动很多时候都处于一种"只看不想"的状态,只需要轻轻点击鼠标即可。青少年这种"只看不想"、只在网上动"手"不在实践中动手的倾向一旦形成,便容易成为习惯。长此以往,青少年的动手能力下降,大脑相应器官的发展受遏制,严重影响青少年认知的正常发

展，道德认知也同样受到遏制。而一个人的道德认知水平又直接制约着其道德行为水平。青少年道德认知受制约，出现道德行为的失范也在情理之中。

据我国医务工作者报道，经过对部分长期沉迷网络游戏的青少年的脑部图像进行检测后发现，这些儿童的左前脑的正常发育不仅受到遏制，而且早、中期的智力开发也受到影响。而且，不少青少年走上犯罪道路，最初原因就是由于沉迷于网络游戏，其火暴刺激的内容使他们道德认知模糊，误认为通过伤害他人而达成目的是合理的。于是他们把这种道德认知用之于现实，为了达到自己的目的而不择手段，最终欺诈、偷窃甚至杀人，走上犯罪的道路。

（四）在道德约束上，网络道德约束弱化容易使青少年产生极端不道德行为——网络犯罪

《中国教育报》曾指出，网络犯罪正在走向低龄化。这是浙江省对该市中学生的互联网运用情况进行调查得出的结论："在日益严重的计算机网络犯罪案件中，犯罪年龄在18至40岁之间的青年占到了80％左右，平均年龄为23岁。"

网络犯罪是一种极端不道德的网络行为。在网络社会中，人们在网络技术的帮助下，随意的隐匿篡改着人们的身份、行为方式、行为目标等。如果说，在现实中，合法非法是罪非罪，还较容易判断，那么在虚拟社会，由于行为主体的匿名匿形而导致的模糊性，问题就变得相当复杂。犯罪者在很大程度上避免了与传统意义的社会的直接接触，他人难以有针对性地做出反应，并采取制裁措施。

近年来，利用计算机窃取机密情报，进行金融诈骗、偷窃、制黄贩黄、侵犯知识产权、编制和传播计算机病毒程序及蓄意破坏网络等的犯罪活动成直线上升趋势。网络犯罪在当今社会已成为严重的社会问题。其中青少年学生参与网络犯罪的报道也有不少。前面所指的是网上犯罪，还有一类是网下犯罪。它包括故意或失去理智导致的犯罪行为。如诱骗强奸网友、杀害网友、为争取上网的"自由"而杀害亲友等，几乎每天都有这样的消息。

第三节　青少年网络道德现状

一、网络信息污染、滥用与青少年网络道德失范

互联网世界是个信息极其丰富的百科全书式的世界，来自各种不同信息源的信息数量按几何级数不断增长。当前青少年的关注点十分广泛，传统媒体已无法及时满足青少年这么多的兴趣点，互联网信息容量大的特点最大程度地满足了青少年的需求，为青少年提供了最为丰富的信息资源。许多青少年上网最初的目的只是因为追逐时尚与满足好奇心理，但最终都几乎被互联网大信息量的优点所吸引。随着网络空间自由度的逐渐增大，加之"网民"们的网络道德水平有待提高和现代网络道德规范的缺失，色情、暴力、歪理邪说、资产阶级腐朽思想等不良信息也充斥网中，造成网上信息污染。一些邪教组织纷纷通过因特网发布"经文"，大肆传播歪理邪说。据有关专家调查：因特网上的非学术性信息中，有47％与色情有关，网络使色情内容更容易传播。据不完全统计，60％的青少年虽然是在无意中接触到网上黄色信息的，但自制力较弱的青少年往往出于好奇或冲动而进一步寻找类似信息，从而深陷其中。调查还显示：在接触过网络色情内容的青少年中，有90％以上有性犯罪行为或动机，长期沉迷于黄色垃圾会使青少年变得早熟、行为轻率、对自己不负责任。调查也表明有

12.29％的青少年在上网时会主动浏览色情网站。在网络的虚拟世界里,理性工具淡化了非理性的情感,数字的脉冲取消了生存现实的乐趣,从而使人际关系冷漠、疏远,可能会导致精神疾病和心理健康恶化,在现实中难以与人沟通。青少年的辨识能力弱,自制力也较差,即使遇到了一些不健康的网络信息也没有自觉的抵制意识和能力,从而不能完全辨别出网络巨量信息的真伪,而随意取用,滥用这些信息,这就会对其未来的人生观、世界观、道德观产生不可估量的影响。

二、网络信息霸权、侵略与青少年网络道德失范

互联网是一张无边无际的"网",内容丰富但却十分庞杂,良莠不齐。互联网产生于信息化大国,发展于发达的西方国家,西方国家在输出网络技术、设备的同时,必然裹挟着西方的意识形态、价值观念。目前,互联网上的绝大部分信息是以英文形式出现的。网上论坛、电子邮件、电子商务等绝大部分网上活动也是以英文进行的。语言是信息传播最重要的载体,语言不仅仅是人们交流思想、信息的工具,它在某种程度上构成了一种交往媒介甚至是意识形态统治。信息霸权的一个重要方面就是文化霸权。据统计,现在网上的英语信息约有90％,法语信息5％,西班牙语系信息为2％,而中文信息仅为0.01％到0.05％。而语言是文化的集中代表,某种意义上更是一个民族的象征,语言的消失意味着文化的消亡,更深层次则是民族认同感的危机。互联网上的以英语为单一主导的语言霸权地位的现状,其实质同近代殖民主义是一脉相承的,只不过是一种新形式的"殖民主义",正如托夫勒在《权力的转移》中提醒人们:"世界已经离开了暴力下金钱控制的时代,而未来世界的政治的魔方将控制在拥有信息强权人的手里,他们会使用手中掌握的网络控制权,信息发布权,利用英语这种强大的文化语言优势,达到暴力、金钱无法征服的目的。"同时西方敌对势力也打着"人权自由"的幌子,不断以混淆视听的虚假信息企图制造混乱,竭力推行"西化"战略。西方某些文化霸权主义者经常利用网络信息传播方式的超地域性来倾销自己的文化,力图抹杀世界文化的多样性,这很可能会造成本土民族文化的扭曲和丧失。这对于我们社会的主流价值观是一个冲击,对传统文化的继承也是一个挑战。随着互联网覆盖面的不断扩大、影响程度的不断加深,不同文化类型、意识形态之间的交汇、冲突与整合将越来越明显。青少年在互联网上频繁接触西方国家的宣传论调、文化思想等,这使得他们头脑中沉淀的中国传统文化观念和网络主流意识形态形成冲突,使青少年的价值观产生倾斜,甚至盲从西方。长此以往,对于我国青少年的人生观和意识形态必将起一种潜移默化的作用,对于国家的政治安定显然是一种潜在的巨大威胁。

三、网络信息沉迷、成瘾与青少年网络道德失范

调查显示,我国青少年"网络成瘾症"发病率高达15％。所谓网络成瘾症(IAD)也称病理性网络使用(PIU)。主要表现为:对网络有心理依赖感,不断增加上网时间,从上网行为中获得愉快和满足,下网后感觉不快,在个人现实生活中花很少的时间参与社会活动和与他人交往,以上网来逃避现实生活中的烦恼与情绪问题,倾向于否定过度上网给自己的学习、工作和生活造成的损害。造成网络信息沉迷与网络的主要原因有以下几点:

第一,学习压力大。学习压力问题是一个社会性问题,也是青少年发展中的重要问题。在现实社会中,文化传统、社会竞争、家庭结构、教育理念等都是形成青少年学习压力的重要

原因。大多数青少年表现为学习动力不足、学习习惯不良、基础不好和智力开发不足等。繁重的学习任务使青少年难以在现实生活中找到适当的调节方式,而极易在轻松的网络环境中寻求解脱与满足。大多数沉溺于网络世界不能自拔的孩子,在现实生活中体验不到学习所带来的成就感,许多目标、理想很难实现,因此往往会选择网络来满足自己。在网络这个虚拟世界里,孩子们可以扮演心目中的理想角色;在网络游戏中,他们通过练习就有可能战胜对手、"通关升级",有可能获得虚拟的奖励,甚至虚拟的财产,虚拟世界里的"虚拟成功"帮助青少年摆脱了现实世界带来的自卑感,满足了对优越感的简单追求。

第二,代际冲突带来的发展困惑。所谓代际冲突是指两代人因思维方式和行为方式差异而结成的矛盾关系,称为"代沟"或"代差"。代际冲突带给青少年的发展危机主要有:在长辈的教诲与现实社会的冲突中不知所措;因不能得到成人社会的认同而苦闷和彷徨;被现实社会的新奇与不平凡所吸引,无法抵御随之而来的消极因素;在与成人社会的矛盾不断积累和自身成长的冲突中,情绪难以控制,甚至引发暴力冲突,或自我伤害;对于同辈文化的高度认同以及对同辈群体的依附,常常会使得青少年受某些群体文化的反面影响。代际冲突一般突出表现为家长、老师与青少年的冲突。据调查,家庭关系紧张,无法与父母进行有效沟通是青少年选择网络的主要原因之一。很多父母习惯于那种"家长命令式"的教育方法,忽视了青少年的心理发展规律,刺激了青少年逆反心理的膨胀,因而造成偏要和父母对着干的局面。许多家长对网络一无所知,或错误地认为上网是学知识,比看电视、玩耍好多了;或强行将孩子与计算机分开,以为那样可以保护孩子免受网络的影响。有的教师对网络也知之甚少,强行制止学生上网,更容易激起孩子的逆反心理。特别是个别教师对学习差和调皮的学生有偏见,助长了这些孩子脱离正常的生活环境而沉溺于网络的风气。

第三,群体交往上的不足。青少年在与周围群体交往过程中会遇到许多问题,并且会因此而产生很多困惑和苦恼,如果处理不当不仅会影响他们以后的人生,而且会直接影响青少年期的生存状态和发展质量。青少年同伴关系建立的状况受个人接纳性制约,这种个人接纳性主要包括青少年在群体中受欢迎的程度和在同伴中的地位。影响青少年群体关系的因素主要包括:家长的素质和教养方式;青少年的认知技能和社会技能;青少年的行为特征等。网络的虚拟性正好在某种程度上弥补了青少年在群体交往上的缺憾。网络有很强的互动性,尽管彼此看不到对方,但通过网上聊天,你总能对他的行为、思想作出自己的评判和总结,还能通过网聊发泄心中的郁闷与不快、寻觅朋友。这种交往会使人产生一种团队归属感。同时网络的隐蔽性,还能使有交友障碍的人,如不善言辞、长相有缺憾的人掩盖一些缺点,减轻自卑心理,从而使交友更加容易,提高自身人际交往的自信心。在网络交友中,还可以根据自身的喜好"扮演"理想中的角色,获得极大的心理满足,这就更加助长了青少年不愿面对现实,而沉溺于网络的虚幻世界中的心理取向。

第四,价值观选择与发展的冲突。青少年的世界观、人生观、价值观还没完全形成,处在激烈的冲突与碰撞中。当代青少年道德发展的社会背景特征是观念多元、利益多样、生活个性、结群多向。正是在这样的社会背景下,网络在青少年价值观、道德的选择与发展问题上作用越来越突出。网络的丰富性使得青少年可以了解到各种价值体系,在迷茫与困惑中加以鉴别与选择。可以说,网络已成为一部分青少年现实生活的替代,成为青少年自我与外部世界的重要纽带。网络空间到处有新鲜的"事物",且在不断涌现。对易于接受新鲜事物的青年一族有着无限的吸引力,这种吸引往往会导致青年对网络的极度迷恋。在网络空间,

"你"有机会与陌生人相识,并和志趣相投的人交谈,"你"可以找到现实生活无法实现的"角色",现实生活中的种种不如意都可以在这个虚拟世界中得以实现。目前,学校因成绩原因退学的学生当中,就有人迷恋网络游戏,通宵达旦地泡在网吧,深陷其中不能自拔。对网络的极度迷恋,导致他们与现实世界脱离,逃避现实,不愿与人交往,对他人漠不关心,成为以自我为中心的"数字人";同时也会导致他们身心疾病,人格发展畸变。

四、网络黑客信息犯罪与青少年网络道德失范

黑客是英语"Hacker"的译音,其中的"黑"字,取英语 black 一词中隐蔽性,不合法性的含义,与汉语中"黑市""黑社会"一致。因此"黑客"一词的译法"首先会令人想起一双伸向电脑和网络的黑手"。"黑客"原意为有计算机天赋、热衷电脑设计程序的计算机迷。由于这些掌握了高科技的计算机迷普遍信奉技术至上和信息共享等黑客价值观念,且年龄又不大,不太容易为常规所束缚,因而对其行为的社会后果往往不作过多考虑而只关注其技术层面。出于对计算机好奇、挑战等心理,他们往往能轻而易举地侵入某些计算机系统,窥视别人网络上的秘密,如政府和军队的核心机密、企业秘密、个人隐私甚至直接截取银行账号,盗用巨额资金。由于人们对此的道德评价没有一个明确的态度,因而往往表现出更多的宽容或者是听之任之。随着越来越多的黑客行为出现,不能不让人反思:黑客行为是否仅仅是一种技术上的行为?据美国《金融时报》报道,全球平均每 20 秒就发生一起计算机入侵事件,互联网上的网络防火墙屡被突破。由此带来的损失每年高达 100 亿美元。其损害社会秩序,给人们带来或物质或精神或心理上的影响,已经不再单单是一种技术行为,而是一种涉及他人或社会利益的地地道道的道德评价行为。由于目前针对电脑网络这一生存空间的立法还相当滞后,存在不少法律的"真空",因而网络犯罪相当猖獗。从已经掌握的资料来看,"表演"得较充分的,大都涉及诸如制造和传播病毒、诈骗、盗窃、破坏、侵害个人隐私、人身攻击,侵犯知识产权、危害国家安全等等。更为严重的是,网上黑客对青少年智能犯罪起到了"昭示"作用,从大多数青年对黑客的宽容态度中,可以证实这一点。据有关调查,有 26.16% 的学生认为黑客是技术高手、有个性的人;有 26.69% 的学生尝试作一名黑客;有 42.14% 的学生想做一名技术性黑客;更有 9.28% 的学生希望成为破坏性黑客,这需要引起我们高度的警惕。

五、网络环境下青少年情感的冷漠和道德行为的失范

心理学家马斯洛认为:人的基本心理和安全的需要得到满足后,就要寻求爱与归属、尊重的需要和满足,而这些需要的满足只能在与他人的社会交往中才能实现。人的情感尤其是道德情感是需要在人与人的社会交往中培植和升华的。随着计算机网络的高度发展,人与人之间直接的社会交往逐渐被人对网络的依赖关系取代,人际关系淡漠和道德情感疏远。在"人—机—人"这样一个相对封闭的空间内,个体在很大程度上失去了与他人、社会接触的机会,失去传统意义上的亲情、友情等道德情感与平等互助、和谐一致的道德关系,甚至产生道德人格的分裂。在电子空间里,由于人类是以"符号"身份、在"他人不在场"的情况下进行交往,感受不到对方所作出的明显的反应,便以为不是与人而是与机器打交道,往往会做出一些在现实物理空间中难以做出的粗暴无礼的行为,如发布虚假或无聊信息,网上谩骂和人身攻击等等。在网络这个虚拟社会里,道德规范受到了前所未有的挑战,借助于虚拟技术的支持,主体表现出虚拟性、想象性、多样性和不确定性等特征,这就使得道德规范的主体摆脱

了现实社会中诸如个人的性别、年龄、相貌、职业、财产、地位、名誉等自然和社会性的制约，在交往中只是作为一个个"符号"而存在。面对道德规范主体的这种不确定性，传统道德规范的实施力量最终会出现分化甚至灭失，换句话说也就是传统的规范运行机制在网络世界里开始受阻，在现实的伦理关系中，大多为面对面的道德规范运行机制得不到很好的运行。在现实的伦理关系中，大多为面对面的直接关系，道德规范的实施主要借助于社会舆论和人们的内在信念来实现。一方面，人们出于畏惧社会舆论的威慑，往往"有贼心没贼胆"，谨慎地规范自己的言行。另一方面，人们基于善的真实的良心而相互联系和制约，共同构筑了统一的道德防线。然而在虚拟社会中，这种统一被打破，社会舆论的作用发生危机甚至失灵。由于活生生的人在交往中退到了终端的背后，网络社会中的人与人之间的关系凸现出间接的性质。在这种情况下，社会舆论的承受对象极为模糊，直面的道德评价难以进行，从而使他律作用下降。

　　同时网络也会带给人们"网络孤独症"、"人际信任危机"、"网恋"等不正常的行为。网络孤独症是指部分青少年依赖网络进行人际交流，从而沉溺其中，远离周围伙伴，变得越来越孤僻。美国的一项调查表明，每周上网一小时，会有40％的人孤独程度增加20％。我国的相关调查也显示，在网民之中，有12％的青少年与家人、朋友疏远，有20％的青少年有情绪低落和孤独感。青少年网民"网恋"、"网婚"的现象已经非常普遍，在网上青少年打情骂俏，多角恋爱等随意发生，由此引发青少年系列感情纠葛，不少的网民落入网络陷阱，被骗或遭到意外伤害。这也是人们不得不面对和考虑的问题。

第四节　青少年网络道德失范的原因

一、内在原因——青少年的身心特点

　　青少年的身心特点是造成青少年网络道德失范的内在原因。青少年期是从童年走向成年的过渡时期，是人生发展的重要阶段，是一个逐步走向独立的人生道路的转折期，年龄跨度一般为十一二岁至十八九岁。这里包括两个发展阶段，即少年期和青春初期，大致相当于学校教育体系中的初中和高中时期。在这一关键时期，青少年正在长身体、长知识、长智慧、立志向，并初步形成人生观和世界观。

　　（一）生理上

　　从生理上说，青少年处于青春发育期，处于一个生理逐步趋向发育成熟的阶段，进入人生的第二次"生长高峰"，在生理上发生急剧的变化，是个体生长发育成熟的关键时期。这一时期身体外形的发生急巨变化，各项形态指标如身高、体重、骨骼系统等快速增长；体内器官和机能发育逐步成熟完善，内脏和神经系统的机能都有了很大的发展；性的发育也逐渐成熟，出现第二性征。这些变化对青少年学生的心理发展有较大的影响。

　　（二）心理上

　　从心理上说，青少年期是一个半成熟半幼稚的时期，是独立性和依赖性、自觉性和幼稚性错综矛盾的时期。性意识觉醒，开始关注两性关系，这一时期在个体的生理、认知、个性和社会化等方面都表现出从儿童期向成熟期的过渡，其心理发育有了许多根本不同于童年的特点,产生了许多质的变化,也是一个逐步走向成熟的时期,是个人开始独立决定自己生活道路的时期,是个体在心理发展上接近成熟的时期。在性发育上已经成熟,并进一步意识到两性关系,身体的发育已经接近成人水平,成人感已经形成;活动的自觉性和独立性达到前所未有的水平;抽象逻辑思维高度发展,并开始形成辩证逻辑思维;不仅关注外在客观世界,而且关注自己的主观世界,初步形成自己的世界观(青年初期)。

青少年期的主要心理特点可以概括为过渡性、闭锁性、社会性和动荡性。

1. 过渡性。青少年期正是从童年期向青年中、晚期的过渡时期。过渡的前半期还保留着一定的幼稚性,后半期即青年初期则有了更多的独立性与自觉性。

2. 闭锁性。青少年的内心世界逐渐复杂,开始不大轻易将内心活动表露出来。尤其在青年初期,闭锁性更显突出。在自己的物品保管、交往对象的选择上都有明显的表现。但与成年人相比尚显纯真、直率,有的甚至锋芒必露。

3. 社会性。影响青少年心理发展的环境多为社会和政治环境。青少年期是人的理想、动机和兴趣发展的重要阶段,也是考虑和选择未来生活道路的阶段。

4. 动荡性。青少年思想敏捷,好胜心强,自信心强,易偏激,缺乏社会经验而又敢想敢做,心理面貌很不稳定,可塑性大,处于心理成熟前动荡不稳的时期。

简单地说,青少年在生理心理上,具有身体发育逐步成熟,精力充沛;性意识觉醒,对异性向往;情感丰富,情绪敏感不稳定,易冲动;具有好新奇、表现欲和接受力强;有较强的逆反心理,喜欢追求另类和与众不同;想象力丰富等特点。但同时表现为心理不够成熟,与生理成熟度有一定距离。并且,长期的学校生活,使他们社会经验不足,易受诱惑和欺骗,认知水平相对低下,看待问题和事物较为肤浅,缺乏应有的辨别能力等。这些特点或多或少地影响着他们对迅猛发展的网络世界缺乏一个全面正确的认识,从而造成在网络世界中的迷失。

二、外在原因——教育环境的不力

(一)家庭因素

据对 350 户上网家庭所做的调查,只有 14.86％的家长对孩子上网的情况比较了解,有 36％的家长了解较少,有 42.57％的家长只了解一点点,有 6.57％的家长根本就不了解,而且,有 7.71％的家长不知道怎样上网,也从不上网。家长对计算机知识的贫乏导致了对青少年网上活动很难有意识地加以引导。这是其一。

其二,据 2003 年 9 月 23 日《浙江日报》刊登的调查结果表明,"上网痴狂的孩子们很多都说父母给的压力太大,不关心他们的生活、思想","家庭关系紧张、无法与父母进行很好的沟通是青少年选择网络的又一主要原因"。

其三,"随着人员流动性加大,一些家庭放松对子女的教育,一些家长在教育子女尤其是独生子女的观念和方法上存在误区","单亲家庭、困难家庭、流动人口家庭"比重大,父亲或母亲角色长期缺位,孩子在家庭中感受不到温暖,加之许多家长信奉实用哲学,对孩子要求过高,不顾实际地希望自己的孩子比谁都强,想以此作为自己在外打出的一张王牌。孩子得不到理解和尊重,处于青春期的青少年逆反心理又严重,自然就会跑到网吧去逃避去发泄了。

(二)学校因素

学校是青少年接受道德教育的地方。但目前,一个良好的网络道德教育的机制和规范尚未在学校形成,而且缺乏有效的教育途径和方式方法。当前来说,开启并加强网络道德教育的呼声已越来越高,学校也高度重视并积极探索,但一个完善的教育机制并未真正形成。这主要表现在三个方面:

一是网络尽管作为一个新事物,但其发展极为迅速,学校对它所带来的负面影响预见性不够,未能及时体现出教育的前瞻性。有一些学校对网络道德教育的重视不够,有的学校甚至是不重视的,停留在"说起来重要、听起来次要、做起来不要"的状态。

二是在问题面前学校虽积极应对,也在实践中总结出不少值得借鉴的经验,但由于仓促应对,这些作法多属问题解决型,带有明显的个案性质,头痛医头,脚痛医脚,还未提炼出具有普遍指导意义的理论,不具有真正意义的普及功能。

三是学校与家庭、社会的德育步调不一。学校是道德教育的主战场、主阵地。但是,学校内部的德育环境建设由于受物质条件的制约普遍比较落后。而由于社会经济的发展和人民生活水平的提高,各种影视、娱乐场所如雨后春笋般地涌现。学校德育环境滞后于社会大环境。这是其一。其二,学校德育侧重于正面教育,灌输的是真、善、美的东西,而青少年在家庭、社会却耳闻目睹了许多光怪陆离、纷繁复杂的社会现象。这样,他们一旦走出校园,感受到多彩多姿的社会时,便会感到学校、老师灌输的思想信念、道德情操显得多么单薄、多么脆弱,以至于出现了"学校辛辛苦苦教育五天,抵不上学生回家两天"的状况。在德育过程中,学校的"加热"功能抵不过家庭和社会的"散热"功能,德育这壶水自然难以烧开。

（三）社会因素

一是网络网吧管理、监控的措施和相关的法律法规不健全。

目前,网络和网吧的总体现状是令人担忧的。

1. 不健康的网站和网页。网络中混杂着各种各样大量对青少年极具诱惑力的色情内容,有些栏目标题、内容、图片不堪入目。网络中提示的"18周岁以下禁看"也仅仅是一句空话。

2. 网络的安全性能总体较弱。防火墙、网络110并不普遍,网络上的病毒软件可以随意下载,不少黑客就是通过下载病毒软件再去侵害他人的,不良网站的数量也相当可观。

3. 再就是目前许多网吧的卫生、安全及经营状况不如人意,甚至令人担忧。网吧环境乌烟瘴气,网吧内空气浑浊,通道狭窄,拥挤,防火设施少,一旦遇到意外情况不利于网民疏散。2002年6月16日发生在北京学院路上的"蓝极速"网吧纵火案就深刻地表明了这一点。一些黑网吧则更糟糕,它们不仅如此,而且还用大量不健康的内容主动吸引青少年上网,一切以赚钱为目的。

二是社会舆论引导的不足。

舆论的影响力是巨大的。就整个世界而言,人们对许多事物的认识、了解,对事物的态度,有相当大的程度上受到舆论的影响。它们代表着国家和社会的普遍认可程度,代表着社会发展和需求的方向。尤其是在中国这个正统的国度里,这一点更为明显。但是,我们的传媒和舆论对网络的宣传,对人们的引导力度是不足的。主要表现在对人们在因运用网络而带来的负面问题报导多,而对其积极的方面宣传少。

我们经常可以看到许多这样的报道:诸如谁因上网而迷恋网络荒废学业,谁因与网友见面而失踪,谁因与网友见面而被强奸,谁因上网费用问题而偷窃被抓,谁纵火,谁制造病毒等等。给人的感觉,似乎人们只要沾上"网"就会变坏,就会作恶多端,似乎网络是罪恶的根源。

当然,这样宣传本身出发点并没有错。它是要引起社会特别是青少年的关注,警示人们,网络因其本身不设防容易使人迷失自己。这样宣传无可厚非,但问题出在对网络积极作用的宣传不够,不能让人们谈"网"色变,似乎一沾上"网"准出事儿。应该通过对积极作用的大力宣传,让人们了解,原来网络作用如此之大,网络的积极因素占主要地位,并不都是网恋、色情、欺诈。网络飞速发展,说明它有需求;网吧越办越多,说明它有市场;网民越来越多,说明人们正走向现代化:网络不是罪恶的源头。这样才有利于人们形成科学的网络态度,有利于青少年积极用网,不至于走极端。所以舆论在引导上一定要全面客观,要"加强网上正面宣传,唱响主旋律,打好主动仗"。

三、客观契机——网络时代的来临

网络是客观上为青少年网络道德失范提供了物理空间与契机。

网络具有独特的魅力。美国心理学家格林非尔德指出,网络之所以有让这么多人上瘾的强大力量,是因为它能让使用者产生亲密感、无时空感和无压抑感,而这种力量是其他任何事物都不曾有过的。

网络为青少年拓宽了一条信息来源和沟通的渠道,扩大了青少年的社交范围和沟通对象,满足了人与生俱来的渴望参与、合群的原始动力,它还为青少年提供了花样繁多、引人入胜的娱乐活动,流行歌曲、精彩的影视大片、互动游戏等等。如此的种种便捷与诱惑,同时带来的却是青少年道德情感的淡漠、道德认知的受阻、道德发展的情景失真和道德行为的失控,其中最为突出的是使得青少年道德认知受阻,甚至扭曲。

(一)网络造成青少年道德情感淡漠

情感是任何一种主观上体验到的、有情感负荷的状态的总称。道德情感是情感的一种高级形式。它是人们根据社会的道德规范评价自己和别人举止、行为、思想、意图时所产生的一种情感。道德情感是沟通道德认知和道德行为的桥梁,在人的道德成长中作用巨大。而网络却造成青少年在道德情感上日益淡漠。

1. 计算机网络充当了人与人相互交往的媒介,隔着计算机屏幕,人们感受不到对方作为一个活生生的人的反应,使他们忽略对方的情感需要。

2. 人们对信息的接受是在计算机既定程序的左右下进行的,计算机程序(尤其是计算机游戏程序)编制的非人性化原则,使人在不知不觉中患上"精神麻木症",失去了现实感和有效的道德判断力。

3. 随着高度信息化、自动化的"虚拟社会"的到来,今后家庭办公、网上学校、电子银行的出现,人们终日与个人终端打交道,具有可视性、亲和感的人际交往机会则大大减少,导致人际关系的疏远,个人也会产生紧张、孤僻、冷漠等问题。未来人—机系统是高度自动化、精神化的。如果人在丰富多彩而又往往模糊不清的情感世界中也自动化、精神化而缺少人情味的话,则会导致人们对现实生活中的他人及社会的漠不关心。这些都不利于青少年协调个人与各种集体的关系,容易造成个人情感的淡漠与封闭。

(二)网络造成青少年道德认知受阻

一般而言,道德认知是个体品德的核心部分,主要表现为道德观念,即个体通过学习所获得的关于道德的概念、命题和规则。因此,道德认知的重要途径是个体的学习。

根据年龄阶段特征,青少年时期是道德认知发展的关键时期,13～15岁的少年期德性发展的基本特点是德性结构的重组期,突出表现为德性独立性和德性行为的动荡性。15～28岁的青年期,德性结构的基本特点是自主性(自我教育、自我选择、自我组合为主),突出表现为德性的自立性和成熟性。也就是说,青少年的道德认知在青少年这一阶段处在一个不断接受逐步内化的时期,他们往往依据自己的经验、喜好来接受道德知识,确定道德判断和评价标准。

网络之所以受到一些教育工作者的欢迎,是因为他们认为网络的WEB页和链接构建的界面能为青少年提纲具有结构化的知识。青少年通过链接一步步扩充和完善自己的信息体系,这种设想非常符合建构主义的教育理念。但这种设想存在一个悖论:网络以促进信息访问者的自主性获取有益信息为目标,同时却又以信息访问者能够进行获取有益信息为前提。这个悖论在青少年身上表现得尤为明显。从心理学的角度上看,青少年的自主性受自我意识、动机强弱、意志控制等内部因素及他人指导等外部因素的影响,网络给青少年提供一个获取信息的自由空间,并不一定就有助于提高青少年的道德认知能力,相反可能阻碍之。

这样一来,根据上面的分析,道德认知的重要途径是个体的学习,如果青少年迷恋于网络,产生网络信息崇拜的心理,就可能以网络信息作为自己道德认知学习的基础。而网络信息并不像报纸、电视等其他媒体的信息经过了一定的选择和加工,它的形式比较松散、杂乱,内容良莠难辨,更为重要的是价值观引导的混乱。因此,青少年在网络这个自由的信息空间,如果缺乏必要的指导和一定的自我控制力,就很可能在信息选择过程,颠倒是非,形成不正确的道德观念,尤其表现在道德判断能力的薄弱。可见,青少年在网络中不加约束地浏览暴力、色情、反动等等不良信息,以丑为美,盲目接受外来文化,在这种条件下学习,其道德认知往往被扭曲。

(三)网络造成青少年道德发展的情景失真

根据心理学的观点,青少年的品德发展应该特别重视同伴、社会情景的作用,在共同的生活中,儿童逐步认识并且学会处理各种社会关系的过程,也就是他们的品德的发展过程。瑞士著名心理学家皮亚杰则认为,要使孩子从自我中心和实在论中解放出来,最重要的途径是与同伴发生相互作用。只有在与同伴的交往中,孩子才会把自己的观点和别人的观点相比较,才会认识到同伴的行为也许会被别人以不同的方式所理解,导致不同的结果。正是在与同伴的交往中,他们开始相互尊重,共同协作,发展公正感。美国发展心理学家柯尔伯格也认为儿童仅仅接受他人的劝告或者作为一个没有相互交流作答的一员,是绝不会引起道德发展的。

教育学家也认为,青少年同他人和社会的互动是形成健康心理的一条重要途径。尤其是当今独生子女居多、城市居民单元化的现实中,人际的互动更是一条不可缺少的形成健康心理的途径。

但是,相互联结四通八达的网络基本上可以说是时间和空间的"破坏者"。这种破坏使得人们的交往有了超时空性,而这种超时空性仅仅是技术使然。在现实中,人们的实际行动依然受到时空的限制。于是,网络变成了一种人的真实和时空的虚幻相结合的混沌体,人们的交往模式因此而发生巨大的变化。

传统的人际交往是一种真实情景下的人际交往,人们总是要通过个体自身去体验周边的情景和氛围,感受自己和别人的喜或悲、乐与愁、爱与恨。而在网络中,人们的交往不再受环境的制约,只要遵守计算机的操作规范和网络协议,个体就可以为所欲为,感受在现实生活中不可能得到的情感体验,"实现"在现实世界中不可能成真的"梦想"。当然,这种"为所欲为"有时会增强青少年的交往信心,但更大的后果是使青少年变得越来越虚幻,自我意识淡化,自我定位模糊,以情感为纽带的人际交往,变成了以虚幻为特征的人机交往。在这种失真的情景下,青少年的情感表达方式和交往渠道开始转移,网络使他们忘记了真实的社会、真实的亲友,变得捉摸不定,喜怒无常。由以上分析可知,青少年道德发展应该处在一个真实复杂的社会关系当中,而网络却使一些沉溺其中的青少年处于虚幻的网络关系当中。正是情景的失真,使得青少年的道德得不到健康的发展,造成一系列的问题。

(四)网络造成青少年道德行为失控

网络社会是一个仿真社会,拥有高度的自由,甚至"无政府形式"是网络世界共同的呼声。在传统社会中,由于人们的生活交往领域相对稳定而狭小,人人都生活在一个诸多熟人相互监督的环境中。在道德法律的作用下,传统的既有道德得以很好地维护,人人都能较好地把握自己的言行,使之符合社会道德规范。但是网络社会中,可以自由地在网上浏览、查阅、选择、发布信息,没有或更少其他的监督存在。在一人一机的环境下,人们不必面对面地交流,从而摆脱了"熟人社会"的道德监督和约束,是一个"非熟人社会"。这是一个极少人过问、干预、管理和控制的环境。传统道德中的他律手段在这里就难以发挥其充分的作用。人们的行为很少受到限制,它为人们提供了一个近乎真空的地带,人们的行为更多的要求自律。

再看看我们的青少年,其生理心理特点决定了他们自制能力弱,猎奇心理强,尚未形成较为成熟的是非观,容易受到误导而行为失控。所以,网络这一"真空地带"客观上为青少年道德行为失控提供了物理空间。

四、与现实道德问题有关

青少年学生的网络道德问题是现实社会中青少年道德观、价值观在网络社会中的具体展现。随着社会变革的逐步深入,青少年的道德观、价值观正发生许多新的变化,虽然总体上呈健康发展的趋势,但多元化的特点明显,部分青少年存在道德观、价值观的偏离现象。部分青少年学生的道德观、价值观的偏离在现实社会中由于社会主义道德观的导向作用、社会舆论的监督作用、社会制度和规范的约束作用等受到一定的抑制,但在具有"开放性""虚拟性"的网络世界中却得到充分的展现。网络社会的无标识性,使一些青少年得以无顾忌地表现自己不正确的道德观念和道德行为。虽然青少年在网络中表现在道德问题表面上看起来与现实道德无直接关系,但从本质上看两者关系是密不可分,他们都是现实社会道德问题在网络中的延伸和再现,我们不能把现实道德和网络社会道德割裂开来,寻找青少年的网络道德根源,必须认真研究和分析青少年现实中出现的道德问题。

第七章 有效开展青少年网络道德教育

第一节 网络道德教育的内涵和特点

一、网络道德教育的含义

网络道德教育是围绕网络领域出现的道德问题而开展的教育活动。具体来说，网络道德教育是指教育工作者依据一定的网络道德准则和要求对网络主体（上网者）有组织、有计划的施加影响的一种教育活动。网络道德教育是网络的"环保工程"，也是网络技术不断发展完善造福于人类的迫切要求。

网络道德教育活动必须围绕现代道德教育思想、道德教育目标和道德教育内容来开展，它与学校道德教育有着紧密的联系，是学校德育的延伸，也是德育现代化发展的必然趋势。学校的网络道德教育应包括两个方面：一是以网络为辅助工具开展道德教育工作，提高学校网络道德教育的实效性；另一方面是在对学生进行网络技术教育或开展其他道德教育活动的同时，加强对学生的网络道德规范的教育，培养学生自觉的网络道德意识、道德意志和道德责任感，提高学生的道德自律能力。它的目的在于使青少年学生了解网络道德规范的重要性，明确网络道德在网络生活中的意义。增强青少年的是非辨别能力和自觉抵制不良信息的能力，培养他们网上的文明行为及自律能力，使青少年学生真正成为网上文明的建设者和推动者。

二、网络道德教育的特点

由于网络道德的自主性、开放性与多元性的特点，这就决定了网络道德与传统道德相比，有着以下几个方面的鲜明的特点，迫切地要求我们改变传统的教育方法，提高道德教育的效果。

（一）教育目标在于规范中学生在"网络社会"中的行为

在人类历史进程发展到 21 世纪的今天，无论是对中国的德育工作者而言，还是对全人类来说，网络给他们带来的最本质的冲击是：传统意义上的物理空间概念发生了革命性的变革，一个崭新的概念——"虚拟空间"横空出世。网络上的我、你、他可以突然消失得无迹可寻，也可以以另一名称或形象（同样是一串符号和数字）再现。在网络上，人们如在实际生活那般做着物质、精神的交流，他们因此有各种各样的喜怒哀乐、满足与失落。然而，网络上个体身份的不确定性使他们有可能不受到如现实环境的社会规范约束。舆论是道德规范发挥作用的方式之一。当行为主体无论是单个个体还是团体感受不到这种舆论压力时，或行为主体所在的特定环境使其有能力逃脱违约所带来的责任时，要维护社会道德规范在很大程度上就要靠行为者的自我约束，其中既有公德方面的内容，也有私德方面的内容。

既然大家共享这片无边的网络，既然网络社区的行为并非无根可寻，无源可溯，既然网络的违规行为同样会伤害人的感情,造成一定程度的人格缺损和经济损失,那么毫无疑问,在这片虚拟的空间就更迫切地需要道德的力量来规范人们之间的行为,使网络空间能够有序地进行。正是基于以上考虑,为了规范网络社会中人们的行为,确保网络社会的有序性,以使人们能更好地利用网络技术给我们带来的积极作用,限制其消极作用,维护社会的利益和人的尊严才有必要进行网络道德教育工作。

(二)教育信息的世界化与多样化

一方面,计算机网络将世界各个国家联系起来,不同的文化形态,思想观念在"虚拟社会"中融合在一起。另一方面,国际互联网是一个全球性、动态性的信息库,其网上的信息可以用"取之不尽,用之不竭"来形容,几乎凡是人类活动涉及的各方面内容,上至天文地理,下至衣食住行,都可以在网上找到一席之地。不仅如此,在网络道德教育中,道德教育的内容,由于有网络技术的全方位介入,使得其不仅能即时传播,而且还呈现出无限扩充性。从而使网上教育的内容更加丰富多样,可谓鱼龙混杂,糟粕与精华共居一室。网络的即时传播,可以使网络道德教育的内容在极短的时间内报道,可以使人们与世界同步,了解全球的最新科技动态,热点新闻,从而极大地满足网络用户的好奇心理和求知欲望。同时,由于绝大部分的信息在应用过程中会不断发展,不断扩充。相对于其他信息资源的储量有限性,信息资源不仅没有限度,永远不会耗尽,而且会越来越多。事实上,现在一方面惊呼"石油枯竭""水资源危机",另一方面"信息大爆炸"知识大爆炸。但网络自身传播与扩充的内容与信息并不一定就是教育者所希望传播的教育内容。同时网络的虚拟性和开放性特点,导致其对信息内容缺乏必要的约束力,泥沙俱下。

(三)教育载体的科技化与综合化

做好"网络社会"的道德教育工作,首先就必须充分利用网络这一现代传播和通信技术手段。道德教育内容一旦进入网络,就可以做到大容量、大口径的信息输出,极大地提高其传播效果及覆盖面,进而实现道德教育工作由"人员密集型"向"科技密集型"转化。网络还以独特的传播方式克服了以前资料印刷、分发、运输、存档等诸多环节的限制,这也有助于提高道德教育工作效率。此外,德育工作者通过网络还可以及时了解人们关注的热点问题,可以快捷地掌握人们思想情绪的变化,进而做到及时引导、及时解决问题。

另一方面,网络道德教育工作并不单指利用网络这一先进技术进行的教育工作。在实际工作中,应该把网络的途径与其他道德教育的渠道紧密配合。比如学校应充分利用社会实践,第二课堂等有针对性地开展网络道德教育。信息产业部、公安部、文化部等各主要部门应将网吧市场管理纳入法制化轨道,坚决取缔"地下网吧",严格处理违规违法的网吧、经营者和上网人员。网络管理者和供应商应通过政策、行政等手段疏导和调节,促使网络用户自律、守信、践约、遵纪守法。随着网络信息技术的推广和普及,网络德育工作者应综合利用一切可能利用的手段,在一切有利的场所动员学校、家庭、单位、社会以及受教育者个人共同参与网络道德教育,只有这样,才能更好地营造良好的网络氛围,规范网络行为。

(四)教育客体的年轻化和个性化

中国互联网信息中心(CNNIC)公布的《第十三次中国互联网络统计调查报告》提供的数据表明,当前我国网络社会中网民群体成员(即网络道德客体)具有以下特征:

①年轻化。对于任何行为的研究,行动者的年龄是非常重要的特征,不同年龄层次的社

会成员在心理特征和行为特征方面的差别很大。从目前相关的资料来看,网络行动者的年龄呈现出年轻化的趋势,年龄在18岁以下的网民占上网人数的20％,网民在结构上仍然呈现低龄化。

②个性化。在网络环境中,不仅信息资源是无限的,作为使用者,上网的选择也是无限的、个性化的。通过点击相关网站,他们能够直接访问数千个领域内的资深人士或专家本人,与教育者直接进行"虚拟对话",可以针对所关心的主题,发表自己的观点见解,自由地展示自己的思想、才华。这必然使广大网民产生强烈的自我表现欲望,主体化意识越来越强。同时,由于网络具有隐蔽性的特点,在网络中发表言论和抒发情感更无障碍,现实中的一切矛盾和内心深处的一切思想,都可以在网络中无所顾忌的表达。网络为广大网民人格个性化发展提供了广阔的平台,在这个平台上,他可以尽情地展示自我个性,进行自我认识,加强自我评价,找到自我价值。可以进行个性化的选择,进入什么样的网站,参加什么样的聊天室,都由自己的个性所决定;进行个性化的设计,网页、网站、节目、同学录,甚至自己的网络名称都可以进行自我设计;在BBS、网上讨论或我要发言等网络栏目中,对于网上焦点问题、人们的网络行为和现实中重大事件都可以进行毫无保留的评价和判断。这些活动,为网民们人格的个性化发展创造了条件。

(五)教育主体的技能化与权威消解化

从广义上来说,所有网络活动的参与者,既包括网络服务供应商,网络管理者,也包括德育工作者,工厂教学科研人员甚至所有教育工作者,还包括网络用户,都是网络道德教育者。鉴于社会分工的不同,道德责任能力的差异,针对网络、网络道德的特点,从教育对象的实际出发,德育工作者和IT教学科研人员应成为网络道德教育骨干。因此,从狭义上说,网络道德教育主体专指从事网络道德教育的专职人员,以德育工作者和IT教学科研员为骨干。相对于传统道德教育工作者,他们具有以下两个方面明显的特点:

①技能化。前面已经提到,进行网络道德教育,就应该先利用网络自身"以网治网"。随着德育手段的现代化、科技化,对专职化的教师提出了更高的要求。在"网络时代"有效开展德育工作,既要求德育工作者掌握丰富的德育理论与实践知识,更要求他们熟悉现代的信息网络技术,具有深入了解网络特征、熟练使用网络、驾驭网络、及时了解和解决网络信息传播中出现的问题的能力。只有掌握了计算机网络使用技能,才能参与到网上来,与网络使用者交谈,发表自己的看法,指导人们积极健康地使用网络。为此,德育工作者需要相应地增加科技含量,成为真正的"知识政工"和"网络政工"。

②权威消解化。在网络社会中,德育工作者不再是高高在上的管教者,而只是耐心服务的长者和朋友。从一定意义上说,网络道德教育的过程,就是信息的获取,选择和传播的过程,网络的开放性、多元性,使得教育资源不再为教育者单独掌握,任何人通过网络都可以方便地查到各种公开或内部、真实或虚假的信息。由于独立意识的增强,被教育者在选择和理解这些信息内容时,总有自己独特的视角、观点和理念。一方面,它们上网浏览的信息内容往往与教育者要求的不尽一致,而是根据自己的兴趣爱好,随意点击,这其中就不乏一些黄赌毒内容。更令德育工作者尴尬的是,部分教师由于繁忙的工作和家庭负担,很难抽出时间上网查找有关信息,结果在教育过程中,他所说的东西网民们早就知道,而网民们嘴里蹦出来的新名词和新鲜事物他却闻所未闻。另一方面,即使是针对教育者提出的信息内容,被教育者也更趋向于相信自己的独立判断,而对教育者的判断水平与结论持怀疑态度,从而极大

地影响着德育工作的效能。

网络道德教育问题已经得到世人的关注,尤其是中学生的网络道德教育问题。学校是加强青少年学生网络道德意识,培养网络文明行为习惯的基地。我国有一支由1039万中小学教师组成的浩浩荡荡的教师队伍,支撑着世界上最庞大的基础教育事业。这支队伍的整体素质决定了基础教育的质量。尤其是在网络社会到来之际,中小学教师队伍面临严峻的挑战!科教兴国,教育为本,面对网络社会教师首先要更新观念,转换好角色,尽快网络知识和技术,正确引导青少年学生选择网上信息,培养他们良好的网络道德意识和行为。

三、网络道德教育与传统教育的比较

(一)网络道德教育是对传统道德教育的延伸与扩展。

网络道德教育是传统道德教育在新时期的发展、延伸、扩展和补充。传统道德是人通过在物理空间中相互交往而建立起来行为规范体系的,当它面临一个由数字信号组建起来的虚拟世界的时候,它与网络中的虚拟、隐匿、自由、开放等特质必将会有矛盾和摩擦。网络中的主体的交往方式、行为特点,矛盾处理都与现实社会有很大的差别。为维护和促进网络有序、健康的发展,在技术保障和法律约束的基础上,还必须建立一套依靠人的良心、信念来实施的价值规范体系,也就是网络道德的建立。网络道德是人在网络活动中依据原来的价值规范在对网络道德情景作出判断、选择中不断的形成的,是人们在网络交往中不断摩擦、协商和调整下发展起来的。网络道德是传统道德在网络时代的延伸、发展和必要补充。因此青少年的道德教育的开展必须及时补充和列入网德的教育的内容,以应对网络发展给现代人带来的种种负面影响。网络道德教育的开展一方面为传统学校道德教育增加了新的教学形式——网络德育,另一方面网络道德教育扩展了现有的道德教育内容,是新时期传统道德教育的必要补充。

(二)传统道德教育是网络道德教育的基础和重要内容。

现实社会道德是网络道德形成和发展的前提和基础,因此网络道德教育的发展离不开传统道德教育。一方面,传统道德教育的内容是网络道德教育的基础和发展根本。网络社会终归还是人的社会,网络道德处理的也还是人与人之间的关系,因此离不开传统道德的约束。现实社会的道德规范是人类在几千年社会生活过程中不断总结和发展而来的,时间已经证明了它们的合理性,网络道德的发展必须以传统道德为基石才能向前发展。因此开展网络道德教育就离不开传统道德教育的具有普遍意义的道德规范,如公正、尊重等;另一方面,网络道德教育的开展也需要借鉴传统道德教育的教育经验和教育模式。传统的道德教育在长期的实践中,积累了许多宝贵的道德教育经验和模式,网络道德教育不能仅靠网络教育的形式,还必须通过学校的课堂教育,必须遵循一定的教育原则,如循循善诱、因材施教、因势利导等,还必须借鉴一些成功的教育模式,如价值澄清的道德教育模式,情感体验的道德教育模式,认知性道德发展模式等道德教育模式。

总之,网络道德教育和传统道德教育是一种相互补充和相互促进的关系,也可以说网络道德教育是传统道德教育发展到网络时代新的发展形式和内容。随着社会的发展和进步,网络真正成为现实生活的一部分,网络虚拟社会和现实社会完全融合为一体时,网络道德教育这样的概念也许就不再使用,只把相关的网络道德规范教育的内容融入传统的道德教育

中。鉴于现阶段网络问题突出，传统道德教育还不能解决网络社会中一些伦理问题的情况，所以有必要把网络道德教育作为单独的概念进行界定，以促进网络道德教育的相关研究和发展。

四、网络道德教育的作用

网络道德教育是对传统教育的延伸与扩展。在传统的道德教育中，教育者对教育环境、内容等起控制作用。德育活动是在一个相对封闭的环境中扩展的，德育内容相对固定，德育手段是传统的，学生接受是被动的，是和在现实环境中应中学生网络道德问题与教育对策的研究。网络道德教育是一种真正的开放式动态教育。道德教育的内容随着网络信息的多元化而变得更加丰富，更贴近学生生活，反映具有时代特色的道德教育特点。加之学生对网络有一种好奇和兴趣，因而网络道德教育的主动性更强。网络道德教育的这种特点，改变了以往只单一接受的局面，扩展了道德教育工作的空间，大了传统道德教育的范围。

因而我们可以得出网络道德教育的功能，通过网络德教育：

第一，可以帮助学生摆脱道德选择的困境，使学生理性上网。

第二，可以减少和制止不文明的网上行为发生，形成扶正祛邪、扬善除恶的网络社会风气。

第三，可以实现外部约束力的他律向内部约束力的自律的转化，引导学生养良好的网上道德习惯。

第四，可以提高整个社会的网络道德素质和网络道德水平，从而最大限度地让网络技术促进经济和文化事业的发展，促进人类社会的进步。

第五，可以有效提高学生对网络信息的识别能力，增强他们对网络毒素的抵抗能力。

第六，可以充分发挥网络的优势，利用网络学习文化科学知识。

第二节　青少年网络道德教育的基本原则

由于网络道德教育的特殊性，开展青少年网络道德教育必须要遵循一定的原则，以提高教育的实效性。

一、传统道德教育与网络道德教育相结合的原则

网络道德的现实基础不仅是网络虚拟社会，也是现实社会，网络道德的主体不是脱离现实社会的虚拟人，而是生活中现实社会中的活生生的人，网络虚拟社会中的"人"只不过是人在其中活动的符号代码而已。现实社会个体的道德水平与他在网络中的表现息息相关：首先个体的道德认知发展水平直接影响他对网络的认识和理解；其次个体的道德自律水平决定个体在网络中自我行为调控能力；最后个体在现实社会的道德行为习惯也会影响他在网络社会中的活动。在开展网络道德教育时必须要把握网络道德与传统道德的关系，坚持传统道德教育与网络道德教育相结合的原则，才能提高德育的效果。

坚持传统道德教育和网络道德教育的原则应该注重以下几个方面的问题：

第一，坚持传统道德教育为基础，着力提高个体的道德认知水平和道德自律水平，只有个体具备较高的道德自律水平才有可能在无人监督的网络社会中坚持道德准则。

第二，注重对个体的基本道德行为习惯的培养，使个体具备现实社会生存所必须的德性。网络社会是现实社会的延伸和拓展，具有许多不同与现实社会的独特性，但是在人类共同应该遵守的，具有普遍意义的一些规则上是相同的，例如不偷盗、不伤害等基本伦理原则。在进行网络道德教育时，必须注重个体基本文明习惯和公民道德的教育。

第三，综合利用传统道德教育和网络教育理论、方法、模式来开展网络道德教育。开展网络道德教育，并不意味要抛弃传统道德教育的一切，传统道德教育有许多的经典的教育理论在今天依然闪烁着耀眼的光辉和发挥着作用，例如杜威的道德教育论，柯而伯格的道德认知发展理论等。我们要积极吸收传统道德教育的营养，借鉴传统道德教育理论，利用传统一些行之有效的教育模式来开展网络道德教育。同时还要利用网络教育的优势和特点来改造传统道德教育，提高传统教育的效果和成效。总之，网络道德的道德主体既生存于现实社会，又活动于网络虚拟社会中，只有处理好现实道德与虚拟道德的关系，主体才有可能实现社会生活的真正幸福。

二、着眼未来，面向全球的原则

因特网是一个连接全球的网络，在网络社会中没有国家和地区的边界，任何人都可以自由的在网络世界中随意交流、活动。网络社会的这种特点决定了网络道德具有全球性、开放性和多元性等特点，网络道德教育的核心内容，即网络文明礼仪和网络道德规范不是由某一个国家和民族来制定，而是有所有网络主体来共同研究讨论和协商而制定的，而且它面向所有网络活动的主体。因此我们在开展网络道德教育时必须要着眼未来，把握好未来社会发展的动态，尤其是网络社会发展的趋势和动态，及时更新和调整网络道德教育的内容，遵循全球遍伦理的准则。

三、尊重主体，以人为本的原则

我国传统道德教育强调对个体的道德知识灌输，众所周知，灌输一直是我国传统道德教育中的最大痼疾。灌输式的道德教育"在性质上，它是一种强制的、封闭的教育；在目的上，它试图通过一切可能的方法和措施使学生接受并最终形成特定社会所要求的固定的道德价值观和道德行为习惯；在内容上，它所要传授给学生的乃是人们推崇并为大多数人认可的、具体的规范；在方法上，它通过诉诸直接的问答教学、规劝、说服、纪律、强迫执行，训诫、奖惩以及榜样等等"。这样的教育实质上一种僵化的教育，由于它用一种固定的教条教育学生，因而在很大程度上禁锢了学生的思想，窒息了学生的自主性和创造性。简而言之，"人"在灌输中不见了。

道德教育实际上是社会道德内化为个体道德的过程，社会道德要转化为个体道德，一方面是通过教师和家长的教育和影响，更主要的是个体按照自己已有的价值标准对社会道德规范进行判断、选择、认同和接受，最后通过个体的行为表现才真正内化为个体道德。要提高网络道德教育的效果，必须要充分尊重青少年的自主性，发挥青少年自我教育的能动性，只有始终坚持以人为本的教育原则才能取得网络道德教育的成功。

四、学校、家庭和社会影响一致性原则

青少年正处于身心迅速发展的关键时期，还没有形成稳定的人生观和价值观，任何外界

的因素都会对青少年的认知和行为产生影响。因此开展青少年网络道德教育,必须要协调好学校、家长和社会的关系,统一教育思想和宣传方向。建立以学校为中心,联合家长和社会(包括社区、媒体宣传,大众舆论)的教育网络,发挥教育合力,共同对青少年进行包围式影响,提高网络道德教育的效果。

第三节 青少年网络道德教育的内容

现阶段的网络伦理道德教育是道德教育的一部分,应探寻网络伦理道德与现有道德的互通之处,根据青少年的需求,网络道德的特点,探讨网络伦理道德的新内容。现阶段的网络伦理道德教育应包括四个层次的内容:一、传统道德教育;二、价值观教育;三、网络法律法规教育;四、网络礼仪教育。

一、传统道德教育

网络伦理道德与现有道德有互通之处,现有的道德教育某种程度上还适用于网络道德教育,但是由于网络的特殊环境,在网络道德教育中还要加强传统的慎独教育和节制教育。

1. 慎独教育

"慎独"是儒家提倡的一种道德修养方法。指人独处时,仍能谨慎地使自己的行为符合道德准则。"慎独"强调人恪守道德情操的自觉自律。"君子慎其独,非特显明之处是如此,虽至微至隐,人所不知之地亦常慎之。小处如此,大处亦如此;显明处如此,隐微处亦如此,表里内外,精粗显微,无不慎之。"朱熹的这段话充分地说明了"慎独"这种传统道德修养的基本方法。网络具有匿名性和隐蔽性的特点,网络不道德行为主体不易被发现,网络行为的自由性和网络道德自主性适宜传统"慎独"道德修养方法的实施,因此在网络道德教育中要强调传统的"慎独"教育,强调经过长期的自我反省、自我约束的锻炼,促进青少年将网络道德规范向道德行为习惯转化。

2. 节制教育

节制也称自制,是受理智支配压制不合理情欲而顺从合理情欲。古希腊曾将节制列为四大主要道德之一。节制是一个人应该具备的美德。人的行为分为节制与放纵两大类型。节制的特征是理智支配情欲,一个人在理智支配下,能做明知当作之事而不作明知不当作之事。放纵的特征是情欲支配理智,一个人在情欲的支配下,能做明知不当作之事而不做明知当作之事,害人害己。

网络道德教育必须加强青少年的节制教育。首先,教育广大青少年学生正确认知自己的各种情欲,知道网络行为哪些是不合理的,哪些是合理的。否则,理智如果发生了错误,把不合理欲望当作合理欲望,网络不道德行为会越来越泛滥,例如,黑客行为,青少年如果在观念上并没有认识到黑客行为是一种不合理的欲望,却把黑客行为当作显示自己高超计算机能力的合理欲望,那么黑客行为将无法得到真正的控制,因此进行节制道德教育的过程中,应该首先开展认知自己各种情欲的教育。其次,教育者要有意识地培养青少年的合理情趣。一个人获得了对情欲的正确认知,还不能完全克制欲望,如青少年明知道利用计算机高超技术侵入他人计算机是错误的。但青少年本身无法完全克制自己入侵的欲望。因此在节制美德教育过程中,要培养合理情欲,促进合理情欲由弱变强,由无到有,从不习惯到习惯,从而以合理情欲代替不合理情欲,最终养成良好的道德行为。

二、价值观教育

1. 价值观教育是青少年网络道德教育的核心内容

价值观是社会成员用来评价行为,以及各种可能的目标中选择自己合意目标的准则。一个人的价值观通过一个人的行为取向及对事物的评价和态度,反映出来,是世界观的核心,是驱使人们行为的内部动力。在 21 世纪全球网络化的过程中,西方文化及意识形态的全球性传播,严重影响着青少年的社会主义价值观,青少年的价值观体系处于矛盾、多样和不稳定的状态。青少年时期是世界观形成阶段,因此必须进行世界观教育,尤其是与科技生活密切相关的价值观教育,引导青少年学生树立对科技的正确评价和对科技的正确态度。芬兰注重与科技相关的价值观教育。芬兰人只是运用科学技术提升服务,加速学习。在科技环境中长大的孩子不仅对科技没有恐惧,更具备了适应未来的能力,科技只改变芬兰人做事的方法,人永远是科技的主人,人与科技有着和谐的关系,因此芬兰领先的不是科技,而是正确评价科技的价值观。加强与科技相关的价值观教育,能够有效地解决青少年面临的网络社会问题。

加强与科技相关的价值观教育,能够将科学技术开展和运用道德地引入合理的领域,避免非法之徒利用网络实施非法用途,如用于未来数字化战争,用于交流贩毒信息,运用于赌博,运用于贩卖儿童等。加强与科技相关的价值观教育,能够教育青少年正确地认识网络技术发展的无限性,培养人的科学探索精神,将无限发展的技术运用于改造世界、认识世界;正确地认识网络的工具本质,充分地实现网络工具性的功能;加强与科技相关的价值观教育,也包含科技与人、科技与道德的正确关系教育,避免机器对人产生的技术压力,和人对机器产生的技术依赖,从哲学层面上认识人机互动的本质,减少网络上瘾,网络孤独,及其他网络社会问题的产生。因此强化价值观教育是网络道德教育的核心内容。

2. 强化价值观教育需处理好两个关系的教育

(1)处理好科技与人的辩证关系

当代新技术革命的迅速发展客观上为人的全面发展提供了可能性:首先,当代智能机器和自动装置越来越广泛的使用,他们耐疲劳、耐恶劣环境以及传达信息迅速的特点,一方面,使劳动者从繁重的甚至是有害的工作中解脱出来;另一方面,可以创造出丰富的社会财富,在越来越高的水平上满足劳动者的需要,大大提高了广大劳动者的自然素质,促进他们身心健康发展。其次,由于智能装置和自动装置,正在代替并越来越广泛地代替人的许多工作,使劳动生产率得到极大的提高,因而使劳动者的闲暇时间也随之大大增加起来,这就为广大劳动者进行系统学习,有效地提高自己的智力水平,从事创造性的活动,提供了更多的机会。再次,由于智能机器和自动装置给劳动者提供了现代通讯工具的广泛使用,也可以使劳动者之间的交往更加频繁、广泛和丰富,因而使人们的社会关系更加全面而丰富。因此以网络技术为首的新技术革命为人的全面发展,人的能动创造本质的发挥,提供了前所未有的可能性。但可能性不等于现实性,由可能性向现实性转化还需要许多其他的社会条件,事实上,人和科学技术的关系,取决于科学技术发展水平,经济关系、阶级结构和社会制度,只有当人真正地处于对科学技术绝对支配地位的时候,科学技术的发展才能成为推动人发展的有效力量。网络技术也是这样,只有当使用者处于绝对支配地位时,才能有效地促进人交往的扩大,才能推动人与人的发展,才能推动人的全面发展,否则就会出现各种各样网络压力、网络上瘾、网络沉溺等网络社会问题。

(2)处理好科技与道德的辩证关系

科学技术被理解为一种真理性的知识体系或者是一种纯粹的工具理性(技术方法),科学技术本身不包含特定的道德价值,但是由于科学及科学活动是在人类社会中进行的,它是人类社会活动的成果,与人类生存和发展有着必然的联系,因此科学技术活动也是人类道德评价的对象。科学与技术作为一种社会力量,影响着人们的社会生活,影响着人们的社会利益,社会需要和社会情感。人们自然会站在不同的角度对科学技术采取不同的道德态度。同时科学技术活动作为一种自觉、自主的社会活动,也在不断形成着特定的道德规范和道德特征。因此,从伦理的视角来看,科学中包含着丰富的伦理道德内涵,从科学的角度来看,伦理道德中包含着一定的科学成分。网络与伦理道德密不可分,教育者可以利用这种辩证关系,在发展网络的过程中,正确认识网络道德教育的必然性,以便及时地开展针对性的教育。

三、网络法律法规教育

1. 网络法规和法律教育是网络道德教育的重要保障

世界各国都制定了相应的网络法律和法规,以维护网络秩序,保证网络安全。美国1986年通过了《计算机诈骗和滥用条例》,把黑客活动中的许多行为定为非法,禁止未经授权进入任何计算机系统获取信息。《反电信诈骗法》规定:任何在州或国际商业中使用电信、无线电或电视通信手段诈骗商品和服务的行为都是违法的。英国1990年通过《反计算机滥用法》规定了:未经授权读取一台计算机或计算机系统,包括以有目的的企图读取信息文件到毫无目的的浏览行为是一种犯罪行为。《儿童保护法》规定:拥有下流儿童图片的行为是非法行为,在互联网或电子公告栏上存储、检索、发行或制作下流图片为非法行为,被起诉的人包括制片人、收件人以及存储者或传播互联网服务商或电子公告栏操作员。我国《中华人民共和国计算机信息网络国际管理暂行规定》规定:不得利用互联网从事危害国家安全、泄露机密等违法犯罪活动,不得制作、查阅、复制或传播危害国家安全的信息和淫秽色情等信息。1997年月10月1日颁布的新《刑法》规定:违反国家规定侵入国家事务、国防建设、尖端科学技术领域的计算机系统,处三年以下有期徒刑或者拘役;对计算机系统进行删除、修改、增加、干扰,造成计算机系统不能正常运行,后果严重者处五年或五年以上有期徒刑;对制作传播病毒,破坏程序和利用计算机实施金融诈骗、盗窃、挪用公款、窃取国家秘密或其他犯罪的各种行为,做出了相应定罪处罚的规定。这些网络法规和法律维护了互联网的正常秩序,保障了各国信息的安全。网络已经带来了多元文化,多元价值观,网民主导性的价值体系若没有强有力的外力支持,单靠网络道德自律,难以形成一致的道德信念,在网络新道德初始建立阶段,必须确立一些强制性法律规范,来保证网络道德的实现,通过法律制约网民,促进网民道德自觉的产生,进而促进道德自律的形成。因此必须在网络建设中引入"硬"约束机制,即网络法律法规。青少年的网络道德教育中必须进行网络法律法规教育,使学生了解国内外网络法律法规,强化对网络不道德行为的认识,充分理解网络法律法规存在的意义,使学生先被动知法后主动守法,自觉自愿地认同和遵循法律法规。以保证网络合理有序地运行,保证信息的共享。

2. 利用法律和道德的关系促进网络道德自律的产生

法律和道德是社会上层建筑中关系最密切、形式最接近的行为规范。社会主义法律与道德有相同的经济基础、指导思想和基本原则,对于人们的行为导向有一致性和互补性。道德比法律的调整范围广,法律比道德调整的力度大。社会主义道德原则和重要的道德要求通过法律的形式予以确认,可以使道德责任转化为法律义务,更具规范性和约束性。通过网络法律和法规教育,有效规范和约束青少年的网络不道德行为,培养道德自觉。通过网络道德规范的教育,有效培养青少年的道德责任感。教育者要利用法律和道德互相补充作用,共同促进网络道德的形成。

四、网络礼仪教育

1. 网络礼仪是网络运行中起实际作用的要素

网络礼仪和具体规范形式能够有效协调各种各样网络行为的合理性和正当性,将各种网络行动导向一个分化和整合相统一的有序轨道。网络礼仪是网络运行中起实际作用的要素。网络礼仪是 network 和 etiquette 组合而成。网络礼仪是一些行动指南,只要遵循礼仪,会省去许多麻烦。网络礼仪和具体规范形式因网络行动的多样性而呈现多样化。如网络中的招呼礼仪、交流礼仪、表达礼仪等多种多样。

电子邮件和电子公告板是网络中青少年经常使用的两块阵地。下面就这两块阵地的使用礼仪分别作以介绍。

E-mail 电子邮件服务是国际互联网所有服务中最广泛使用的一种。一个用户通过连结全世界的互联网络,可将邮件传递给世界范围内的任何一个有 E-mail 地址的用户,实质上就是一个用户将账户上的文件通过互联网络传送到另一个用户的帐户上。E-mail 相当于利用计算机网络来传送信件,以代替邮递员的角色。只要知道对方的电子邮件地址,就不受时间、地点的约束,快速地将信件送到对方。除了传递一般的文字资料外,还可传递多媒体信息。

电子邮件礼仪如下:第一,输入信件"信封"信息。输入信件主题,可以让收件人迅速地了解信件的信息类型,帮助收件人决定是否阅读。第二,信件内容尽可能简短。简洁是电子邮件的灵魂,不要占用收信人大量的时间去阅读。第三,必要时输入表意符号。"网络的交流是不见面的符号交流,为了表情达意,网民在网络实践中确立了一些普遍公认的符号。:-) 基本的笑容,用来表示玩笑和幽默;;-) 眨眼睛,狡猾地笑;:-(苦笑,心情沮丧;:-| 漠不关心的笑容;:-> 辛辣的评价;%-) 在屏幕前坐了很久,两眼发花;:*) 喝醉了;:@ 作者在叫。这些符号可以表明发言者所表达信息的基本态度,又可以让收集者决定对待这条信息的方式。"

这些符号可以表明发信者所表达信息的基本态度,又可以让收信者决定对待这条信息的方式。第五,不要无目的随意发信。网络提供了一个十分便利的邮件通讯手段,但这并不是随意发信的理由。

电子公告板也叫 BBS,是互联网络提供的一种社区服务。它可进入到世界各地,也可进行各类信息的查看和打印,也可进行相关问题的讨论,网上交流,档案存取,具有远程或局部区域内进行信息交流的功能。用户可以通过电子公告板,方便地得到许多方面的信息,如进入专业的 BBS 站点,交流科技及科研最新动向及最新成果,也可在 BBS 交流中结交世界各地的朋友。BBS 是一种休闲性信息服务系统,具有科学性、教育性、知识性、娱乐性以及广泛性、流动性、现时性的特点。一些青少年的网络越轨行为大都是从这里开始。如读取黄色的图片、色情交流、下载版权的软件、网络谩骂、传播不真实的信息等,因此学校应重视 BBS 的建设和管理。

电子公告板(BBS)的具体使用礼仪如下:第一,要让文件和信息简明扼要。第二,每条信息集中一个主题。第三,你对别人说的话要格外小心,不要从自己的观点出发对发布信息者过分揣测,就事论事。第四,不要用学术网从事商业或赢利活动。第五,你的签名应包括你的姓名、职业、网址,青少年不要用真名,以免带来麻烦。第六,没经作者的允许而把个人电子邮件寄往电子公告板是极端无礼的行为。第七,慎用讽刺和幽默。第八,尊重版权和出版条例,不传播版权软件,不传播垃圾文件。第九,你所提出的问题和发表的评论要与讨论组的主题相关,不因别人的批评而恼怒,不用不礼貌的语言谩骂,因为讨论是开放的。第十,请用自己的电子邮件个人账户,不要冒用别人的账户。

除了对青少年进行网络礼仪教育之外,还应具体地规范青少年的网上行为,青少年应遵守下列道德规范:第一,利用网络为社会和人类做贡献,不应用计算机去伤害别人;第二,网上行为诚实守信,不应在网上发布虚假信息;第三,尊重包括版权和专利在内的知识产权,不应未经许可而使用别人的计算机资源;第四,尊重他人的隐私,不窥视别人的文件或泄露相关国家秘密;第五,慎重使用计算机,不凭借计算机高超技术干扰别人的计算机工作;第六,科学地选择网络资源,不应浏览黄色或反动信息。这些网络礼仪和道德规范是网络行为中实际起作用的要素,它有效地协调着网络行为的合法性,在具体的网络道德教育中应把网络礼仪的教育作为不可或缺的一部分。

2. 利用礼仪的道德作用促进网络道德自觉的产生

礼仪在道德形成和发展中发挥着重要的作用。首先,礼仪能够起到以礼"引"德的重要作用。礼仪作为一种基础性的行为规范,可以"引导"人们加强网络道德修养。"不学礼,无以立","人无礼,焉以为德"论述了礼仪的这一作用。其次,礼仪能够起到以礼"显"德的重要作用。礼仪作为一种道德精神的外在形式,可以显现人们的道德水平,礼仪可以展现一个人的道德素质,从他的行为举止中,能够体现一个人的道德倾向和道德修养。第三,礼仪能够起到以礼"保"德的重要作用。礼仪作为一种操作性极强的道德规范,可以保证道德原则的实施。通过礼仪的教育和训练,可以帮助人们增强内心的道德信念,掌握正确的行为准则,在网络交往中规范操作,保证道德原则的实施。

网络礼仪和具体规范教育在网络运行中起着实际的作用。教育者应重视网络礼仪在道德形成中的重要作用,通过网络礼仪的教育和训练来引导网络道德行为的产生。

网络伦理道德教育是信息时代对学校提出的道德教育的新领域。因为网络道德呈现与以往道德相不同的特点,体现更多的人与科技相结合的特点,更强调人的自律性,所以在上述四个层次的网络伦理道德教育内容中,应始终坚持强化价值观教育,解决青少年道德观念上的问题,辅之以传统道德教育、网络法规和网络礼仪规范的教育,利用法律和道德互相补充的作用,促进网络道德教育的有效开展。

第四节 青少年网络道德教育现状

网络社会促成人类社会的世界化走向,更使教育的世界化成为不可避免的现实。学校作为全社会信息化程度最高的团体,承担着网络社会带来的各种问题的教育,面临着网络信息世界化提出的开放性新课题,其中比较突出的问题就是网络道德教育问题。

一、网络对道德教育的冲击

青少年作为一个正在成长中的特殊群体,在接受外来影响方面一般走在其他社会群体的前面,在日益开放的社会环境下,我国青少年的价值观念,更是不可避免地受到国外价值观的影响。网络的迅速发展,加速了这种影响。网络社会中没有权威,缺少规则,多种道德观念混杂其中,道德标准也很模糊。这种状况使日益增多的上网的学生通过网络形成了道德相对主义的观念,这与我国学校德育试图交给学生一些相对固定的、普遍的道德规范相悖离,因而给传统的道德教育很大的冲击。而且网络本身的特点也造成道德约束机制与人们现有的许多道德观念、规范的约束机制不同,而新的适合网络道德的约束机制尚未完善,于是网络上的道德失范便屡见不鲜、屡禁不止,这也给道德教育提出了很大的挑战。主要表现为:

网络道德教育对德育工作者的素质提出了更高的要求。学校传统道德教育中,教育者的主导作用和学生的主体地位模糊不清,缺乏明确的定位。我们总是有意无意地去确定教育者在德育中的主体地位,认为它们处于信息优势地位。这样教育者在德育过程中容易给学生树立威信,但这也正是这种权威作用,使得学生很难敞开心扉与教师交流,因而效果不甚理想。网络的发展恰恰也对教育者的主体地位和权威作用产生了冲击。网络中教师不再是主要的信息源,教育者的信息优势部分丧失,学生从传统途径接受的信息量减少。这样,教育者就经常陷入一个尴尬的境地,就是学生对自己的信息已经很熟悉,而自己对于学生习以为常的知识却很陌生。因此,网络的发展对德育工作者的素质提出了更高的要求。德育工作者要将自己摆在同学生交流、互动的平台上,善用引导,激发学生内在的动力,指导学生辨认网络中的各种信息,充分利用网络的积极信息,拒绝消极和不健康的信息,让学生在不断的自我探索中发现自己的问题,解决问题。

新时期的网络发展对德育的方式提出了新的要求。传统的道德教育大都是通过课堂讲授、讨论和个别谈心等方式,利用说教、讲道理等的方法,对学生晓之以情、动之以理,从而促使其提高认识、解决问题。然而在网络时代,道德教育面临着新的形势。首先网络道德教育受到时间、地点和各种情景的限制,现实中的道德教育往往不能体现网络的特点,在网上开展又不能顾及全体学生。因而,选择合适的地点和场合,让教育者费尽心思。教育者应将学生难以直观认识的网络伦理知识采用多种方式引入课堂,以科学的态度和以学生为主体的心态,引导学生积极思考,勇于参与,充分调动学生的积极性,给学生创造宽松的思考空间和想象的余地。同时德育工作者要充分认识到网络的发展趋势是必然的,上网学习势不可当,不能因为网络社会中有诸多不利因素就否认网络的巨大优势。网络是新生事物,它必然带有一些不足之处,而且人们对于他们总带着一种挑剔的眼光,所以人们对网络的认识不免有片面性。对于网络我们要从正面积极引导,对于其消极的因素应该采取有效的手段和措施,促使学生自觉利用网络优势,积极上网学习。对于网络这个虚拟的世界,人们要在其中生活,尤其是对我们的青少年学生来说,就必须有必要的道德规范来约束其网络行为。因此,教育者应转变传统的道德教育模式,适应网络青少年社会化的特点。

二、青少年网络道德教育基本现状

目前,一些学校在强化网络的教育功能、服务功能,开展思想政治教育在网络方面上进行了积极的探索,积累了一些成功的经验。如北京大学的既坚持正确导向,同时又能体现兼收并蓄的时代精神,集思想性和教育性于一体的北大在线;浙江大学的学生广角,包括学生社团、校园文化等内容;华中科技大学在网上通过党的组织生活;人们大学办起了"网上党校";石家庄陆军指挥学院创办了"石门书屋""名片影院"等优秀网站。这些学校用正确的舆论引导,用优秀的作品鼓励学员,利用网络作为宣传教育的主要渠道,他们的这些经验值得我们学习和借鉴。

另外,我国已经有不少的教育部门和教育工作者开始重视网络热点,并做出了积极有益的探索。他们充分利用网络资源,丰富思想政治教育的内容和形式,并不断创新和发展。他们根据学生的心理发展特点因势利导,将思想政治教育从单向的"说教式"教育变成了讨论中的正确引导。

随着网络技术的普及,网络伦理已经成为一些发达国家高校的必修课程,并被正式纳入一种西方称之为"计算机文化"文化现象加以研究。在我国网络伦理课程、网络道德课还是现行课程体系中的一个盲区,伦理方面的著作也很少,但我国的网络道德研究已经起步。这至少表明我们对自己命运的关注已经更加自觉,无法规定的、技术本身难以解决的问题纳入德育范畴加以思考。尽管对大多数网民来说,"网络道德""网络伦理"是一个全新的概念,但网络德育问题并不会因此而被人们所忽略。

三、当前青少年网络道德教育存在的问题

网络道德教育虽然日益受到人们的关注,但在实施的过程中进展的并不是特别顺利,效果也不甚理想。社会各方面在网络道德教育方面还存在很多不足之处。学校作为网络道德教育的主阵地,在开展网络道德教育的过程中也遇到了一些困难,主要原因是学校不够重视,教师认识不深刻等。从网络道德教育自身来说,它作为一个新的领域,目前的研究较少,可借鉴的材料和经验也很少。而且网络道德教育正处于探索的阶段,其规范尚未完善、体系不够健全,开展的方式和途径没有很强的针对性等。

从学校来看,学校开展的网络道德教育没有很强的针对性和应对性,学校网络道德教育缺乏有效的途径和方法。现在,素质教育之风已经吹遍全国,这给网络道德教育提供了一个很好的机遇。对于青少年而言,学校承担着教育的主要责任,是教育他们最直接和最重要的阵地,网络道德教育作为德育的重要形式也是学校教育的一个重要内容,而且是教育的当务之急。但是面对硬性的升学压力,学校的教育重心还是大部分放到了知识的教育上。对于网络,学校也只是侧重与网络技术的应用,较少指导学生如何认识网络的负面作用,给学生一个清醒的认识,而且对于网络道德教育也没有足够的重视,往往认为网络道德问题是外界环境造成的,应该由社会承担责任,学校道德教育起不了很大的作用,同时网络毕竟是一个新领域,没有前人总结的经验可借鉴,我们尚处于教育的探索阶段,很多学校对网络道德教育认识不到位,学校的网络道德教育缺乏明确的规范要求和理论指导。当然有些学校已经总结了一些有益的经验,但这些总结经验或多或少的带着一定的局限性。因为,一方面有些学校开展的网络道德教育基本上是以防止学生上网为基本目的的,采用的方法也是说教式的,而较少开展引导式教育活动。这样很难走进学生的内心世界,很容易引起学生的反感。另一方面,目前的经验大都是个案式的,还没有从中提炼出具有普遍意义的指导理论。再有,有些经验是在学生未实践的情况下,对网络负面影响的过度描述,认为这样可以防止学生沉迷于网络,但是这种方式的说服力太差,难以让人信服。其实,不少青少年在网络运用

中的不良表现,已经很有力地说明了我们教育存在着缺陷,我们对青少年学生的网络道德教育与我们的期望有较大的差距。因此,对于网络道德教育我们需要有一个逐渐认识、实践和积累经验和逐步完善的过程。

网络道德是伴随着网络的产生而出现的,它是一种新型的道德。网络道德教育作为德育的一种新的形式,一方面要使青少年全面了解网络,正确运用网络为社会服务;另一方面,要使青少年学生能自觉约束自己的行为,不在网络中沉迷,不做出损害社会和他人的事情。从当前的趋势来看,加强网络道德教育的研究和实践已经越来越多,社会各界也都在积极探索,但是网络道德教育的体制和规范并未真正形成。这主要表现在:网络道德教育作为一个新的领域,其内涵、相应的规范及要求,目前还没有达成共识,而且对此也没有专门的课程,大多数的学校和教师对网络道德规范、网络道德教育的内涵、特点、方法和途径等还很陌生;尽管社会各界、家庭、学校等对加强网络道德教育的呼声很高,但在现实生活中人们关于这个领域的探讨却不是很普遍,具有指导的内容还不多,这多少与我们所需要的教育不合拍,显现出教育的滞后性。而且,网络道德教育并未形成良好的势头和气氛,也没有形成家庭、社会和学校共同努力的局面;网络是一个新生事物,它发展极其迅速,对人们生活的冲击又是广泛而深刻的,它自身的发展和对青少年的负面影响也是我们无法预见的,因而网络规范的形成和网络道德教育机制的完善需要一个较长的时期。

社会舆论的影响力不够,也是当前网络道德教育存在的比较明显的问题。一般情况下,人们对某种事物、时间的看法,尤其是对新生的事物,在很大程度上受到社会舆论的影响。现在社会各界对网络的宣传,主要集中于网络对人们的消极作用,如因上网导致网络成瘾、荒废学业,因网恋而影响正常交往等,没有从正面去积极引导青少年的网上行为,这样其实更不利于青少年认识和了解网络。

虽然社会各界应该加大宣传,引起广大青少年的注意,让其意识到网络的虚幻性很容易让人失去自我,也让社会共同关注,并伴以各种有效的方式积极配合学校的教育,但是我国的网络道德教育毕竟刚刚起步,社会上缺乏相关的专门研究;社会各界对于网络问题持一种戒备的态度,使得网络道德教育陷入较尴尬的境地。另外许多成人缺乏对网络道德的正确认识,也谈不上教育。而且,现在的正面报道太少,对网络道德教育也产生了不良的影响。现在很多学校的网络道德教育就是从网络的负面影响入手,来制止青少年进入网络的,而这恰恰是目前网络道德教育最突出的问题。

四、青少年网络道德教育存在问题的原因分析

（一）学校原因

从学校来说,其应对性不足主要表现为:

第一,学校重视不够,认识不到位。面对硬性的升学压力,学校的教育重心大都放在了智育上。面对网络时代的到来,学校也只是对计算机网络技术教育稍加重视,把网络道德教育视为软任务和弹性要求不加以重视。有的学校甚至认为学校不良网络行为产生的诱因主要是社会上不良的网络环境,社会依法治网是关键,学校网络道德教育也起不了多大作用,错误地将责任推卸给社会。

第二,学校对网络道德规范和要求只知道皮毛,不够深入。这是由于网络道德是伴随网络道德社会化出现的新的道德规范,它应包含哪些道德规范和要求,与一般社会道德规范构

成什么关系,理论界仍在探讨中。学校课程中的思想品德课也未涉及这方面的内容。因此,学校的网络道德缺乏明确的规范要求和理论指导。

第三,大多数学校和教师对网络道德教育的特点、形式、方法还很陌生,需要一个逐渐认识、实践和积累经验的过程。但这一点,急需加紧步伐培训出一支素质较高的专业教师队伍,以适应时代发展的需要。

(二)网络因素

从网络自身来看,网络道德作为一个新领域,其自身发展与教育,依然存在一定艰难性。

首先,网络的开放性,导致网络道德多元性。网络社会是一个人人平等的世界,在这里你可以自由发表任何信息,网络的开放性使人们很容易在网上交流,世界各地、各家各学派在网上可以自由碰撞,使网络文化以几何基数的形式发展着,因此,在网络中也体现着各种道德观。

其次,网络管理的滞后性,导致网络道德发展的随意性。网络的管理只针对既定事实,它不能防患于未然,甚至除患于最短时间内。只能当事实发生,并造成结果及影响后才能补救。这是因为 Internet 没有统一的审计和记录功能,也就是说发生的事没有记录追查。因此从技术上不能有效地进行管理,也就是说当事件发生时你找不到责任人。

第三,网络的互动性,文化的补充,导致网络道德的干扰性。网络社会是一个双向交流的社会群体,每个人即是信息的接受者,又是信息的传播者。它具有高度的互动性,不像传统媒体那样单向传播,在发布信息的同时能最快得到信息的反馈。当你去制止不良行为时,它反过来也会对你进行干扰。

第四,商业的介入,致使网络道德带有功利性。如现在在互联网上较大的网站雅虎和搜狐等公司,大量的广告费成了他们初期建设中的主要收入,解决了部分资金问题,但同时也吸引了众多的淘金者,他们通过构筑盗版网站、黄色网站等,以不道德的手段来获取金钱,这类事件网上比比皆是。

第五,网络文化没有统一的法律规范,导致网络道德缺乏保障。网络是跨国界的,互联网本身没有中央管理机制,没有法令和法规,没有边界,国际互联网不属于任何一个国家和任何一个组织;在网上,网络管理也没有统一的标准和规范,人们的行为几乎不受制约。所以,在网上发生犯罪没有处理的依据,违反网络道德的行为屡见不鲜,进而为跨国犯罪提供了温床,网络道德缺乏一个切实可行的法律保障。

(三)中学生自身因素

中学生"探索冒险精神"也是造成网络道德破坏的原因。中学生成为网络的主体,这已是网络发展的一大趋势。他们年龄较轻,价值观、道德观还不成熟,容易被网络的信息所左右。另外,中学生网民不喜欢采用与现实社会一样的评价标准来评价网上事物,他们的网上价值评价标准随着视觉开阔和个性发展呈多元化的倾向。这种多元化的价值准则不确定性的模糊倾向,导致网络中许多不道德现象的横行。另外,媒体中宣传的网络道德方向不明确,一些报道甚至大众传媒对诸如侵害网络道德安全的行为态度暧昧,造成网络道德认识不清。这一点造成的网络危害是巨大的。如各国发生的电子战、黑客程序的泛滥等使"黑客"的性质发生了转变,他们不少已由"自由战士"转变为"政治战士",他们为自己的国家、集体而战,不惜侵害任何网络,是目前危害性最大的网络群体。

第五节　提高青少年网络道德教育对策

一、提高青少年网络道德教育的理论探索

（一）吸收传统的先进文化，建构网络道德理论

"彰善瘅恶"是中国传统道德的价值目标、伦理基础和基本使命。孔子倡导的"有善者好之，其不善者恶之"。就是对中国传统道德思想的概括和总结。道德作为人类文明的尺度，既表现其鲜明的民族个性特征，又表现出其与时俱进的内在品质。不同国家、民族的道德传统，都是不同的政治、经济、文化长期发展的历史积淀，是道德创新的现实历史基础。鲁迅在其《摩罗诗力说》中认为，中国道德文化的重建应体现出"外之不后于世界之思潮，内之仍弗失国有之血脉"。我们现在所要构建的网络道德理论是为了适应当代中国青少年的身心发展和网络科技发展而构建的，其成长、发展、壮大必然离不开博大精深的传统道德文化的强大基础。

1. 网络道德价值观教育。

所谓的价值观是指人们对于价值总的、根本的看法，是客观对象对于人类的意义或价值。价值观与价值观念又是相关的，价值观念往往是具体的、现实的、变化性强的，而价值观相对于价值观念来说具有概括性、抽象性和稳定性特点。中国传统价值观作为民族文化的深层结构，既有其稳定性，同时它又具有变动性和创新性。它影响和渗透于中国文化的其他表现形式。

中国传统价值观作为一个相对稳定的整体，它有着与其他国家、民族相区别的内容，正是这些决定和影响着中华文化的风貌。虽然我国传统的价值观的内容十分丰富，但是至于中国传统的价值观的内涵是什么，目前尚没有统一的观点，我认为我国传统的价值观主要包含四个方面，即：国家统一、独立自主、文化主义（或叫天下主义）和和谐。

在进行网络道德价值观的构建时，有必要借鉴传统的价值观内涵，进而进行创新和发展，最终形成适应网络社会和谐发展的价值观。而对当代青少年进行的网络道德价值观教育也必须结合传统的价值观内涵，有的放矢地进行教育。

2. 网络道德制度规范教育。

我国政府 2006 年 1 月发表了《公民道德建设实施纲要》在公民道德建设的指导思想中，将我国公民应当遵守、需要在全社会大力倡导的基本道德规范概括为五句话、二十个字，即：爱国守法、明礼诚信、团结友善、勤俭自强、敬业奉献。这二十字的道德规范也正是对我国传统的道德规范的现代诠释和概括。

互联网网络道德制度规范还没有完全建立起来，道德教育工作者在对青少年进行网络道德规范制度教育时，应结合"爱国守法、明礼诚信、团结友善、勤俭自强、敬业奉献"的公民基本道德规范进行教育。根据社会主义道德原则的基本要求和我国网络发展的实际，当代青少年网民应当遵守以下网络道德规范：(1)利用网络为社会和人类做出贡献，不应用计算机去伤害别人；(2)做到网上行为诚实守信，不应在网上发布虚假信息；(3)尊重包括版权和专利在内的知识产权，不应未经许可而使用别人的计算机资源；(4)尊重他人的隐私，不应窥探别人的文件或泄露相关秘密；(5)慎重使用计算机，不应干扰别人的计算机工作；(6)科学

选择网络资源,不应浏览黄色或反动的网络信息。

3. 网络道德礼仪教育。

我国素来是礼仪之邦,自古就十分重视道德礼仪建设,"礼"最早的起源与祭神有关,《礼记·标题疏》中说:"礼事起于燧皇,礼名起于黄帝。"许慎在《说文解字》中说:"礼,履也,所以事神致福也。"礼最初是原始社会祭神祈福,祖先崇拜的一种祭祀仪式,具有强烈的神秘感与敬畏感。随时代发展礼仪又融入了是非善恶、长幼尊卑等社会道德价值与伦理观念,与伦理道德浑然一体,对社会生活自身起到整合规范功能,并在后来礼仪制度发展中得以不断巩固强化。任何国家的礼仪都具有自己鲜明的民族特色,作为一种人类的文明积累,礼仪将人们在交际应酬之中的习惯做法固定下来,流传下去,并逐渐形成自己的民族特色,这不是一种短暂的社会现象,而且不会因为社会制度的更替而消失。任何国家的当代礼仪都是在本国古代礼仪的基础上继承、发展起来的。离开了对本国、本民族既往礼仪成果的传承、扬弃,就不可能形成当代礼仪。作为一种人类的文明积累,礼仪将人们在交际应酬之中的习惯做法固定下来,流传下去,并逐渐形成自己的民族特色,这不是一种短暂的社会现象,而且不会因为社会制度的更替而消失。

对我国青少年网络道德教育受众进行的网络道德礼仪教育也应该"扬弃"我国古代的礼仪教育形成独具特色的网络礼仪教育模式。目前的网络礼仪主要有以下部分:(1)问候礼仪,指在网络社会交往的起始中,问候和称呼对方时应遵守的规则。它表明的是想与谁交谈,该怎样问候和称呼。可以说,学会网上问候礼仪,是青少年网民行为礼仪的初级教程。(2)语言礼仪,指在网络社会交往中语言表达应遵循的规则,这些礼仪可以表明一个人的态度的情感。(3)交往方式礼仪,指在网络社会交往中采取某种交往方式时应遵守的规则。如许多网络就"规定"发信者要写明信件"主题"等,这就是一种典型的交往方式礼仪。网络礼仪是在网络相互交往中所形成的,与网络社会的特点相适应。总之,网络礼仪是网民行为文明程度的标志和尺度。一个大学生如果连这些起码的网德要求都做不到或不会做,很难相信他能遵循更严格、更高的网络道德标准。

(二)网络道德教育融入显性和隐性德育课堂

网络道德作为道德范畴的一部分,在现行的大中小学的"思想品德课"中,网络道德的内容应是其不可缺少的组成部分。网络道德,是随着网络技术的发展而发展的,应该是一个开放的科学体系。网络伦理道德教育更应贴近现实的网络技术和现实的网络生活,更应注重青少年的网络实践的需要。所以网络道德教育更应该通过多种途径进行,其中把网络德育融入课堂教育之中,充分利用传统的道德教育资源,进行网络德育的显性和隐性课堂教学,达到对青少年德育受众的教育目的。

传统的显性课堂教学,是世界各国道德教育的主渠道,显性的课堂教学在道德教育中发挥了一定的作用。在我国现阶段网络发展过程中,青少年网民的道德自律还处于很低的水平,显性的课堂教学仍必不可少。通过显性课堂教学,介绍高科技运用的价值观,介绍网络伦理道德教育的价值原则,介绍网络礼仪、网络法规,介绍网络政策。具有明确的教育指向,通过学生个体价值澄清明辨,来达到与社会主体价值取向相适应的,与社会现实网络发展相适应的价值观。变灌输式教学为参与式课堂教学,开设"网络道德"的道德课程,介绍网络的技术特性和服务功能、在虚拟全球文化或网络文化中个人的作用、以及电子信息传播的意义。课程采用开放式,在线讨论的方式,将学生作为一个讨论组在新闻组上发表意见。网络德育教育者按计划设定讨论专题,让其也成为网络中讨论的一员,引导学生放弃错误观念,在价值观的争论中澄清正确的价值观。这样的显性课堂教育,既采用了现代科技的手段,也发挥了网络交谈的长处。在这种开放式的课程中,青少年的具体网络礼仪和网络道德规范在互相交流中得到确立。

隐性课程(Hidden curriculum)是1968年美国教育社会学家杰克逊(Jackson)在其专著《班级生活》(Life in classroom)中首次提出的。托斯顿·胡森(Torsten Husen)曾为隐性课程做过这样的定义:"隐性课程是在学校政策、课程计划上并没有明确规定,然而又是学校经验中常规有效的一部分包括能力分组、师生关系、课程规范和程序、隐含的教材内容、学生性别差异、课堂奖励结构等。"这一观点已得到广泛的认同。青少年网络德育教育隐性课程是在进行常规的教育、教学活动同时,通过无意识的感染、熏陶认同等方式使青少年改善认同心理、发挥个人潜能的一种课程形式。学校应注意网络道德教育的隐性教育,通过环境营造网络道德教育的道德氛围,充分发挥"网络德育隐性课程教育"的巨大威力。

(三)开展网络道德教育自助和互助

"德育即育德,也就是有意识地实现社会思想道德的个体内化,或者说有目的地促进德育自助是德育主体的内化性教育,能够充分发挥德育社会体的能动性、自觉性和自主性。德育互助是一种利他行为,德育主体通过自身的愿望与力,通过有效的德育实施行为将社会价值规范体系渗透或外化给德育受众,德育受众之内化为自己的德育理念和行为。德育自助和德育互助二者是相辅相成的。青少年网民在网络虚拟空间中开展自我生活时,应该保持一定的网络德育自助,充分发挥主观能动性、自觉性和自主性,实现网络德育的内化。网络德育的自助应该包含两个原则:其一为自我道德的目标原则——自我实现,即自我负有使自己成为有创造性的主体的责任;其二为自我道德的实践原则——自我反思与自我管理,反思自我网络行为对自身的适当性和对他人的正当性,并适当控制欲望以保持对自我的驾驭。同时网络的德育教育也十分重要的,青少年的网络德育教育需要全社会给予关注,在充分调动他们作为网络道德教育客体的自觉性的同时,要充分调动全社会的道德教育力量,对他们进行帮助以增强网络道德教育的实效性。青少年网络德育教育的自助和互助应从以下几个方面进行。

1. 网络德育主体教育。所谓的网络德育主体就是建设、管理和使用因特网,并具有相道德需要和能力、道德义务和权利的人或组织。具体来说,它包括实际上处于不同层不同类型的用户、站点、网络产品制造商、政府机构、国际组织等。我们在这里所讲的络德育主体主要是指青少年网络用户。

网络对青少年网络主体的影响是十分明显的。概述如下:第一,网络对青少年主体展的正面影响主要有:(1)增强了青少年的主体性。实践手段的智能化带来的劳动方式分散化、小型化和多样化。实践的超地域性带来的自由交往和虚拟性带来的生活质量、作效率的提高等。知识化、信息化的实践客体提高了青少年的学习兴趣和自觉能动创新性的实践结果激发了他们的挑战性、竞争性、创造性。(2)从主体与客体的关中改善青少年的主体状况。人与人之间相互促进,共同进步。人与社会的关系,社会将每个人的全面发展提供各种环境。人与自然在工业社会中损坏的关系得以修复。人与自的反思关系得以加强。第二,网络对青少年主体发展的负面影响主要有:(1)在主观膨胀、多元化价值之下,主体批判性缺失。(2)信息基础造成非人化倾向导致的人失主体性,抽象化导致的人与人关系的疏远和淡薄,非线性思维造成对客体无力把握,导致网络人格的双重性和人格分裂。

要正确规制好网络对青少年的正面和负面影响,使二者在一定程度上得到优化,就增强创新意识,培养有创造性的人才,着重全面提高青少年的文化素质,加强青少年网络道德主体性教育。

2. 慎独教育。"慎独"是德育教育建设的一种重要方法,也是我国优良的民族精神和崇高的思想品质。《大学》称,"于人见闻不及之处能谨慎不苟也","故君子必慎其独也"。即不要以为别人不知道就可以随心所欲,不要以为事情很小就应为而不为,在一个人独处的时候,更要谨慎行事,坚持自律,其突出的是自觉性的品格。它不仅要求人们不要在暗地里做不道德的事,还要求人们从小处入手,防微杜渐。为了避免青少年在"他人不在场"心理的作用下,做出违背网络道德要求的行为。在网络迅猛发展的今天,加强"慎独"教育应该成为提高青少年网络道德修养的重要内容。

如何加强"慎独"教育呢?一要抓好"慎始"教育,培养青少年正确的网络理念。谨慎地开头,开始就要做好。二要抓好"慎微"教育,培养青少年"恶小不为"的网络意识。重视那些看似微不足道的细枝末节,以防造成巨大错误或损失。慎微教育能很好地培养其"微处自律"精神。三要抓好"慎隐"教育,引导青少年自觉践行网络的基本规范。在隐处自律,在缺少监督、不会为人发觉可能做坏事的情况下,做到不自欺、不昧良心。四要抓好"慎言"教育,促使青少年讲求网络诚信。可以使青少年正确认识网络言论不慎的严重危害,也可以使青少年理解网络语言的特性,自觉做网络言论文明诚信的使者。五抓好"慎辨"教育,使大学生科学的网络理性思维走向成熟。这样可以使大学生学会识别网络信息,独立分析和判断网络信息,坚持政治立场。同时也可以使大学生正确处理虚假错误信息,选择有用的信息,坚定自己的认知方向,不断提高科学的网络理性思维。

3. 他律走向自律教育。自律和他律最初是由康德提出的一对哲学伦理学范畴。康德的自律概念强调"意志自律",即"自己为自己立志",因为"任何外部立法,无法使得任何人去接受一种特定的意图,或者能够决定他去追求某种宗旨,因为这种决定或追求取决于一种内在的条件或者他心灵自身的活动"。道德规律要真正成为指导人们行为的规则,必须经过内在的"意志自律"的升华。马克思、恩格斯"扬弃"了康德的道德观,把道德看作一种反映人们生活过程的社会意识形态,而"意识在任何时候都只能是被意识到了的存在,而人们的存在就是他们的实际生活过程"。坚持历史唯物主义观点,从物质和意识范畴的辩证关系出发考察道德的本质,"道德作为一种社会意识,本质上是他律的"。同时马克思、恩格斯强调个体道德的自律性,认为一切的道德规律只有通过个人的思想和行为,转化为道德的自律,才能成为实存的道德行为和道德风尚。由此可见,道德是自律和他律的统一,"个体的自律以社会的外部的他律为基础和根据",同时,"社会道德要求只能通过个人的自律才能实现"。法国社会学家迪尔克姆也指出:"道德是一个命令的体系,而个人良心只不过是这些集体命令内化的结果。"皮亚杰经过仔细的分析之后指出:"当心灵认为必须要有不受外部压力左右的观念的时候,道德自律便出现了。"

在网络空间,青少年可以更快地获取信息,在思维和行为上有极大的拓展。网络道德建立对于规范青少年的网络行为应起到积极的作用,但这种"规范"是非强制性的,在很大程度上只能靠个人的自律(内心信念)来维系。"网络道德自律"是一种网络道德主体的行为"自觉"和"自省",是在没有社会和他人监督的情况下,仍能保持清醒的自我约束,坚守符合网络道德规范的道德信念，自觉按照正确的网络道德准则行事。网络道德"自律"是网络道德知、情、意的高度自觉和自由选择，是"慎独"的体现。因此，要通过各种途径，不断强化善恶、是非观念，形成正确的网络道德认识；要加强正义意识、责任意识、义务意识、良心意识、荣誉意识教育，以培养高尚网络道德情感，保证在复杂的网络道德选择中保持"德性"。

(四)树立大网络德育教育观

所谓的"大网络德育教育观"就是全社会动员起来参加网络德育的教育和建设，在社会大环境下对网络德育对象实施积极而有意义的影响。在当代复杂的社会环境下，网络道德的教育已不单单是德育工作者的任务，家庭、学校、社会都应该积极参与到网络道德理论的构建、创新以及实施中来，都应该充分重视网络道德教育的重要性。在全社会建立起温馨的"网络家园"给网络青少年以温暖和关爱，形成社会网络道德"引力场"，构筑全方位多层次的立体道德教育结构模式，引导他们端正网络道德的思想和行为，调动他们的主观能动性，增强他们的网络信息"选择能力"和"识别能力"，把网络德育的基本内容渗透到他们的思想观念和行动中去。学校应以学生守则和行为规范为主线，适时进行网络道德教育对学生的网络操行要根据一定的科学的量化标准进行卓有成效地评判，增强针对性的教育作用；家庭要突出传统美德教育，教育子女如何上网，严格遵守网络道德行为规范，诚实守信，启迪青少年树立正确的网络道德观；社会要突出社会公德教育，引导青少年参加网络实践，正使用网络，增长适应网络道德规范的能力。学校教育、家庭教育、社会教育三者应该互相联系，互相渗透，互相促进。

二、提高青少年网络道德教育的实践探索

从中学生网络道德现状和网络道德问题来看，学校德育决不能忽视网络文化的存在，必须加强研究，科学决策，充分利用网络丰富的道德信息资源，开发网络的德育功能，开发学校的德育资源，重新设计学校的德育模式，适时调整学校德育战略。根据网络道德问题产生的原因，可以通过建立德育网站，开设各种教育和引导活动网页及网下组织学生开展各项有益身心发展的娱乐活动、心理咨询活动、德育活动，并取得家庭和社会的协助，进行共同管理、教育，以达到构建适应网络时代特点的学校德育框架的目的。

(一)德育观念、内容上网，积极对抗消极文化的影响

1. 德育观念上网

网络文化既给学校德育带来冲击，也带来了发展机遇，网络文化对学校德育的负面影响是不可回避的，但说到底，网络只是工具而已，并非洪水猛兽，我们不仅不能因噎废食，还要充分认识到网络文化的积极影响，它具有传统德育工作不可替代的优势。网络文化能为广大师生提供丰富的道德信息资源，我们应当充分利用这一独特的教育资源，进一步拓宽学校德育的渠道。开发利用网络的德育功能，要将学校的德育与网络文化有机整合，充分挖掘网络的平等性、开放性和互动性的特点，充分发挥教育对象的主体作用，寓教于网，把学校新制定的有关网络德育制度发表在网上，开通BBS网站，让学生一起来讨论，发表自己的意见，安排专门思想引导教师和学生辩论，通过网络来开展生动活泼的德育活动，启发学生的道德思维，形成正确的道德理念，指导良好的道德行为实践，使德育更具针对性和实效性。

2. 德育内容上网

加强网络道德教育，在网络文化的相关法则尚未健全的情况下，学生要完全避免网络的

负面影响是不可能的,但这也是因人而异的,网络文化"免疫力"的关键在于学生的"网德"。"网德"是一种以"慎独"为特征的自律性的道德。"慎独"即在个人独处之际,没有任何的外在监督和控制,也能遵从道德规范,恪守道德准则。只有上升到道德习惯和道德信念的高层次上的自律性道德,才能有效地规范学生的网络行为。显然,这是必须通过多方培养才能实现的。所以,随着网络文化的不断渗透,学校的德育内容必须主动接受挑战,应对现行德育内容加以调整,将网络道德教育作为新时期德育内容的重点之一。学校德育应当从实际出发,修订学校德育目标和计划,使之反映网络道德的内容。有针对性地把网络道德教育作为日常德育的重要组成部分,普及网络道德知识,加强网络安全教育,培养学生正确的道德价值观、道德评判力以及道德自制力,还可以通过制定和完善网络伦理道德体系,健全学生网络道德行为规范,网络责任感,包括两个方面:防范学生的网上不良行为。概括说来,强化他们的网络道德意识和当前学校网络德育应主要包一是以网络为辅助工具,开展德育工作,提高学校德育的针对性、实效性;另一方面是在对学生进行网络技术教育的同时,加强对学生网络道德规范的教育,培养学生自觉的网络道德意识、道德意志和道德责任感,提高学生的道德自律能力。

(二)德育活动上网,丰富网络道德生活的内容

青少年是一批活力军,抽象的道德教育是一种枯燥的教育活动,生硬的教条主义很难使学生接受,只有根据学生特点,开展他们感兴趣的各种活动,在快乐的活动中接受教育,才能达到意想不到的效果。

1. 开展班级网络活动

班级是学生的主要活动组织,也是学校的主要教育团体,而班主任是学校的主要德育工作者,他们必然是网络德育活动的主力军。每学期,根据各年级的德育目标,班级可以制定班级网络活动计划,开展具有网络特色的校园文化活动;组织网络班会,可以要求学生利用网络搜集材料,制作课件或网页,再利用班会时间展示材料,发布信息,先教育自己,再去教育别人,实现师生交互、生生交互和人机交互。还可以倡导班级管理现代化,各班都有自己的主页,有自己的电子阅览室,有自己的电子记事本等,形成人人有信箱,班班有网页,全校各个教室互通网络的新局面。还可以利用网络开展综合社会实践活动,网络为学生社会综合实践活动提供了发展性、开放性、实践性,更为学生相互交流实践的体验提供了便捷条件。

2. 建立学生个性电子档案

各班可以充分发挥网络优势,逐步建立学生电子档案,改变传统文本学生档案的封闭性、片面性,在网络电子学生档案中,把学生的性格特征、兴趣爱好、点点滴滴等都反映在学生的个人档案里,充分强调学生个性化发展,突出个人成长的主体目标设计。做到人人有目标,时时有追求,进行自主管理,自我教育,自我发展。

(三)德育服务上网,解决学生心理问题

在网络时代,学校应打破传统的德育观念,树立新的教育服务意识,做到哪里有学生,就哪里有教师,哪里有问题,就在哪里解决,及时发现,及时教育,防患于未然。

1. 建立网上德育心理教室。

中学生处于少年到青年的过渡时期,成长给他们带来了许多的烦恼,不少同学一般不愿意与老师或家长交流,更愿意上网宣泄,因此,建设网上心理教室显得尤为必要。网上心理

教室可以设立心理学知识介绍、青春期常见心理问题分析、心理测试等版块，还可以设置心理热线，由心理学专业教师在线指导，学生通过网络与指导教师交流、谈心，来获得帮助。既普及了心理健康教育知识和技巧，又保护了学生的隐私，又强化了网络的德育功能。网络文化虽然给学校德育带来了新的挑战，但也给新时期整体构建学校德育体系注入了巨大活力，提供了前所未有的发展机遇，我们应知难而进，迎难而上，主动而积极地发挥网络育德的功能。

2. 培养德育网络队伍，争做"网络妈妈"。

由于种种原因，到目前为止部分学校的德育工作者对网络知识、心理知识知之甚少，信息知识的相对贫乏使得德育工作的开展显得被动，特别在培养学生网络道德的工作中，不懂网络知识将寸步难行。因此，针对学生与网络接触密切的特点，培养一支懂网络的网络德育队伍确实显得很重要。

全国中小学教师远程教育研究中心受教育部师范教育司委托，在全国组织开发用于培训各地中小学教师的网络课程的过程中发现，网络道德教育很大程度上必须依靠教师来进行。教师应主动学习网络知识，了解网络，同时提高自身的网络道德修养，做学生的表率。教师应与学生共用网络平台进行交流，并有针对性地开展对学生上网的指导；鼓励、指导学生利用网络免费资源，自己设计制作网页或网站，主动占领网上阵地；还可以通过电子信箱等渠道主动与学生交流，或传授知识，或交流心得，争取做一位"网上妈妈"。据报道现在有的城市一些计算机爱好者也主动加入到"网络妈妈"志愿服务队，担当起网上教育未成年人的责任，这是一种值得推广的做法，学校教育工作者更应成为网上德育教育的先行者，为青少年网络道德教育做出自己的贡献。所以，各个学校如果能重视和加强网上道德队伍的建设，并充分发挥其作用，更多的学生在网上就能找到指导自己健康成长的良师益友，他们在网上就不会迷失方向，行为就不会出格，他们的身心就能健康成长。

（四）德育管理上网，以现代技术提高管理效能

1. 普及网络法律知识，规范学生上网行为。

网络文化的负面影响早已引起相关部门的高度关注，虽然网络法制建设相对滞后，但也已出台了不少网络法规。这些法规虽已出台，却没有得到较好普及，尤其是校园更是网络法规的盲区。所以学校要弱化网络文化的负面影响，首先要普及网络法律知识和相关规定。使学生自觉地遵守网络法规或有关规定，文明上网、依法上网，做一个合格的网络人。

2. 加强学校网络建设，构建网络德育长城。

学校德育的主阵地可以网络为平台，充分利用网络资源，使网络成为德育的主要手段，将常规德育活动与网络有机整合，及时利用网络加大德育宣传力度。还可以建设网上德育学校、网上学生处、网上团委会、网上少先大队等，也可以开展一些网络摄影评比、网络作文评比、学生网页制作大赛等具有网络特色的校园文化活动等，从而增强学校德育的及时性与实效性。学校还可以在网上开设青年党校、中学生团校，介绍共产党、共青团的章程、沿革，还可以在网上展示优秀团员的风采、团支部的动态、积极分子的心声，让尽可能多的学生学习党团基本知识，从而产生入团、入党的内在需求。积极分子还可在网上进行思想汇报，让团组织及时全面了解他们的思想动态，让广大师生对他们进行监督，促进其更快地成长。网络极大地拉近了学校与学生之间的距离，学生可以通过网络更全面、更直接、更及时地关注学校建设，了解校园动态，学生可以随时发表自己的观点和见解，学校也可以随时了解学生的看法,这样无疑有助于学校管理,学校管理的直接指向是为学生服务,所以我们完全可以利用校园网畅通民主管理渠道,充分调动学生参与学校管理的积极性。

3. 建设校园内部网吧,净化网络文化环境。

在当今网络时代,仅仅对学生的上网活动进行引导和规范是不够的,还应化被动为主动,充分挖掘学校网络潜力,为学生随时上网提供便利,通过建设校园“绿色网吧”,把学生从不适宜的网络环境中争取过来,在校园网吧里,学生可以及时获取大量的知识信息,并通过强有力的网络环境的感染力量实现对学生的道德教育。到目前为止,第一个全国范围内的学术性计算机网已有 530 余所高校、科研机构和中小学加入,入网主机达 20 万台,用户数量达 100 万。校园网的建立为进行网上教育提供了先进的手段。广大德育工作者可以利用这种优势,把优秀的德育资源登上网,在网上开设道德聊天室,有组织地进行讨论,并进行积极的引导。因为网上环境相对比较自由,气氛比较轻松,有调查显示,大部分学生在网上更容易暴露自己的真实想法,这为我们德育工作者了解学生的真实情况,掌握学生思想动态提供了便利条件。这也对我们德育工作者提出了新的要求,要求我们经常上网,以一个普通网民的身份参与讨论,掌握学生真实的思想状况,进行有目的有针对性的教育。就笔者所知,当前校园网的功能还没有得到充分发挥,主要原因一是网上内容陈旧;二是设备陈旧、上网速度慢;三是上网条件不足,主要是指人多机少和收费高。凡此种种影响了校园网应有的教育引导功能的发挥,使许多学生流向校外的各种“网吧”。在校园内上网,学校可以进行相应的管理和引导,而在校外上网学校管理就鞭长莫及了。因此加强校园网建设,向学生提供便利的上网条件,同时充分利用现代信息技术和教育手段,把各种优秀文化和健康有益的信息推上网,发挥校园网应有的德育功能是我们学校应采取的对策之一。

(五)网上与网下结合,有针对性地进行教育

由于学生的网上道德行为是现实生活道德的一种体现,网德来源于学生本身的品格,所以网络道德的教育还是离不开学生的现实生活与活动,网上教育必须与网下教育结合起来才能产生较好的效果。

1. 通过日常行为规范和思想品德教育来提高学生的网德。

人的行为是有其延续性和一贯性的,也就是说,一个人在现实中具有什么样的道德品质和素质,在网络生活中他也会表现出同样的道德素养,事实上,网上信息资源是对现实信息资料的重新处理,它取之于现实材料,源于现实生活,而网络道德问题只不过是现实社会中存在的道德问题在网络时代的具体体现而已,所以我们认为网络道德教育的“本”在于日常的道德教育,而不应仅仅作为针对网络行为的应时之举。

根据调查网络道德失范主要有以下几种表现:

第一种表现为网络言行随意放纵。要解决这个问题,就必须加强中学生语言修养。一些高中生由于受到不良影响,语言很不规范,常常脏话粗话连篇,这种现象应该引起我们教育者的高度重视,笔者以为要改变学生的这种坏习惯,必须引导学生加强优秀文学作品的阅读,一部优秀的文学作品不仅能净化人的灵魂,而且能规范提高人的语言表达能力,笔者曾尝试在一个班级开展读书会活动,通过两年的活动,学生的气质和语言风貌都有了很大的改观,我想只有在日常生活中把好语言关,学生才可能在网上用语文明。

第二种表现为网络价值观念模糊。要解决这个问题,还要在日常生活中加强三观教育。中学生在高中阶段是形成世界观、人生观、价值观的重要阶段,行为具有较强的可塑性,如果我们平时能加强道德教育,从小事着手,让他们明辨是非,倡导他们为人处世诚实守信。努力引导他们养成良好的行为习惯,那么他们在上网时也就能自觉抵御不良现象的影响。

第三种表现为,人格冲突突出。中学阶段正是探求自我同一性的阶段,大多数学生在此期间无法确定自己的人生取向,所以相当一部分中学生就会在网络中存在双重人格的倾向,希望通过网络放松自己,表现出另一面。其实这也给了我们教育者一个很好的机会,如果在这一阶段我们能让学生加强行为反思,通过各种社会实践活动形成积极的人格品质,那么就能让学生通过亲身体验形成更为牢固的、积极的、更富有创造性的同一感。例如有位教师曾组织学生定期开展为残障小学生服务的活动,一开始学生不理解这个活动的意义,所以敷衍了事,但后来发现老师是很认真对待这项活动的,每次活动后还开展批评和表扬,由于他们的认真服务得到学校的表扬和被服务的学校的感谢,同学们在被社会和学校认可的同时终于明白了劳动与爱的价值。所以笔者以为只有通过有意义、有价值的社会活动才能逐渐培养学生积极的人格,以抵御网络的诱惑。

2. 准确把握学生的心理发展动态,及时解决学生的心理问题。

迷恋网吧的原因有多种多样,有的出于好奇,有的出于消遣、休闲,有的心理负荷大,寻找心理释放,不管哪一种原因,归结起来是心理问题,我们有的同学认为学习单调乏味,有的情绪不好、心态浮躁,出现此类事情应该说是很正常的,但他们第一个就想起网吧,他们将网吧当作解开心理问题的灵丹妙药,结果恰好相反,一旦踏入网吧,有的从此陷入"网"中而不能自拔。解决这个问题,要从多方面下手。作为教师应该善于了解学生的心理,洞察学生的内心世界,关心理解每个学生,优秀的教师应该掌握一定的心理教育方法和心理调控技巧,引导学生树立正确的世界观、价值观、人生观,勇于面对现实、面对困难。同时,学生应该掌握一定的情绪调控技巧,即使已经产生委屈、难过、害怕、烦恼、苦闷等情绪,也要寻找适当的办法,比如找知心朋友、老师、家长倾诉,合理地宣泄;或转移消极情绪,到野外、花园散散心,到操场跑跑步、打打球,去听听轻快的音乐,去看一场自己喜爱的电影、电视片等等,尽量将消极心态转化为积极因素。

例如,在心理咨询中,有一名学生,他的父亲已故世而母亲又改嫁,他寄居在亲戚家,由于平时缺乏教育督促,学习习惯和生活习惯都很差,且受到了周围学生和亲戚的歧视,长期的失落养成了他对周围事物冷漠的个性,只有在晚上网吧里,面对陌生的聊天对象,他才能重新找到自尊与成功。面对这样一个学生,首先我了解了他的爱好,为第一次与他交谈拉近距离。其次在教育中我努力发掘他的闪光点,力争重塑他的自尊心。多年的教育经验告诉我,一个学生是否有自尊心,是他能否进步的关键,因为自尊将会给他带来压力和动力,自尊将会约束他的许多行为。同时我在教育过程中不断地纠正他的价值观,努力抵御网络对他的负面影响。最后我采取每天与他交谈一到两小时的方法,让他释放消极情绪。通过一阶段的教育,我成了他值得信赖的朋友,他也能控制上网的时间了,并有了明确的人生目标,每当他遇到困难和迷茫时,第一个想到的就是与我交换意见。现在他已毕业,做了一位小学教师,我们依然通过网络保持着联系。因此我认识到只要我们教育者真诚地关爱学生,走进学生心灵,在教育的过程中把自己和学生摆在平等的位置,就能互相理解,引起情感共鸣,从而收到一定的教育效果。

3. 与家长联系,争取家长配合进行教育

某初三学生小吴涉嫌强奸犯罪被检察机关批准逮捕了,消息传来,许多人都难以置信。

因为无论是在家长的心目中还是老师的眼中,他都是一个安份守己、品学兼优的好孩子、好学生。公安机关侦查发现,小吴堕落是从父母为他把电脑买回家开始的。一天上网时,一家黄色网站闯进小吴的眼帘,不堪入目的画面让他脸红心跳。以后再上网时,他总是情不自禁地浏览黄色网站,只要看到黄色网站上那些画面,他就会兴奋不已。他知道这样下去意味着什么,他也想不看,但又禁不住诱惑。由于沉溺于黄色网站而不能自拔,他整天胡思乱想,处于高度兴奋状态。一天放学,他骗同行的女同学说,他发现了一家很酷的网站,可以带她回家看看。女同学信以为真,跟着他来到家中,哪知小吴让她看的竟然是个黄色网站,女同学羞愧难当,拔腿就走。小吴却难以抑制心中的冲动,一把拉住女同学,死死按在沙发上,像饿狼一样猛扑上去……

大量事实说明,在电脑网络走进千家万户的今天,对孩子进行网络道德教育已经到了刻不容缓的地步,家长在这方面具有不可替代的作用。要通过网络道德的教育,使孩子增强对网络文化的识别能力、抗诱能力、网络道德意识、道德意志和道德责任,提高道德自我教育的能力。遗憾的是,不少家长对此认识不足,重视不够,存在着种种误区。突出表现在以下三个方面:

部分家长往往过分相信自己的孩子,认为他们能够操作电脑,自由上网冲浪,已经具备一定的自律能力,自己无需在这方面花多少功夫。这种顺其自然的做法,直接导致放任自流的后果,到时只能追悔莫及。有位家长面对孩子学习成绩一落千丈,深有感触地说:"我总以为孩子小强懂事,理解做父母的一片苦心,不可能用电脑去做其他事情,哪知我想错了,孩子毕竟是孩子啊。"

有相当一部分家长也知道网上有许多乱七八糟的东西,必须对孩子加强教育,但苦于不知怎样教育才对。他们一旦发现孩子上网玩游戏、聊天、看不健康的东西,便不问青红皂白,立即封杀。殊不知"封杀"是封杀不住的。一位经常光顾网吧的小学生告诉笔者,他家里就有一台档次很高的电脑,还上了宽带,但自从爸爸发现他在网上聊天后,就再也不让他碰电脑了。他得意地说,不碰就不碰,反正街上有的是网吧。其实,对孩子进行网络道德教育,家长不应该无能为力,而应当大有作为。只要思想上高度重视,行动上积极探索,是能够掌握到切实可行的教育方法,并取得实实在在的效果的。

家长可以采取以下方法进行教育:一是循循善诱法。可以直截了当地告诉孩子,网络技术作为一种手段、一种方式、一种工具,能够为学习创造更多的便利条件,但网络上同样存在着不健康或青少年不宜接触的东西,从一开始就给孩子打上一剂"预防针"。家长还可以有意识地向孩子提供一些适合孩子的网址,让孩子减少受不良网站影响的机会。当发现孩子在网络上有不良倾向时,不能一味地训斥、封杀,而应重"疏"轻"堵",动之以情,晓之以理。

此外学校应开通家长网站,建立家校联系电子信箱,经常与家长取得联系,开设家长学校,让家长、教师互通孩子情况,有针对性地进行教育。

4. 争取社会各界与经营部门的支持与配合

(1)争取市街道居委会参与网络规范化管理

政府部门可明文规定:网吧的营业标准、申报材料和登记条件,对现有电游经营户进行严格整顿,不符合条件的坚决取缔,符合条件的给予办证经营,规定营业项目和营业时间,强调管理人员和工作人员统一着装、挂牌上岗,并在场所外显著位置悬挂限制未成年人进入标志以及场所名称牌匾。文化部《关中促进文化市场繁荣发展的若干意见》指出:"管理的目的不仅仅是为了健康,更是为了繁荣",随着"三个代表"重要思想学习教育活动的不断深入,全国各地都已非常重视社区文化建设,建议将现有的电游、网吧经营户集中起来,按股份制形式集约经营,每个居委会限设成规模的经营场所一个,由街道居委会派员担任和兼任负责人,加强规范化管理。

(2)制定网吧规章制度。

建议宣传、公安、工商、文化、教育部门专门制定经营网吧的规章制度,并对业主进行培训,严禁非法定节假日接待学生,限制上网时间,并要根据规定内容,加大督查和处罚力度,问题较严重的,一定要责令其停业整顿,甚至予以取缔。教育局下发"关于严禁中小学生在非法定节假日进出口入网吧和限制逗留网吧时间的决定"的文件,督促学校,号召社会、家庭共同管理。我市有关部门采取了一定措施,但力度还应加大。

(3)发挥人民群众监督作用。

发挥人民群众的监督作用,聘请德高望重、责任心强的各界知名人士担任电游、网吧市场监督员,同时公安局要设立举报电话,建立举报有奖制度。公安局计算机要对所有网吧进行排查,全面启用《NRT110 网吧安全计管理系统》,严格执行上网登记和网上巡查、监控制度,这样可以有效监控上黄色网站和反动网站的情况。对违规经营的责令停业整顿,屡教不改者,依法予以取缔。

5. 国家应在立法方面进行综合治理

自从互联网诞生以来,网络犯罪就成了家常便饭。网络犯罪蔓延迅速,涉及面广,隐蔽性强,危害性大,已成为网络社会的一颗毒瘤。所以网络立法显得非常重要。世界各国都已经早已制定了网络法律,加强对网络犯罪的打击力度。我国网络立法工作尚处于起步阶段,虽然国务院已颁布了各种网络有关方面的管理法规,比如 1996 年国务院颁布的计算机信息万国国际联网管理暂行规定、中国公众多媒体通信管理办法、计算机信息网络国际联网安全管理保护办法等,但是,网络立法工作相对于网络犯罪日益严重的情况,显得较为滞后,不能有效的阻止网络犯罪现象的发生。所以国家必须在了解和分析网络现象种种的情况下加大立法力度,加强网络管理。

首先,需要大致了解现有的教育使用网络的情况,并对其发生作用的范围、对象及存在问题作综合分析。第二,需要就网络环境对于教育的影响进行研究,就教育在使社会适应网络发展方面的功能结果进行研究。第三,需要在借鉴国外相关经验的基础上,制定有中国特色的教育网络政策和网络教育的政策。

(六)增强网络道德意识,开设相关课程

一个人的道德意识最初表现为对道德存在的认同和需要。所以,网络道德意识的增强首先要培养网络道德需要。

我们知道,凡需要总是表达着因客体对主体具有某种意义或效用而使主体对客体产生的一种心理倾向。根据需要的一般含义,我们可以将网络道德需要的含义界定为:网络道德需要是指网络主体基于对网络道德所具有的满足自我与社会价值、意义的认识。所以,网络道德需要作为网络主体内在的自我完善的追求,是网络主体道德积极性与创造性的内在源泉和动力。培养青少年的网络道德需要,也就是帮助青少年树立网络道德理念,主要靠潜移默化的大氛围来引导,社会应该通过宣传、传播,用良好的"网风"潜移默化的影响青少年。要使青少年正确认识到以下关系:

（1）技术与道德。一些青少年认为，计算机网络与道德风马牛不相及，网络的使用是知识、技术问题，而不存在什么道德问题，导致出现网络道德需要的盲区。这是一种共性的错觉。我们要通过影响、熏陶，使青少年认识到，要在网络社会更好地生存，除必须掌握网络技术等科学知识外，还必须掌握网络伦理道德等人文知识。信息技术越是发展，越是要求个人的道德，高科技个人应具有高道德素质与之平衡，否则网络技术就可能成为危及社会及网络进一步发展的祸水。网络技术本身是中性的，它不是也不可能是邪恶的力量。人类所从事的一切活动，包括网络技术活动，都是为了人全面自由地发展。当前，人们往往被无所不能的网络技术带来的信息便捷、物质丰富、生活安逸等眼前功利所吞噬，对工具至上的技术决定论的信心达到了顶礼膜拜的程度，最终沦为技术的奴隶。为克服这种负效应，应以人的自由全面发展为元价值，在关注网络技术的同时，更要关注人的精神家园，注重道德培植和情操修养。因此，青少年要把网络道德和网络技术置于同样重要的层面加以学习和掌握，只有将"技术人道化"，将道德关怀引入网络知识，正确处理技术和道德的关系，才能确保自身的全面、和谐的发展。

（2）"可行"与"应该"。尽管植根于物理空间的传统道德与植根于赛伯（Cyber）空间的网络道德有所不同，但是网络德育与传统德育并非"两张皮"，仍有着千丝万缕的关系。但是，网络技术的"可行"并不直接等同于网络道德的"应该"，即有没有能力做是一回事，应不应该、可不可以是另一回事。因为在能力上人能够做得到的行为在道德上有善恶之分，在法律上有合法与违法之别。从技术上讲，人类的许多技术是可行的。克隆技术是用一个细胞能够复制出与原型一模一样的个体。但人类之所以没有这样做，不是因为不能而是因为不应该。网络技术也是如此，尽管你能够在网络上横冲直撞，随便闯入到别人的电脑，但都属于"不应该"做的事，会给自己、他人和社会带来严重的不良后果。

要做到以上两点，其基本途径就是开设相关课程。要在青少年中开设"网络道德课"，要把网络道德与网络技术置于同样的层面加以学习和掌握。要充分利用网络提供的条件进行网风、网德、网纪教育。我们要以"两课"为主渠道，教育引导青少年树立网络道德意识。在网络社会里，每个人都应该遵守法纪，遵守共同的规则，树立青少年的主体意识，使其成为网络道德主体。我们要充分发挥网络优势，深入了解青少年的思想动态，随时掌握青少年的心理发展。对于网上的一些"灰色"讨论，我们要及时加以正确引导；对青少年要加强网上心理健康教育，也可以通过网络组织专门的讨论、交流和开展心理辅导。只有这样，才能使青少年对网络道德是否需要、技术与道德的关系等道德意识的问题有了正确的认识。

（七）建设精品德育网站，开发德育软件

尽管从理论上讲网络信息流的传输是平等的，但是互联网上90％的信息都是英文信息，非英语国家的民族文化大都被淹没在茫茫的英语信息中，不可能成为网上的主流文化。因此，我们的青少年在网上获得的信息大量是从国外传输进来的。但我们决不能丢掉自己的传统文化底蕴。有学者指出：中国人必须有自己的 INTERNET 精神。既然网络给我们提供了一条通向世界的窗口，我们就应该充分利用。可以这么说，网络的信息空间有多大，德育的空间就有多大。因此我们应尽快建一批青少年欢迎而又具有鲜明社会主义文化特色的宣传网站，特别是要兴建一些有特色的青少年网站来扩大社会主义文化、中国传统文化在网络上的宣传阵地，让中国文化在网络空间中开一片天地、树一面旗帜。这样青少年不仅有自己喜爱的、符合身心健康要求的网站可上，而且可以随时在网上获取丰富的教育资料，接受

生动的思想道德教育,使青少年网站真正成为青少年文化的一个精品。

当然,建立网站既要有硬件基础,即网站系统;又要解决软件开发问题,即信息源系统。其中软件是网络建设中的大问题,因而网络道德教育也当然要从软件开发做起。但目前我国德育软件开发相对滞后,大多是围绕着高考、中考的指挥棒转。德育软件的开发应引起社会各界、尤其是教育产业部门的认识。只有开发寓教于乐的德育软件,使网上德育有现实可操作的运行载体,才能使德育抢占网上阵地成为可能。

具体讲来,德育课件开发应遵循以下几个原则:

(1)育德性。课件内容应体现出党和国家对青少年健康成长的要求,使他们受到马列主义、毛泽东思想和邓小平理论的教育,受到爱国主义和党的方针政策的教育,受到人生观和道德品质的教育。

(2)完整性。网络不能影响青少年全面、客观了解社会信息,不能变成单色滤镜。根据现代传播学理论,对于具有较高文化水平的受众,若要使传播发挥作用,一定要保证内容的全面。这里有两层意思:其一就是应包括正反两方面的信息;既有中华民族优秀文化遗产,又有改革开放以来的新成就、新成果,引导受众自己做出结论而非简单地告诉结论。其二就是主流应该是积极向上的,因为正面引导的东西能阻挡、抵消其中所有的负面消息。

(3)互动性。交互主要分为"人—人"和"人—机"交互。前者指青少年通过网络进行一对一、一对多或多对多的双向交流。他们可以在"在线指导"、"网上论坛"上发表自己的思想观点,达到求同存异之效;而后者则是针对某一道德专题预先设计好的虚拟仿真的道德情境或道德困难,来设计一系列道德判断。当青少年访问到这个道德专题时,由机器提问或解答,从而实现人机互动。

(4)生动性。在编写课件时,我们应在利用网络技术自身的多媒体特点的基础上,力求把严肃的德育主题编成生动的软件,吸引青少年主动使用、愿意使用,从而达到情景交融、寓教于乐的目的。否则,若网上的德育内容只是一些简单的口号和教条,就像把书本搬到了网络上换汤不换药,实际上是把"人灌"变相地变成了"网灌"。长此以往,他们不进入这个网站,青少年网站也就形同虚设。

(5)针对性。我们要针对市场经济条件下的社会热点和难点问题,并针对网络中出现的有代表性的问题,有的放矢地加以思想道德引导。特别是面对网络中出现的资产阶级人生观、价值观、黄毒等危害青少年身心健康的信息,更要针锋相对,大力弘扬科学健康、积极向上的信息。

(八)加强绿色网络建设,建设绿色校园

营造绿色网络环境的主要工作包括绿色网络内容、绿色网络载体、绿色上网场所、绿色网络人才、绿色网络组织和绿色网络产业六个方面。

1. 大力繁荣发展符合青少年成长需求的绿色网络内容。游戏、动漫、短信、彩铃和流媒体音视频是青少年最喜爱的网络内容,对青少年的世界观、人生观、价值观发挥着重要影响。要把握网络内容的发展趋势和规律,照顾青少年的网络内容需求,把绿色网络内容推荐给青少年,加大绿色网络内容的研发力度,坚持网络内容的正确导向,用健康网络内容建设绿色网络空间。

2. 积极建设服务青少年发展要求的绿色网络载体。门户网站、专业网站、主题网站、搜索工具、电子邮箱等,是青少年最常用的网络载体,在青少年的工作、学习、生活和娱乐中发挥着积极的作用。要遵守网络法规和道德,正确使用网络载体,共同维护网络载体。要加强技术创新,推出科技含量高、使用便捷性强和适合青少年特点的绿色网络载体。

3. 切实营造适合青少年身心特点的绿色网络场所。社会上网、学校上网、家庭上网和移动上网,是青少年体验网络生活的主要渠道。要倡导网络文明公约,安装合格的过滤软件,防止不良信息对青少年的伤害,建设有利于青少年的上网场所。要结合青少年的特点,推荐有利于保护青少年的优秀网络产品。要制订规范和标准,推出促进青少年成长发展的绿色网络场所。

4. 大力培养促进网络文明建设的绿色网络人才。健康网络内容的提供者、优秀网络载体的设计者、安全上网场所的管理者和一切网络文明的参与者、建设者,都是促进网络文明的有生力量。要形成优秀青少年网络人才选拔培养机制,推动青少年网络人才的成长。开展多种形式的网络竞赛活动,发现并积极举荐各类青少年网络人才,培养更多的绿色网络人才。

5. 不断壮大引领先进网络文化的绿色网络组织。各级各类网络协会、信息化人才协会、计算机协会、软件协会等正式组织,大中专院校与网络有关的各类研究会、协会和兴趣小组等非正式组织,各类网上社团等虚拟组织,是引领网络文化的重要力量。要牢固确立网络文化时尚的正确导向,推出弘扬优秀传统文化和体现爱国主义精神的文化活动。要富于时代性、把握规律性、体现创造性,依托现实网络组织和虚拟网络形式促进主流文化的发展。要评选表彰一批促进先进网络文化建设的绿色网络组织,调动各方面力量共建网络文明。

6. 努力推动标志经济社会发展水平的绿色网络产业。要贯彻科学发展观,实现网络与青少年的良性互动,实现网络经济、网络社会和网络文化与青少年的和谐发展。要大力开展绿色网络文化创意竞赛,加强青少年网络运用能力的培养,促进绿色网络产业的持续发展。

为加快绿色网络环境的形成,应采取以下措施,吸引政府、社会、企业和公民的广泛参与:

1. 成立"青少年健康上网联席会议",协调政府部门的管理力量创建促进青少年网络发展的决策平台。

2. 授权青少年网络社团设立"青少年优秀互联网产品评测认证中心",用适合青少年身心特点的网络产品服务青少年。

3. 建立"青少年网络成瘾救助基金",分别由政府、社会、企业筹集,通过组织专门的志愿者队伍来开展帮助活动。

4. 授权青少年网络社团开展"青少年网络技能培训认证中心",由其联合国内国际组织共同开展面向青少年的网络技能培训工作,提高青少年正确使用互联网的能力。

5. 设立"网络环境与青少年成长发展"国际论坛,综合借鉴国际范围内的有益经验,以更宽广的视野观察和把握网络环境与青少年间互动的关系。

网络道德有效教育方法之探索

教育方法是整个教育过程的重要环节,选择最优化的教育方法,能够增进网络道德教育的效果。根据网络道德呈现主体性和参与性增强的特点,改革传统灌输的教育方法,开拓学生自主学习的教学方法,才能增进网络道德教育的效果。

■ 活动道德教育法

活动道德教育法是改变传统课堂讲授法的一种方法,注重道德的实践性,让学生在动态的活动中受到道德体验,主动建构自己道德认识的一种方法。这种方法将传统课堂教学的静态、平面设计变为动态、主动建构性的课堂。教师由主体地位变为活动的组织者和引导者,将教育内容和教育方法有机地结合在活动中,学生在轻松愉悦地活动气氛中,建构自己的道德知识和道德认识。

活动道德教育法可以采取三种形式:其一,小组讨论的形式。教师确立与学生相关的网络道德问题,如"生活在网络中,还是网络在生活中",通过讨论学生懂得了人与网络到底是什么样的关系。"黑客是天才少年,还是问题少年"的讨论,学生饶有兴味,在讨论中不仅丰富了网络知识,也树立了正确的共识道德观念。其二,辩论的形式。辩论的形式与小组讨论的形式不同,小组讨论旨在通过全体同学的全员参与、自由讨论,在不同的观念中寻求共识。辩论的形式旨在通过辩论双方的言语对抗,树立正确的网络道德观念。如"网络的自由与权利"的辩题,辩论双方和听众都从中受益。其三,情境体验的形式,让学生回到自己真实内心,对自己的内心和未来进行反省和联想。如"误看了黄色影像后……"这样的活动设计,学生将内心感受用作文或日记的形式记录下来,自我反省,自我教育。

活动式道德教育法有两个优点:其一,注重道德教育的实践性,道德教育不是传播知识,而是解决行动方面的问题,活动式教学利用丰富生动的活动组织形式,将知识具体化、实践化。其二,活动形式丰富多彩,提高了学生主体参与意识,学生对网络道德教育课程的学习增加了主动性,增强了网络道德教育的实效性。

■ 道德案例教育法

所谓的道德案例教育法指教师精心选择学生身边典型的网络道德和不道德行为的正反案例,通过案例分析,引以为鉴,吸取经验,树立正确道德观念的方法。

教学可选取 2002 年,我国第一例因玩网络游戏导致死亡的案例,南昌市 17 岁高三学生,在高考前夕,瞒着父母背着书包在网吧"上学",由于连续上网,兴奋过度,4 月 17 日,在网吧,玩网络游戏《传奇》过程中猝死,通过这一案例的分析,学生们震惊了,纷纷表达了自己上网应有的正确态度。

这种案例道德教育法有三个优点:其一,案例来源于现实生活真实、有说服力。其二,案例本身带有典型性,具有类的特点,通过现象的分析,使青少年学生受到启发和教育。其三,通过对典型案例的因果分析、比较分析和系统分析,提高广大青少年学生对网络道德的认识水平,提高青少年学生道德分析和道德实践的能力。

■ 网络互动教育法

网络互动教育法就是利用网络的特点,建立专门道德教育网站,通过师生共同的网络活动,实现师生道德行为的共生共长。

教育者通过专门的思想政治教育网站或思想道德教育网站,借助有效的网络道德教育内容,教师和学生的双向网上互动,引导青少年规范网上行为。

这种网络互动教育法有两个优点:其一,利用网络的天然优势,教育者主动占据教育阵地,有效开展教育,起到教育主导性的作用。其二,师生之间,在平等的基础上双向互动,平等对话达到师生身心参与,品德共进,道德情感易被唤起,道德行为易被强化,知情行统一,利于道德自觉意识的形成。

■ 说服教育法

说服教育法是我国学校道德教育中最常用的方法。它是指教师借助语言劝导学生,根据学生的认识水平，充分地陈述理由，使学生理解并接受某种道德观点，改变或形成某种态度。

教育者对"网络上瘾"同学说服教育，教师利用个人的人格魅力，晓之以理，动之以情，劝导网络成瘾的学生，放弃虚拟网络生活，恢复正常的人际交往和生活。

说服教育法不同于说教，说教是教师以自己的权威来压服学生，说服教育法是教师与学生建立平等的交往关系后，在双方谈话和沟通中，寻求双方认可的道德价值和道德规范取向。

说服教育法有三个优点：其一，师生双方通过平等的言语沟通，便于教育者抓住教育重点，有针对性地展开个别教育。其二，说服教育法是当学生已有的道德价值与规范，在新的情境下产生了冲突和矛盾，学生需要作出一定判断和选择，产生希望教育者加以指导的需要时，说服教育法才有效，因此说服教育法能及时有效地解决学生道德两难问题。其三，说服教育法晓之以理，动之以情，是一种具有亲和力的个别教育方法。

■ 行为制约法

行为制约法是将道德教育中某些道德规范转化为行政规定和法规，并借以规范和约束学生言行，以养成良好网络行为习惯和道德作风的一种方法。

中南大学开展网络思想政治教育就是用的这种方法。校方将网络文明公约制定成行政规定，制定了《校园计算机网络管理办法》《学生宿舍网络管理条例》这样的行政规定，对违反规定的学生实施停止上网、赔偿损失、取消学生评优、甚至给予处分，有效地规范和约束了学生网上言行。

行为制约法有两个优点。其一，现阶段能够有效遏制网络不道德的行为，具有积极的导向作用。其二，符合道德教育的他律向自律转化的规律。

网络伦理道德教育作为道德教育的一部分，途径是多种多样的，教育内容是丰富多彩的，只有结合青少年的身心特点，结合网络道德的特点，富于人性，富于个性，才能是最富成效的教育。

参 考 文 献

1. 杜敏,网络人际交往探微,陕西师范大学,2002.

2. Kim. K. H. ，Park. J. Y. &Chum. H. C. E-lifestyle and Motives to Use Online Games. Irish Marketing Review[J]. 2002，15(2):71－77.

3. 艾瑞市场咨询:2005 年中国网络游戏研究报告 2005.3 内蒙古民族大学学报.2006 (1)

4. [瑞典]托斯顿·胡森主编. 江山野主译. 简明国际教育百科全书(课程)[M]. 教育科学出版社.1992:92. 个体思想品德社会化"。

5.《北京首次召开中学"网络·德育"现场会》.《中国青年报》.2002－3－23

6.《马克思恩格斯选集》第 4 卷. 人民出版社.1972:70.

7.《中共中央国务院关于加强和改进未成年人思想道德建设的若干意见》.《长江日报》. 2004－3－23

8.《中共中央国务院关于加强和改进未成年人思想道德建设的若干意见》,《长江日报》. 2004－3－23

9.〔美〕比尔·盖茨. 辜正坤主译. 未来之路[M]. 北京大学出版社.1996

10. 2003 中国网络游戏市场调查报

11. Griffiths,M. D. ,Davies,M. N. 0. ，&Chappell,D. (2003). Breaking the stereotype: the Case of Online Gaming. CyberPsychology&Behavior 6:81－91.

12. http://home. donews. com/donews/article/4/47060. html,2003.06.06.

13. Yee，N. (2003). The Norrathian Scrolls:A Study of Everquest(version 2.5)[On－line]. Available:www. nickyee. com/eqt/report. html.

14. 安洋.论青少年网络犯罪及其防控措施,吉林大学,2006

15. 班华. 现代德育论[M]. 安徽人民出版社,2001:11.

16. 鲍宗豪. 网络与当代社会文化[M]. 上海三联书店.2001

17. 卜卫、郭良. 青少年互联网使用状况及影响。青少年导刊.2002(1):60－63.

18. 才源源.青少年网络游戏者的心理需求研究.华东师范大学.2007

19. 曹海浪. 试论大学生网络道德教育[J]. 盐城师范学院学报(人文社会科学版). 2003,(2):125.

20. 车文博. 西方心理学史. 浙江教育出版社.545.

21. 陈春萍. 当代大学生网络道德教育的内容和方法[J]. 广西社会科学.2002 (1):213.

22. 陈国震．净化网络游戏．北京：北京出版社 2006.

23. 陈猛．网络成瘾的剖析 http:psychapeo.com.

24. 陈荣武．论德育自治和德育互助[J]．思想·理论·教育．2003(11):14—16.

25. 陈胜云．网络社会主体性危机[J]．现代哲学．2001(1):36—38.

26. 陈淑惠，翁俪祯，苏逸人等．中文网络成瘾量表之编制与心理计量特性研究．中华心理学刊,2003,45(3):279—294

27. 陈志良、明德.《人机争霸》,科学普及出版社,1999.351.

28. 陈志良、明德.《人机争霸》,科学普及出版社,1999.354.

29. 崔丽娟．青少年网络成瘾的界定、特性与预防研究〔J〕．华东师范大学博士学位论文．2005 年 5 月．

30. 崔涌.青少年网络游戏成瘾问题分析.上海交通大学.2007.

31. 电脑游戏:瞄准孩子的"电子海洛因".光明日报,2000(5).

32. 丁海东．学前游戏论 252—309.

33. 段伟文．网络空间的伦理反思[M]．南京：江苏人民出版社．2002:133.

34. 冯鹏志.《网络化及其限制》,北京出版社,1999 年版,第 24 页。

35. 傅荣校、杨福康．空中校园:网络传播与教育[M]．上海：复旦大学出版社,2001

36. 傅智勇．论网络时代人的主体性的健康发展[J]．西北大学学报(哲社版).2001(3):134.

37. 高中华.《高技术时代中的人的科学和人文素质的整合》.江苏社会科学.2000 年 4 月

38. 龚玄.论青少年网络道德失范及其治理.2009.中国青年政治学院

39. 古希腊的四主德分别是:正义、勇敢、智慧、节制。

40. 郭德华.青少年网络成瘾症的心理与运动干预研究.江西师范大学.2006

41. 郭良．网络文化丛书[M]．北京：中国人民大学出版社．1997

42. 郭湛．信息与网络时代的主体[J]．上海交通大学学报(社科版).2001(2):15.

43. 何艳萍.青少年网络游戏沉溺及其道德教育.湖南师范大学.2006

44. 贺卫东.中专生网络道德教育初探.江西师范大学.2004

45. 华爱华．幼儿游戏理论．上海教育出版社.1998.33—34.

46. 华爱华．幼儿游戏理论．上海教育出版社.1998.42.

47. 黄明.青少年网络犯罪问题研究.黑龙江师范大学.2006

48. 贾海艳.方平．青少年情绪调节策略和父母教养方式的关系．心理科学,2004.27(5):1095—109.9

49. 江学海.《信息中国说——从"中国信息化专家论坛"创立说开去》.《互联网周刊》,1999 年 19 期

50. 金伯利·扬著.毛英明.毛巧明译．网虫综合症·网瘾的症状与康复策略．上海:上

海译文出版社,2000.

51. 金鑫,青少年网络犯罪防控体系研究,东北师范大学,2002

52. 康德.道德形而上学原理[M].上海:上海人民出版社.1986:86.

53. 康德.法的形而上学原理——权利的科学[M].北京:商务印书馆.1991:34.

54. 康树华、张小虎主编.《犯罪学》.北京大学出版社

55. 康树华著.《青少年犯罪与治理》.中国人民公安大学出版社.2000:510.

56. 孔子.论语·子路[M].上海:上海古籍出版社.1987:27.

57. 赖丽.论基于网络的青少年道德学习.2009.湖南师范大学.

58. 雷菁.网络对青少年的影响及教育对策研究.湖南师范大学.2006

59. 李铭.网络游戏对青少年的身心影响研究.武汉理工大学.2008

60. 李姗憬主编.《戒除网瘾16招》.海天出版社.2006

61. 李学刚.青少年网络犯罪若干问题研究.西南政法大学.2006

62. 李亚杰.《"少年网络文明行动"启动》.《中国教育报》.2004－3－21(1)

63. 李渝编.网络社会[M].北京:科学出版社.2002

64. 联合国.国际人权会议的最后行动.德黑兰.1968

65. 刘超.青少年网络大的时效性研究.西安理工大学.2007

66. 刘芳.中学生网络成瘾的形成机制研究.江西师范大学.2009.

67. 刘晓彬.中学生网络成瘾现象及预防研究.江西师范大学.2006

68. 刘新球.网上健康[M].机械工业出版社.2004.1

69. 刘炎.儿童游戏通论.北京师范大学出版社.2004:111－118.

70. 刘炎.儿童游戏通论.北京师范大学出版社.2004:145.

71. 刘炎.儿童游戏通论.北京师范大学出版社.2004:146.

72. 刘彦.青少年网络成瘾问题及对策研究.辽宁大学.2007

73. 卢凌燕.青少年网络道德及其教育研究.武汉大学.2004

74. 罗艳华.青少年网络道德教育研究.贵州师范大学.2006

75. 马克思.《评普鲁士最近的书报检查令》.《马克思恩格斯全集》第1卷[M].人民出版社.1995:119.

76. 马克思恩格斯全集第1卷[M].北京:人民出版社.1995:119.

77. 马克思恩格斯全集第3卷[M].北京:人民出版社.1965:30.

78. 马斯洛.许金声译.动机与人格.华夏出版社,1987.57－59.

79. 马斯洛著.成明译.马斯洛人本哲学.九州出版社,357.

80. 梅传强著.《犯罪心理学》.法律出版社.2003:45

81. 孟薇.角色扮演型网络游戏对青少年思想品德的影响研究.东北师范大学:2008

82. 莫洪宪.《中国青少年犯罪问题及对策研究》.湖南人民出版社.2005:144.

83. 欧居湖.青少年学生网络成瘾问题研究.西南师范大学.2003

84. 钱刚强.青少年网络人家交往与社会化.兰州大学.2007

85. 阙丽群.论网络人际交往,成都理工大学,2007

86. 沈红.青少年为网络道德教育研究.清华大学.2004

87. 盛孝桂.网络环境下青少年道德教育创新研究.武汉理工大学.2008

88. 什么是中国的价值观〔EB/OL〕.http://www.360doc.com/showWeb/0/0/209785.aspx

89. 石之昌.青少年网瘾成因分析及对策研究.西北师范大学.2007

90. 宋希仁."道德的基础是人类精神的自律"释义[J].道德与文明.2000.(3):15.

91. 宋向春.预防青少年网络成瘾的教育环境优化研究.东北师范大学.2009

92. 苏霍姆林斯基.《帕夫雷什中学》.第400页

93. 孙景仙,安永勇著.《网络犯罪研究》.知识产权出版社.2006:80

94. 孙秀丽.网吧中游戏的魅力.兰州大学.2007

95. 孙远.青年网络人际交往的心理分析及教育对策.北京青年政治学院学报.2003(1)

96. 唐彦.网络与青少年犯罪心理.中国政法大学.2003

97. 唐志红.网络成瘾青少年网络行为特点及心理风险因素研究.中南大学.2008

98. 万林艳.网络时代的主体状况[J].中国人民大学学报.2000(3):43.

99. 万新恒.信息化校园:大学的革命〔M〕.北京:北京大学出版社.2000

100. 王博群.青少年网络成瘾的心理机制及干预研究述评.吉林大学.2007

101. 王海明.《新伦理学》.商务印书馆.2001:542

102. 王浩.网络违法犯罪及其对策研究.浙江大学.2007

103. 王健敏.中国传统礼仪文化与道德教育[J].浙江教育学院学报.2004.(6):1.

104. 王瑶.对青少年沉迷网络游戏现象的思考及解决对策.东北师范大学.2007

105. 韦凡荣.中学生网络成瘾及其预防与干预的研究.广西师范大学.2003

106. 卫亚莉主编.《让孩子从"心"远离网瘾》.山西教育出版社.2002

107. 吴文丽等青少年压力、应对方式与"网络成瘾"的关系.中国临床心理学杂志.2009(06):721,722,732

108. 谢海光.《互联网与思想政治工作概论》.复旦大学出版社,2000:206

109. 新浪网科技名词解释:http://tech.sina.com.cn/other/2004 — 07 — 17/16I9389I22.Shtml.

110. 血君华.论青少年网络道德教育的现状及对策.山东师范大学.2004

111. 严耕、陆俊、孙伟平.网络伦理[M].北京:北京出版社.1998

112. 杨慧与张斌.为青少年营造一个纯净的网络空间——论青少年网络社交规范.思想政治教育研究.2006(01):90—92.

113. 杨容.中学生网络成瘾行为矫治研究.西南师范大学.2004

114. 尹繁荣.青少年网络成瘾特点及生理-心理-社会后果研究.中南大学.2009

115. 于杨.青少年网络犯罪成因及社会救助.中国政法大学.2007.

116. 俞国良著.《社会心理学》.北京师范大学出版社.2006:442－443.

117. 袁爱俊.《学校是最具道德力量的地方》.《人民日报》.2004－4－9(11)

118. 曾美莲.青少年网络道德问题与教育对策的研究.江西师范大学.2005

119. 张世友.马传松.加强大学生网上"慎独"教育[N].北京:光明日报.2006－01－15(4)

120. 张蔚.青少年网络游戏成瘾及其综合预防.湖南师范大学.2006.

121. 张向葵.青少年心理问题研究—当代青少年心理问题反思与回应对策[M].北京:北京出版社.1994

122. 赵鑫.青少年网络成瘾的标准设定及网络成瘾对青少年社会性发展的影响.华东师范大学.2004

123. 赵忠心《家庭是思想道德的启蒙》.《人民日报》.2004－4－3(7)

124. 中国互联网络发展状况统计报.http://news.xinhuanet.com 八 t/2006－01/content

125. 周朗.基于 TAM 的网络游戏参与行为的研究.浙江大学硕士学位论文.2006.4.19－20.

126. 周文学.未成年人网络道德行为失范的现状、成因与对策研究.内蒙古师范大学.2005

127. 周文学等.加强青少年网络道德建设的思考——青少年网络道德失范的表现及对策探析.内蒙古工业大学学报(社会科学版).2008(01):4－7,13.

128. 朱京.青少年网络人际交往中的信任问题.华中农业大学.2004

参考文献

附:

全国青少年网络文明公约

善于网上学习　　不浏览不良信息

要诚实友好交流　　不侮辱欺诈他人

要增强自护意识　　不随意约会网友

要维护网络安全　　不破坏网络秩序

要有益身心健康　　不沉溺虚拟时空